Tusculum-Bücherei

Karl Bayer, Hans Färber, Max Faltner, Gerhard Jäger

C. PLINII SECUNDI

NATURALIS HISTORIAE

LIBRI XXXVII

Liber IX

C. PLINIUS SECUNDUS d. Ä.

NATURKUNDE

Lateinisch – deutsch

Buch IX

Zoologie: Wassertiere

Herausgegeben und übersetzt
von Roderich König
in Zusammenarbeit mit Gerhard Winkler

HEIMERAN VERLAG

Titelvignette aus der Plinius-Ausgabe Venedig 1513

CIP-Kurztitelaufnahme der Deutschen Bibliothek

Plinius Secundus, Gaius: Naturkunde : lat.-dt.
C. Plinius Secundus d. Ä.
Hrsg. u. übers. von Roderich König in Zsarb.
mit Gerhard Winkler.
– München : Heimeran.
Einheitssacht.: Historia naturalis
Buch 9. Zoologie : Wassertiere – 1979.
(Tusculum-Bücherei)
ISBN 3-7765-2141-4

München 1979

Satz und Druck: Laupp & Göbel, Tübingen
Bindung: Heinrich Koch, Tübingen
Archiv 636 ISBN 3-7765-2141 4

INHALT

LIBRO IX CONTINENTUR
INHALT DES 9. BUCHES

* Die römischen Ziffern entsprechen der alten Kapiteleinteilung. Die arabischen Ziffern beziehen sich auf die seit etwa 100 Jahren gebräuchliche Einteilung in Paragraphen.

Ex auctoribus

Turranio Gracile. Trogo. Maecenate. Alfio Flavo. Cornelio Nepote. Laberio mimographo. Fabiano. Fenestella. Muciano. Aelio Stilone. Seboso. Melisso. Seneca. Cicerone. Macro Aemilio. Messala Corvino. Trebio Nigro. Nigidio.

Externis

Aristotele. Archelao rege. Callimacho. Democrito. Theophrasto. Thrasyllo. Hegesidemo. Sudine. Alexandro polyhistore.

Quellen: Römische Autoren

Turranius Gracilis. Trogus. Maecenas. Alfius Flavus. Cornelius Nepos. Der Mimograph Laberius. Fabianus. Fenestella. Mucianus. Aelius Stilo. Sebosus. Melissus. Seneca. Cicero. Aemilius Macer. Messala Corvinus. Trebius Niger. Nigidius.

Fremde Autoren

Aristoteles. König Archelaos. Kallimachos. Demokritos. Theophrastos. Thrasyllos. Hegesidemos. Sudines. Der Polyhistor Alexandros.

TEXT UND ÜBERSETZUNG

C. PLINII SECVNDI
NATVRALIS HISTORIAE
LIBER IX

Animalium, quae terrestria appellavimus I
hominum quadam consortione degentia, in- 1
dicata natura est. ex reliquis minimas esse
volucres convenit. quam ob rem prius aequorum, amnium stagnorumque dicentur.

Sunt autem conplura in his maiora etiam II
terrestribus. causa evidens umoris luxuria. 2
alia sors alitum quibus vita pendentibus. in
mari autem, tam late supino mollique ac
fertili nutrimento, accipiente causas geni-
tales e sublimi semperque pariente natura
pleraque etiam monstrifica reperiuntur, per-
plexis et in semet aliter atque aliter nunc
flatu, nunc fluctu convolutis seminibus atque
principiis, vera ut fiat vulgi opinio: quicquid
nascatur in parte naturae ulla, et in mari esse
praeterque multa, quae nusquam alibi. rerum 3
quidem, non solum animalium, simulacra inesse licet intellegere intuentibus uvam, gla-
dium, serras, cucumin vero et colore et odore

C. PLINIUS SECUNDUS
NATURKUNDE
BUCH 9

Die Eigenschaft der Tiere, die wir als Landtiere bezeichnet haben und die mit dem Menschen in einer Art von Gemeinschaft leben, ist nun dargelegt worden. Von den übrigen sind zweifellos die kleinsten die Vögel. Es soll deshalb zunächst ⟨von den Tieren⟩ in den Meeren, Flüssen und stehenden Gewässern gesprochen werden.

Unter ihnen sind mehrere noch größer sogar als die Landtiere. Der Grund liegt augenscheinlich im Überwiegen des flüssigen Elements. Anders verhält es sich bei den Vögeln, die ihr Leben in der Luft schwebend verbringen. In dem so weit ausgedehnten, weiche und fruchtbare Nahrung enthaltenden Meere aber, das seine Keime von oben und von der stets zeugenden Natur empfängt, findet man auch die am meisten merkwürdigen Geschöpfe, weil sich die Samen und Grundstoffe miteinander vermischen, indem sie auf die verschiedenste Weise durch den Wind, durch die Wellen zusammengetrieben werden, so daß die übliche Meinung richtig erscheint: was in irgendeinem Teile der Natur erzeugt werde und außerdem noch vieles, was sonst nirgends vorhanden sei, gibt es auch im Meere. Hier finden sich Nachbildungen nicht nur von Tieren, sondern auch von ⟨anderen⟩ Dingen, was jeder wahrnehmen kann, wenn er die Traube, das Schwert, die Sägen und die Gurke, die sowohl an Farbe als auch an Geruch

similem; quo minus miremur equorum capita
in tam parvis eminere cocleis.

Plurima autem et maxima animalia in III
Indico mari, ex quibus ballaenae quaternum 4
iugerum, pristes ducenum cubitorum; quippe
ubi locustae quaterna cubita impleant, anguillae quoque in Gange amne tricenos pedes.
sed in mari beluae circa solstitia maxime
visuntur. tunc illic ruunt turbines, tunc im- 5
bres, tunc deiectae montium iugis procellae
ab imo vertunt maria pulsatasque ex pro-
fundo beluas cum fluctibus volvunt. tanta,
ut alias thynnorum, multitudine, ut Magni
Alexandri classis haud alia modo quam hostium acie obvia contrarium agnem adversa
fronte derexerit: aliter sparsis non erat evadere. non voce, non sonitu, non ictu, sed
fragore terrentur nec nisi ruina turbantur.

Cadara appellatur Rubri maris paenin- 6
sula ingens; huius obiectu vastus efficitur
sinus, XII dierum et noctium remigio enavi-
gatus Ptolemaeo regi, quando nullius aurae
recipit afflatum. huius loci quiete praecipue
ad inmobilem magnitudinem beluae adolescunt. Gedrosos, qui Arabim amnem acco- 7
lunt, Alexandri Magni classium praefecti
prodiderunt in domibus fores maxillis be-
luarum facere, ossibus texta contignare, ex
quibus multa quadragenum cubitorum lon-
gitudinis reperta. exeunt et pecori similes
beluae ibi in terram pastaeque radices fruticum remeant; et quaedam equorum, asino-

ähnlich ist, betrachtet; um so weniger dürfen wir staunen, wenn Pferdeköpfe an so kleinen Schnecken hervorragen.

Die zahlreichsten aber und größten Tiere kommen im Indischen Ozean vor, unter ihnen Walfische, die vier Juchert, und Sägefische, die zweihundert Ellen groß sind; Langusten werden dort sogar vier Ellen und auch Aale im Ganges dreißig Fuß lang. Im Meer lassen sich aber jene Ungetüme am häufigsten zur Zeit der Sonnenwende sehen. Dann toben dort Wirbelwinde und Platzregen, dann wühlen die von den Berggipfeln herabfallenden Stürme das Meer vom Grunde auf und schwemmen die aus der Tiefe hochgetriebenen Tiere mit den Wogen fort. Ihre Zahl, wie anderswo die der Thunfische, ist so groß, daß die Flotte Alexanders des Großen nicht anders, als wenn ihr ein Feind in Schlachtlinie entgegenstünde, ihnen in geschlossener Formation entgegenfahren mußte; anders wären die verstreuten Schiffe nicht durchgekommen. Sie lassen sich weder durch Rufen, noch durch Lärm, noch durch Schlagen, sondern nur durch ein tosendes Krachen erschrecken und werden nur durch einen massiven Einbruch in Verwirrung gebracht.

Cadara heißt eine große Halbinsel im Roten Meer; durch ihre Ausbuchtung bildet sie einen weiten Golf, aus dem König Ptolemaios erst in zwölf Tagen und Nächten herausrudern konnte, da sich darin kein Lüftchen bewegt. In der Ruhe dieser Gegend gedeihen die Seetiere besonders zu einer solchen Größe, daß sie ⟨fast⟩ unbeweglich sind. Nach Berichten der Flottenführer Alexanders des Großen machen die Gedroser, die am Fluß Arabis wohnen, in ihren Häusern die Türen aus den Kinnladen der Seetiere und bauen aus ihren Knochen, von denen man viele bis zu vierzig Ellen Länge findet, die Dächer zusammen. Seetiere gehen dort auch wie das Vieh ans Land, fressen die Wurzeln der Sträucher und kehren dann zurück; manche von

 7

rum, taurorum capitibus, quae depascuntur
sata.

Maximum animal in Indico mari pristis IV
et ballaena est, in Gallico Oceano physeter, 8
ingentis columnae modo se attollens altior-
que navium velis diluviem quandam eruc-
tans. in Gaditano Oceano arbor, in tantum
vastis dispansa ramis, ut ex ea causa fretum
numquam intrasse credatur. apparent et ro-
tae appellatae a similitudine, quaternis di-
stinctae radiis, modiolos earum oculis duobus
utrimque claudentibus.

Tiberio principi nuntiavit Olisiponen- V
sium legatio ob id missa, visum auditumque 9
in quodam specu concha canentem Tritonem
qua noscitur forma. et Nereidum falsa non
est, squamis modo hispido corpore etiam qua
humanam effigiem habent. namque haec in
eodem spectata litore est, cuius morientis
etiam cantum tristem accolae audivere longe.
et Divo Augusto legatus Galliae conplures in
litore apparere exanimes Nereidas scripsit.
auctores habeo in equestri ordine splendentes, 10
visum ab his in Gaditano Oceano marinum
hominem toto corpore absoluta similitudine;
ascendere eum navigia nocturnis temporibus
statimque degravari quas insederit partes et,
si diutius permaneat, etiam mergi. Tiberio
principe contra Lugdunensis provincae litus
in insula simul trecentas amplius beluas reci-
procans destituit Oceanus, mirae varietatis
et magnitudinis, nec pauciores in Santonum

ihnen haben auch Köpfe wie Pferde, Esel und Stiere, die die Saaten abweiden.

Die größten Tiere im Indischen Meer sind der Sägefisch und der Wal, im Gallischen Ozean der Pottwal, der sich wie eine ungeheuere Säule erhebt, höher als die Segel der Schiffe ist und einen Wasserstrahl ausstößt. Im Gaditanischen Ozean breitet der »Baum« seine ungeheueren Äste so weit aus, daß er deshalb, wie man annimmt, niemals durch die Meerenge hat gelangen können. Wegen ihrer Ähnlichkeit so bezeichnet, erscheinen auch Räder, an denen man vier Speichen unterscheidet und an deren Naben sich auf beiden Seiten zwei Augen schließen.

Dem Kaiser Tiberius meldete eine eigens deswegen geschickte Gesandschaft der Bewohner von Olisipo, daß man in einer Höhle einen Triton von der bekannten Gestalt gesehen und auf einer Muschel blasen gehört habe. Auch die Gestalt der Nereïden ist nicht erfunden, nur sind sie am ganzen Körper rauh und selbst da, wo sie dem Menschen ähnlich sehen, mit Schuppen bedeckt. Denn man hat eine Nereïde an der gleichen Küste gesehen, und als sie starb, hörten die Bewohner weithin auch ihren traurigen Gesang. Ferner schrieb dem göttlichen Augustus ein Legat aus Gallien, daß man mehrere tote Nereïden an der Küste gefunden habe. Von bedeutenden Männern aus dem Ritterstand habe ich die Nachricht, sie hätten im Gaditanischen Ozean einen Meermenschen, der am ganzen Körper einem wirklichen vollkommen ähnlich war, gesehen; nachts besteige er die Schiffe, die Teile, auf die er sich niederlasse, würden sich sogleich neigen, und wenn er länger bleibe, gehe das Schiff sogar unter. Unter Kaiser Tiberius ließ der Ozean auf einer der Küste der lugdunensischen Provinz gegenüberliegenden Insel bei Ebbe auf einmal mehr als dreihundert Seetiere von seltsamer Verschiedenheit und Größe zurück, und eine nicht geringere Zahl an der

litore interque reliquas elephantos et arietes candore tantum cornibus adsimulatis, Nereidas vero multas. Turranius prodidit expul- 11
sam beluam in Gaditana litora, cuius inter duas pinnas ultimae caudae cubita sedecim fuissent, dentes eiusdem CXX, maximi dodrantium mensura, minimi semipedum. beluae, cui dicebatur exposita fuisse Andromeda, ossa Romae apportata ex oppido Iudaeae Iope ostendit inter reliqua miracula in aedilitate sua M. Scaurus; longitudine pedum XL, altitudine costarum Indicos elephantos excedente, spinae crassitudine sesquipedali.

Ballaenae et in nostra maria penetrant. in VI
Gaditano Oceano non ante brumam conspici 12
eas tradunt, condi autem statis temporibus in quodam sinu placido et capaci, mire gaudentes ibi parere. hoc scire orcas, infestam his beluam et cuius imago nulla repraesentatione exprimi possit alia quam carnis in-
mensae dentibus truculentae. inrumpunt ergo 13
in secreta ac vitulos earum aut fetas vel etiamnum gravidas lancinant morsu incursuque ceu Liburnicarum rostris fodiunt. illae ad flexum inmobiles, ad repugnandum inertes et pondere suo oneratae, tunc quidem et utero graves pariendive poenis invalidae, solum auxilium novere in altum profugere et se toto defendere oceano. contra orcae occurrere laborant seseque opponere et caveatas angustiis trucidare, in vada urguere, saxis inlidere. spectantur ea proelia ceu mari ipso

Küste der Santonen, unter anderen auch Elefanten und Widder, die an Stelle der Hörner nur ähnliche weiße Flecke hatten, sowie viele Nereïden. Turranius hat berichtet, ein Seetier sei an die Küste von Gades geworfen worden, dessen Schwanzende zwischen den beiden Flossen 16 Ellen gemessen habe, und von den 120 Zähnen seien die größten $^{3}/_{4}$, die kleinsten $^{1}/_{2}$ Fuß lang gewesen. M. Scaurus ließ zu Rom, während er Aedil war, unter anderen Wunderdingen das aus Joppe in Judaea gebrachte Skelett des Seeungeheuers, dem Andromeda ausgesetzt gewesen sein soll, ausstellen; es war vierzig Fuß lang, die Höhe der Rippen war größer als die der indischen Elefanten, und das Rückgrat war $1^{1}/_{2}$ Fuß dick.

Die Walfische dringen auch in unsere Meere vor. Im Gaditanischen Ozean sollen sie sich nicht vor dem kürzesten Tag sehen lassen, sich zu bestimmten Zeiten aber in einer ruhigen und weiten Bucht verbergen, wo sie erstaunlich gerne ihre Jungen bekommen. Dies ist den Orken bekannt, einem ihnen feindlichen Seetier, dessen Aussehen man nur als eine ungeheure Fleischmasse, furchtbar durch ihre Zähne, beschreiben kann. Die Orken brechen nun in die Schlupfwinkel ein, zerfleischen die Jungen oder die Muttertiere, sogar die Trächtigen, durch ihren Biß und durchbohren sie im Anrennen, ähnlich, wie es die Schnäbel der liburnischen Schiffe tun. Die Walfische, zum Ausweichen zu schwerfällig und zum Widerstand zu träge, durch ihre Schwere gehindert, besonders wenn sie trächtig und durch Geburtswehen geschwächt sind, kennen als einzige Hilfe nur die Flucht auf die hohe See und die Verteidigung durch die Weite des ganzen Ozeans. Die Orken dagegen suchen dies zu verhindern, stemmen sich ihnen entgegen, suchen die in Klippen eingekeilten ⟨Wale⟩ zu töten, auf seichte Stellen zu drängen und an Felsen zu zerdrükken. Diese Kämpfe sehen so aus, als würde das Meer, da

sibi irato, nullis in sinu ventis, fluctibus vero
ad anhelitus ictusque quantos nulli turbines
volvant. orca et in portu Ostiensi visa est 14
oppugnata a Claudio principe. venerat tum
exaedificante eo portum, invitata naufragiis
tergorum advectorum e Gallia, satiansque
se per conplures dies alveum in vado sulca-
verat, adtumulata fluctibus in tantum, ut
circumagi nullo modo posse; et, dum saginam persequitur in litus fluctibus propul-
sam, emineret dorso multum super aquas
carinae vice inversae. praetendi iussit Caesar 15
plagas multiplices inter ora portus profec-
tusque ipse cum praetorianis cohortibus po-
pulo Romano spectaculum praebuit: lanceas
congerente milite e navigiis adsultantibus,
quorum unum mergi vidimus reflatu beluae
oppletum unda.

Ora ballaenae habent in frontibus ideoque 16
summa aqua natantes in sublime nimbos
efflant. spirant autem confessione omnium VII
et paucissima alia in mari, quae internorum
viscerum pulmonem habent, quoniam sine eo
spirare animal nullum putatur. nec piscium
branchias habentes anhelitum reddere ac per
vices recipere existimant quorum haec opinio
est, nec multa alia genera etiam branchiis
carentia, in qua sententia fuisse Aristotelem
video et multis persuasisse doctrina insigni-
bus. nec me protinus huic opinioni eorum 17
accedere haud dissimulo, quoniam et pulmo-

in der Bucht kein Wind weht, gleichsam gegen sich selbst wüten, wobei durch das Schnauben und Schlagen sich aber Wellen bilden, die so groß sind, wie sie kein Wirbelsturm aufwühlen könnte. Auch im Hafen von Ostia wurde eine Orke gesehen und vom Kaiser Claudius angegriffen. Als dieser damals den Hafen gerade ausbessern ließ, war das Tier, durch den Schiffbruch einer aus Gallien stammenden Ladung von Häuten angelockt, hereingekommen und hatte, sich mehrere Tage lang daran sättigend, eine Vertiefung in den Grund gewühlt, so daß es sich, von den Fluten überschüttet, auf keine Weise mehr umwenden konnte; seinen Fraß fortsetzend, wurde es von den Wogen an das Ufer geworfen, wo sein Rücken gleich einem umgekehrten Schiffskiel weit über das Wasser hervorragte. Der Kaiser ließ eine Menge Netze zwischen die Hafeneingänge spannen, brach selbst mit den prätorianischen Kohorten dorthin auf und bot dem römischen Volk ein Schauspiel: die Soldaten schleuderten ihre Speere aus den angreifenden Schiffen, wobei man eines sinken sah, das durch das Entgegenblasen des Tieres mit Wasser gefüllt wurde.

Die Walfische haben an der Stirne Öffnungen, aus denen sie, wenn sie an der Oberfläche des Meeres schwimmen, ganze Wasserströme in die Höhe blasen. Nach der übereinstimmenden Meinung aller haben sie und ganz wenige andere Tiere im Meere Atem, nämlich nur solche, welche unter ihren Eingeweiden eine Lunge haben, weil ohne diese, wie man glaubt, kein Tier atmen kann. Diejenigen, welche diese Ansicht teilen, meinen auch, daß weder die Fische, die Kiemen haben, abwechselnd aus- und einatmen, noch viele andere Arten, die sogar ohne Kiemen sind, eine Auffassung, die, wie ich sehe, auch Aristoteles hatte und viele ausgezeichnete Gelehrte davon überzeugt hat. Ich will nicht leugnen, daß ich dieser An-

num vice alia possint spirabilia inesse viscera
ita volente natura, sicut et pro sanguine est
multis alius umor. in aquas quidem penetrare vitalem hunc halitum, quis miretur,
qui etiam reddi ab his eum cernat et in terras
quoque, tanto spissiorem naturae partem,
penetrare argumento animalium quae semper defossa vivunt, ceu talpae? accedunt 18
apud me certe efficacia ut credam, etiam
omnia in aquis spirare naturae suae sorte,
primum saepe adnotata piscium aestivo calore quaedam anhelatio et alia tranquillo
velut oscitatio; ipsorum quoque, qui sunt in
adversa opinione, de somno piscium con-
fessio – quis enim sine respiratione somno
locus? –, praeterea bullantium aquarum
sufflatio lunaeque effectu concharum quoque corpora augescentia. super omnia est,
quod esse auditum et odoratum piscibus non
erit dubium: ex aëris utrumque materia.
odorem quidem non aliud quam infectum
aëra intellegi possit. quam ob rem de his
opinetur, ut cuique libitum erit. branchiae 19
non sunt ballaenis nec delphinis. haec duo
genera fistulis spirant, quae ad pulmonem
pertinent, ballaenis a fronte, delphinis a
dorso. et vituli marini, quos vocant phocas,
spirant ac dormiunt in terra; item testudines,
de quibus mox plura.

Velocissimum omnium animalium, non VIII
solum marinorum, est delphinus. ocior vo- 20

sicht nicht ganz zustimme, denn jene Tiere könnten, wenn es die Natur so will, an Stelle der Lungen andere zum Atmen dienende Organe in ihrem Innern haben, wie ja auch viele statt des Blutes eine andere Flüssigkeit in sich tragen. Wer sollte sich wundern, daß dieser Lebensatem auch in das Wasser einströmt, wenn man beobachtet, daß er daraus auch zurückströmt, ja daß er auch sogar in die Erde, einen soviel dichteren Bestandteil der Natur eindringt, wie die Tiere, die immer darin vergraben leben, zum Beispiel die Maulwürfe, beweisen? Dazu kommen bei mir noch weitere gewichtige Gründe, die mich glauben lassen, daß auch alles im Wasser nach der Beschaffenheit seiner Art Atem holt, denn erstens hat man oft während der Sommerhitze ein gewisses Luftschnappen der Fische bemerkt und sonst gewissermaßen bei ruhigem Wetter ein Aufreißen des Maules; weiterhin gestehen selbst diejenigen, welche entgegengesetzter Meinung sind, zu, daß die Fische schlafen – wie sollte aber Schlaf ohne Atmen möglich sein? – und außerdem ⟨kommen⟩ die im Wasser aufsteigenden Blasen und selbst das Wachsen der Muscheln unter dem Einfluß des Mondes ⟨in Betracht⟩. Über allem läßt sich nicht bezweifeln, daß die Fische hören und riechen können: beides steht im Zusammenhang mit der Luft. Denn unter dem Geruch kann man nichts anderes als mit fremden Stoffen versetzte Luft verstehen. Darüber möge deshalb jeder denken, was ihm beliebt. Weder die Walfische noch die Delphine besitzen Kiemen. Beide Arten atmen durch Röhren, die bis zur Lunge reichen, bei den Walen von der Stirne, bei den Delphinen vom Rücken her. Es atmen auch die Seehunde, Robben genannt, und schlafen auf dem Lande; ebenso die Schildkröten, von denen ich bald ausführlicher sprechen werde.

Das schnellste unter allen Lebewesen, nicht nur unter den Seetieren, ist der Delphin. Er ist rascher als der Vogel,

lucre, acrior telo, ac nisi multum infra rostrum os illi foret medio paene in ventre,
nullus piscium celeritatem eius evaderet. sed
adfert moram providentia naturae, quia nisi
resupini atque conversi non corripiunt, quae
causa praecipue velocitatem eorum ostendit.
nam cum fame conciti fugientem in vada
ima persecuti piscem diutius spiritum conti-
nuere, ut arcu missi ad respirandum emicant
tantaque vi exsiliunt, ut plerumque vela navium transvolent. vagantur fere coniugia; 21
pariunt catulos decimo mense aestivo tempore interdum et binos. nutriunt uberibus,
sicut ballaena, atque etiam gestant fetus in-
fantia infirmos; quin et adultos diu comitantur magna erga partum caritate. adolescunt 22
celeriter, X annis putantur ad summam magnitudinem pervenire. vivunt et tricenis,
quod cognitum praecisa cauda in experimentum. abduntur tricenis diebus circa Canis
ortum occultanturque incognito modo, quod
eo magis mirum est, si spirare in aqua non
queunt. solent in terram erumpere, incerta
de causa; nec statim tellure tacta moriuntur
multoque ocius fistula clausa. lingua est his 23
contra naturam aquatilium mobilis, brevis
atque lata, haud differens suillae. pro voce
gemitus humano similis, dorsum repandum,
rostrum simum. qua de causa nomen simo-

geschwinder als der Pfeil, und wenn er nicht sein Maul weit unter der Schnauze, fast in der Mitte des Bauches hätte, würde seiner Schnelligkeit kein Fisch entgehen. Die vorsichtige Natur setzt aber hier eine Schranke, denn ⟨die Tiere⟩ können nur auf dem Rücken liegend und seitlich umgewendet die Beute fangen und hier zeigt sich vor allem ihre Behendigkeit. Wenn sie nämlich vom Hunger gereizt einen fliehenden Fisch bis auf den tiefsten Grund verfolgt und allzulange den Atem angehalten haben, schnellen sie, wie von einem Bogen abgeschossen, empor, um zu atmen, und springen mit solcher Wucht aus dem Wasser, daß sie meist über die Segel der Schiffe hinwegfliegen. Die Delphine ziehen meist paarweise umher; sie werfen zur Sommerszeit im zehnten Monat zuweilen auch zwei Junge. Sie nähren diese an Zitzen wie der Wal und tragen ihre Jungen, so lange sie noch schwächlich sind, mit sich herum; ja sogar die Erwachsenen begleiten sie noch lange aus großer Liebe zu ihren Nachkommen. Diese wachsen schnell heran und sollen mit zehn Jahren ihre volle Größe erreichen. Sie leben dreißig Jahre, was man durch Verstümmelung des eingeschnittenen Schwanzes versuchsweise festgestellt hat. Um die Zeit des Aufgangs des Hundssterns entfernen sie sich für dreißig Tage und halten sich auf eine unbekannte Weise verborgen, was um so erstaunlicher ist, wo sie doch unter Wasser nicht atmen können. Sie haben die Gewohnheit, ans Land zu stürzen, ohne daß man den Grund hierfür kennt; sie sterben auch bei der Berührung mit dem Land nicht sogleich, viel schneller jedoch, wenn ihre Luftröhre verstopft ist. Ihre Zunge ist, im Gegensatz zur Natur der übrigen Wassertiere, beweglich, kurz und breit und unterschneidet sich nicht von der des Schweines. Ihre Stimme gleicht dem Stöhnen des Menschen, ihr Rücken ist aufwärts gekrümmt und die Schnauze aufgestülpt. Deshalb nehmen sie seltsamerweise alle das

nis omnes miro modo agnoscunt maluntque ita appellari.

Delphinus non homini tantum amicum 24
animal, verum et musicae arti, mulcetur symphoniae cantu et praecipue hydrauli sono. hominem non expavescit ut alienem, obviam navigiis venit, adludit exsultans, certat etiam et quamvis plena praeterit vela.
Divo Augusto principe Lucrinum lacum in- 25
vectus pauperis cuiusdam puerum ex Baiano Puteolos in ludum litterarium itantem, cum meridiano immorans appellatum eum Simonis nomine saepius fragmentis panis, quem ob iter ferebat, adlexisset, miro amore dilexit. pigeret referre, ni res Maecenatis et Fabiani et Flavi Alfii multorumque esset litteris mandata. quocumque diei tempore, inclamatus a puero, quamvis occultus atque abditus, ex imo advolabat pastusque e manu praebebat ascensuro dorsum, pinnae aculeos velut vagina condens, receptumque Puteolos per magnum aequor in ludum ferebat simili modo revehens pluribus annis, donec morbo exstincto puero; subinde ad consuetum locum ventitans tristis et maerenti similis ipse quoque, quod nemo dubitaret, desiderio exspiravit. alius intra hos annos Africo litore 26
Hipponis Diarruti simili modo ex hominum manu vescens praebensque se tractandum et adludens nantibus inpositosque portans unguento perunctus a Flaviano proconsule Africae et sopitus, ut apparuit, odoris novi-

Wort *simo* [Stumpfnase] wahr und lassen sich gerne damit rufen.

Der Delphin ist nicht nur ein Freund des Menschen, er liebt auch die Musik, erfreut sich am harmonischen Gesang und vor allem am Ton der Wasserorgel. Er meidet den Menschen nicht als ein fremdes Wesen, kommt auf die Schiffe zu, umspielt sie springend, schwimmt auch mit ihnen um die Wette und überholt sie sogar bei vollen Segeln. Zur Zeit des göttlichen Augustus war ein in den Lukrinersee gelangter Delphin dem Knaben eines armen Mannes, der aus dem Gebiet von Baiae nach Puteoli in die Schule ging, und der ihn, wenn er mittags dort blieb, mit dem Namen Simo gerufen und öfters mit Stückchen Brot, das er als Wegzehrung mit sich trug, herbeigelockt hatte, mit besonderer Anhänglichkeit zugetan. Ich würde mich scheuen, dies zu berichten, wenn die Tatsache nicht in den Schriften des Maecenas, Fabianus, Alfius Flavus und vieler anderer mitgeteilt wäre. Zu jeder Tageszeit, vom Knaben angerufen, eilte er, so verborgen und weit entfernt er auch sein mochte, aus der Tiefe herbei, fraß aus seiner Hand und bot ihm den Rücken zum Aufsitzen dar, indem er die Stacheln seiner Flossen wie in einer Scheide verbarg. Wenn er ihn aufgenommen hatte, trug er ihn mitten durch die hohe See nach Puteoli in die Schule und brachte ihn auf gleiche Weise mehrere Jahre lang wieder zurück, bis der Knabe an einer Krankheit starb; da kam er immer noch an den gewohnten Ort, schien betrübt und traurig zu sein und starb dann selbst, wie wohl niemand bezweifelte, an Sehnsucht. Ein anderer, der in den letzten Jahren an der afrikanischen Küste zu Hippo Diarrytus in ähnlicher Weise den Menschen aus der Hand fraß und sich streicheln ließ, umspielte die Schwimmenden und trug diejenigen, die sich auf ihn setzten. Als ihn der Prokonsul von Afrika Flavianus mit einer Salbe bestrich, wurde er, wie es schien,

tate fluctuatusque similis exanimi caruit hominum conversatione ut iniuria fugatus per
aliquot menses. mox reversus in eodem miraculo fuit. iniuriae potestatum in hospitales
ad visendum venientium Hipponenses in ne-
cem eius conpulerunt. ante haec similia de 27
puero in Iaso urbe memorantur, cuius amore
spectatus longo tempore; dum abeuntem in
litus avide sequitur, in harenam invectus
exspiravit. puerum Alexander Magnus Ba-
bylone Neptunio sacerdotio praefecit, amo-
rem illum numinis propitii fuisse interpreta-
tus. in eadem urbe Iaso Hegesidemus scribit
et alium puerum Hermian nomine similiter
maria perequitantem, cum repentinae procellae fluctibus exanimatus esset, relatum,
delphinumque causam leti fatentem non
reversum in maria atque in sicco exspirasse.
hoc idem et Naupacti accidisse Theophra- 28
stus tradit. nec modus exemplorum: eadem
Amphilochi et Tarentini de pueris delphi-
nisque narrant. quae faciunt, ut credatur,
Arionem quoque citharoedicae artis, inter-
ficere nautis in mari parantibus ad interci-
piendos eius quaestus, eblanditum uti prius
caneret cithara, congregatis cantu delphinis
cum se iecisset in mare, exceptum ab uno
Taenarum in litus pervectum.

Est provinciae Narbonensis et in Nemau- 29

von dem ungewohnten Geruch wie betäubt, wie tot auf dem Wasser herumgetrieben und mied einige Monate lang, wie durch eine üble Behandlung vertrieben, den Umgang mit den Menschen. Später kam er wieder und wurde erneut bewundert. Der Mißbrauch der Gastfreundschaft durch die Machthaber, die herbeikamen, um ihn zu sehen, veranlaßte die Hipponeser, ihn zu töten. Ähnliches wird aus früherer Zeit von einem Knaben in der Stadt Iasos erzählt, dem ein Delphin zur allgemeinen Bewunderung lange Zeit Zuneigung erwies; dieser folgte ihm einst eifrig, als er sich vom Ufer hinweg begab, gelangte auf den Sand und verendete. Alexander der Große machte den Knaben zum Oberpriester des Poseidon zu Babylon, weil er jene Liebe als Zeichen einer günstig gesinnten Gottheit deutete. Hegesidemos schreibt, daß in der gleichen Stadt Iasos ein anderer Knabe namens Hermias auf ähnliche Weise durch das Meer geritten und, infolge eines plötzlichen Sturmes in den Wellen umgekommen, ⟨von dem Delphin⟩ zurückgetragen worden sei; dieser, sich gleichsam als Ursache des Todes bekennend, sei nicht mehr ins Meer zurückgekehrt, sondern auf dem trockenen Land verendet. Theophrastos berichtet, dies sei auch zu Naupaktos vorgekommen. Solcher Beispiele gibt es noch viele: das gleiche erzählen die Bewohner von Amphilochia und Tarent von Knaben und Delphinen. Dies macht auch glaubhaft, daß der Kitharöde Arion, als ihn Matrosen, um ihn seines Gewinnes zu berauben, auf dem Meer töten wollten, schmeichelnd um die Erlaubnis bat, vorher noch einmal auf der Kithara spielen zu dürfen; durch seinen Gesang seien Delphine in Scharen herbeigekommen und einer von ihnen habe ihn, als er sich ins Meer gestürzt hatte, aufgenommen und ihn sicher an die Küste von Tainaron gebracht.

In der narbonensischen Provinz und zwar im Gebiet

siensi agro stagnum Latera appellatum, ubi
cum homine delphini societate piscantur.
innumera vis mugilum state tempore angustis
faucibus stagni in mare erumpit observata
aestus reciprocatione. qua de causa praetendi
non queunt retia, eaque moles ponderis nullo
modo toleretur, etiamsi non sollertia insidie-
tur tempori. simili ratione in altum protinus
tendunt, quod vicino gurgite efficitur, locumque solum pandendis retibus habilem effu-
gere festinant. quod ubi animadvertere pis- 30
cantes – concurrit autem multitudo temporis
gnara et magis etiam voluptatis huius avida
– totusque populus e litore quanto potest
clamore conciet simonem ad spectaculi even-
tum celeriter delphini exaudiunt desideria
aquilonum flatu vocem prosequente, austro
vero tardius ex adverso referente; sed tum
quoque inproviso in auxilium advolant. pro- 31
pere apparet acies, quae protinus disponitur
in loco, ubi coniectus est pugnae. opponunt
sese ab alto trepidosque in vada urgent: tum
piscatores circumdant retia furcisque suble-
vant. mugilum nihilo minus velocitas tran-
silit: at illos excipiunt delphini et occidisse
ad praesens contenti cibos in victoriam differunt. opere proelium fervet, includique reti- 32
bus se fortissime urgentes gaudent; ac ne id
ipsum fugam hostium stimulet, inter navigia
et retia natantesve homines ita sensim ela-
buntur, ut exitum non aperiant. saltu, quod

von Nemausus liegt ein See mit dem Namen Latera, wo die Delphine gemeinsam mit dem Menschen Fische fangen. Eine Unzahl von Meeräschen stürzt zu bestimmter Zeit durch den engen Ausgang des Sees ins Meer hinaus, wobei sie auf die Ebbe achten. Es lassen sich deshalb keine Netze ausspannen, da diese unmöglich dem Gewicht der Masse widerstehen würden, wenn auch die Tiere nach ihrem Instinkt den richtigen Zeitpunkt verfehlen sollten. Mit der gleichen Berechnung streben sie sogleich nach der Tiefe, die durch einen nahen Strudel gebildet wird, und eilen, der einzigen zum Ausspannen der Netze geeigneten Stelle zu entfliehen. Sobald die Fischer dies feststellen – es laufen viele Leute, die den Zeitpunkt kennen, zusammen, eigentlich mehr auf dieses Vergnügen erpicht – und das ganze Volk vom Ufer aus zum Gelingen des Schauspiels so laut wie möglich »Simo« ruft, hören die Delphine, wenn der Nordwind den Schall herträgt, den verlangenden Ruf schnell, etwas später, wenn der entgegengesetzte Südwind weht; aber unversehens eilen sie auch dann hurtig zur Hilfe herbei. Rasch bilden sie eine deutlich sichtbare Reihe, die sich sogleich an der Stelle ordnet, wo der Kampf stattfindet. Sie stellen sich von der See her entgegen und drängen die erschreckten ⟨Meeräschen⟩ auf Untiefen; dann legen die Fischer ihre Netze aus und heben sie mit Gabeln empor. Nichtsdestoweniger springen die schnellen Meeräschen darüber; sie werden aber von den Delphinen aufgefangen; diese begnügen sich zunächst damit, sie zu töten, und verschieben ihren Fraß bis zum Siege. Durch die Anstrengung erhitzt sich der Kampf und sie lassen sich, indem sie selbst sehr heftig vorandrängen, gern in den Netzen mitfangen; damit sie aber nicht dadurch den Feind zur Flucht reizen, schlüpfen sie zwischen den Schiffen, Netzen oder schwimmenden Menschen kaum merklich so hindurch, daß sie keinen Ausweg offen lassen. Durch

est alias blandissimum his, nullus conatur evadere, ni summittantur sibi retia. egressus protinus ante vallum proeliatur. ita peracta captura quos interemere diripiunt. sed enixioris operae quam in unius diei praemium conscii sibi opperiuntur in posterum nec piscibus tantum, sed et intrita panis e vino satiantur.

Quae de eodem genere piscandi in Iasio 33
sinu Mucianus tradit, hoc differunt, quod ultro neque inclamati praesto sint partesque e manibus accipiant et suum quaeque cumba e delphinis socium habeat, quamvis noctu et ad faces. ipsis quoque inter se publica est societas. capto a rege Cariae alligatoque in portu ingens reliquorum convenit multitudo maestitia quadam, quae posset intellegi, miserationem petens, donec dimitti rex eum iussit. quin et parvos semper aliquis grandior comitatur ut custos, conspectique iam sunt defunctum portantes, ne laceraretur a beluis.

Delphinorum similitudinem habent, qui IX
vocantur thursiones. distant et tristitia qui- 34
dem aspectus – abest enim illa lascivia –, maxime tamen rostris canicularum maleficentiae adsimulati.

Testudines tantae magnitudinis Indicum X
mare emittit, uti singularum superficie habi- 35
tabiles casas integant atque inter insulas Rubri praecipue maris his navigent cumbis. capiuntur multis quidem modis, sed maxime

Springen, was sie sonst sehr gerne tun, versucht keiner zu entweichen, falls nicht die Netze unter ihnen heruntergelassen werden. Wenn einer herausgeschwommen ist, so kämpft er sofort wieder vor der Umzäunung. Ist der Fang derart zum Abschluß gekommen, so fressen sie die von ihnen getöteten Meeräschen; da sie sich aber bewußt sind, daß ihrer Mühe mehr Lohn als nur für einen Tag gebührt, so warten sie auf den nächsten, an dem sie nicht nur mit Fischen, sondern auch mit in Wein getauchtem Brot gefüttert werden.

Was Mucianus von der gleichen Art des Fischfangs in der Bucht von Iasos erwähnt, unterscheidet sich darin, daß die Delphine freiwillig und ungerufen anwesend sind, ihre Anteile aus der Hand empfangen und jeder Kahn seinen eigenen Begleiter aus der Schar der Delphine hat, obgleich man nachts und bei Fackelschein fischt. Es besteht auch unter ihnen selbst ein gemeinschaftliches Band. Als ein Delphin vom König von Karien gefangen genommen und im Hafen angebunden worden war, kam eine große Zahl der übrigen herbei und bat mit unverkennbarer Trauer so lange um Mitleid, bis der König befahl, ihn freizulassen. Ja, die kleinen begleitet stets ein größerer wie ein Betreuer und man sah schon welche, die einen Toten wegtrugen, damit er nicht von Untieren verstümmelt würde.

Ähnlichkeit mit den Delphinen haben die Tümmler. Sie unterscheiden sich von jenen durch trauriges Aussehen – denn es fehlt ihnen jene Ausgelassenheit; doch am meisten deutet ihre haifischähnliche Schnauze auf ein bösartiges Wesen.

Das Indische Meer bringt Schildkröten von solcher Größe hervor, daß man mit dem Schilde eines einzigen Tieres bewohnbare Hütten bedeckt und zwischen den Inseln, insbesondere des Roten Meeres, auf ihnen wie mit Kähnen fährt. Man fängt sie auf viele Arten, meistens

evectae in summa pelagi antemeridiano tempore blandito, eminente toto dorso per tran-
quilla fluitantes; quae voluptas libere spi-
randi in tantum fallit oblitas sui, ut solis vapore siccato cortice non queant mergi invi-
taeque fluitent opportunae venantium praedae. ferunt et pastum egressas noctu avide- 36
que saturatas lassari atque, ut remeaverint
matutino, summa in aqua obdormiscere; id
prodi stertentium sonitu; tum adnatare tacite
leniterque singulis ternos, a duobus in dorsum verti, a tertio laqueum inici supinae
atque ita e terra a pluribus trahi. in Phoe-
nicio mari haud ulla difficultate capiuntur
ultroque veniunt stato tempore anni in
amnem Eleutherum effusa multitudine.

Dentes non sunt testudini, sed rostri mar- 37
gines acuti, superna parte inferiorem clau-
dente pyxidum modo. in mari conchyliis vivunt – tanta oris duritia, ut lapides commi-
nuant; in terram egressae herbis. pariunt ova
avium ovis similia ad centena numero eaque
defossa extra aquas et cooperta terra, pavita
pectore et conplanata, incubant noctibus.
educunt fetus annuo spatio. quidam oculis
spectandoque ova foveri ab his putant, feminas coitum fugere, donec mas festucam aliquam inponat aversae. Trogodytae corni- 38
geras habent, ut in lyra adnexis cornibus

aber, wenn sie vormittags bei angenehmem warmen Wetter an die Oberfläche des Meeres kommen und sich mit dem gänzlich herausragenden Rücken auf dem ruhigen Wasser treiben lassen; bei diesem Vergnügen, frei zu atmen, vergessen sie sich so weit, daß sie, wenn ihre Schale durch die Sonnenhitze ausgetrocknet ist, nicht mehr untertauchen können und wider Willen oben schwimmen, eine leichte Beute für die Jäger. Sie sollen auch nachts auf Fang ausgehen und sich gierig sättigen, dann aber müde werden und, wenn sie am Morgen zurückkehren, auf der Oberfläche des Wassers einschlafen, was sich durch ihr Schnarchen verrät; dann, so heißt es, schwimmen je drei Männer zu einer Schildkröte leise und ruhig heran, zwei drehen sie auf den Rücken, der dritte wirft ihr in dieser Lage einen Strick um, und so wird sie dann von einer größeren Zahl ans Ufer herausgezogen. Im phönizischen Meer verläuft der Fang ohne alle Schwierigkeit, und zu bestimmter Jahreszeit kommen sie von selbst in breiter Menge in den Fluß Eleutheros.

Die Schildkröte besitzt keine Zähne, die Ränder des Maules aber sind scharf, wobei der obere Teil den unteren wie bei einer Büchse abschließt. Im Meer leben sie von Muscheln – ihr Maul ist so hart, daß sie Steine zermalmen können; wenn sie an Land gegangen sind, ⟨nähren sie sich⟩ von Kräutern. Zu Hunderten legen sie Eier, die den Vogeleiern gleichen, vergraben sie außerhalb der Gewässer und liegen nachts darauf, nachdem sie Erde darüber gedeckt und diese mit der Brust angedrückt und geebnet haben. Die Jungen lassen sie nach Jahresfrist ausschlüpfen. Einige glauben, daß die Eier von ihnen durch den Blick der Augen ausgebrütet werden und die Weibchen sich so lange der Begattung entziehen, bis das Männchen ihnen von hinten einen Grashalm auflegt. Bei den Troglodyten kommen auch gehörnte Schildkröten vor, die wie eine Leier breite,

latis, sed mobilibus, quorum in natando remigio se adiuvant; chelium id vocatur, eximiae testudinis, sed rarae. namque scopuli praeacuti Chelonophagos terrent; Trogodytae autem, ad quos adnant, ut sacras adorant. sunt et terrestres, quae ob id in operibus chersinae vocantur; in Africae desertis, qua parte maxime sitientibus harenis squalent, roscido, ut creditur, umore viventes. neque aliud ibi animal provenit.

Testudinum putamina secare in laminas XI
lectosque et repositoria his vestire Carvilius 39
Pollio instituit, prodigi et sagacis ad luxuriae
instrumenta ingenii.

Aquatilium tegumenta plura sunt. alia XII
corio et pilo integuntur ut vituli et hippopo- 40
tami, alia corio tantum ut delphini, cortice
ut testudines, silicum duritia ut ostreae et
conchae, crustis ut locustae, crustis et spinis
ut echini, squamis ut pisces, aspera cute ut
squatina, qua lignum et ebora poliuntur,
molli ut murenae, alia nulla ut polypi.

Quae pilo vestiuntur, animal pariunt, ut XIII
pristis, ballaena, vitulus. hic parit in terra, 41
pecudum more secundas partus reddit. in
coitu canum modo cohaeret; parit nonnum-
quam geminis plures. educat mammis fetum.
non ante duodecimum diem deducit in mare,

aber bewegliche Auswüchse haben, die sie beim Schwimmen wie Ruder gebrauchen; diese Schale heißt *chelium* und stammt von einer ausgezeichneten, aber seltenen Schildkröte. Denn die scharfen Klippen schrecken die »Schildkrötenesser« *[Chelonophagen]* ab; die Troglodyten aber, zu denen sie schwimmen, verehren sie als heilig. Es gibt auch Landschildkröten, die deshalb in den Büchern *chersinai* [auf dem Lande lebende] genannt werden; in den Wüsten Afrikas, wo sie sich am meisten mit trocken heißem Sande bedecken können, leben sie, wie man glaubt, von der Feuchtigkeit des Taus. Ein anderes Tier kommt dort nicht vor.

Die Schalen der Schildkröten in Platten zu schneiden und Ruhebetten und Tafelaufsätze damit einzulegen, hat Carvilius Pollio eingeführt, ein Mann von verschwenderischem und scharfsinnigem Erfindungsgeist zur Förderung des Luxus.

Die Bedeckungen der Wassertiere sind verschieden. Einige sind mit Haut und Haar bedeckt, wie die Robben und Flußpferde, andere nur mit Haut, wie die Delphine, mit einer Schale, wie die Schildkröten, mit einer steinharten Hülle, wie die Austern und Muscheln, mit Krusten, wie die Langusten, mit Krusten und Stacheln, wie die Seeigel, mit Schuppen, wie die Fische, mit einer rauhen Haut, wie der Engelhai, womit Holz und Elfenbein geglättet werden, mit einer weichen Haut, wie die Muränen oder mit gar keiner, wie die Polypen.

Diejenigen, welche mit Haar bedeckt sind, gebären lebende Jungen, wie der Sägefisch, der Walfisch und die Robbe. Diese wirft auf dem Lande und läßt, wie die Landtiere, eine Nachgeburt abgehen. Bei der Begattung hängt sie nach Art der Hunde zusammen; manchmal gebärt sie mehr als zwei Junge; den Wurf säugt sie an ihren Brüsten. Nicht vor dem zwölften Tag führt sie ⟨die Jun-

 41

ex eo subinde adsuefaciens. interficiuntur
difficulter nisi capite eliso. ipsis in sono mu-
gitus – unde nomen vituli; accipiunt tamen
disciplinam vocemque pariter et iussu popu-
lum salutant; incondito fremitu nomine vo-
cati respondent. nullum animal graviore 42
somno premitur. pinnis, quibus in mari utuntur, humi quoque vice pedum serpunt. pelles
eorum etiam detractas corpori sensum aequorum retinere tradunt semperque aestu maris
recedente inhorrescere; praeterea dextrae
pinnae vim soporiferam inesse somnosque
adlicere subditam capiti.

Pilo carentium duo omnino animal pa- XIV
riunt, delphinus ac vipera. 43

Piscium species sunt LXXIIII, praeter
crustis intecta, quae sunt XXX. de singulis
alias dicemus; nunc enim naturae tractantur
insignium.

Praecipua magnitudine thynni. invenimus XV
talenta XV pependisse, eiusdem caudae lati- 44
tudinem duo cubita et palmum. fiunt et in
quibusdam amnium haud minores, silurus in
Nilo, isox in Rheno, attilus in Pado, inertia
pinguescens ad mille aliquando libras, cate-
nato captus hamo nec nisi boum iugis extrac-
tus. atqui hunc minimus, appellatus clupea,
venam quandam eius in faucibus mira cupi-
dine appetens morsu exanimat. silurus gras- 45
satur, ubicumque est, omne animal appetens,

gen⟩ ins Meer, und gewöhnt diese nach und nach daran. Man hat Mühe, sie zu töten, es sei denn, man zerschmettere ihr den Kopf. Ihr Ruf ist ein Blöken – daher auch der Name Seekalb; dennoch lassen sie sich dressieren, lernen ebenso den Gebrauch der Stimme und begrüßen das Volk auf Befehl; mit dem Namen gerufen, antworten sie mit einem ungeschlachten Gebrüll. Kein Tier hat einen tieferen Schlaf. Mit den Flossen, die sie im Meere gebrauchen, kriechen sie auch auf dem Land wie mit Füßen. Ihre Felle, auch abgezogen, sollen das Gefühl für das Meer beibehalten und stets zur Zeit der Ebbe die Haare aufrichten; die rechte Flosse soll außerdem eine einschläfernde Wirkung haben und, unter den Kopf gelegt, den Schlaf bringen.

Von den unbehaarten Tieren bringen nur zwei lebendige Junge zur Welt, der Delphin und die Viper.

Es gibt 74 Fischarten, mit Ausnahme der mit Krusten bedeckten Seetiere, von denen man 30 zählt. Von den einzelnen werde ich an anderer Stelle [32, 142 ff.] sprechen; jetzt nämlich sollen nur die Eigenschaften der merkwürdigsten beschrieben werden.

Von besonderer Größe sind die Thunfische. Wir haben gefunden, daß einer fünfzehn Talente gewogen und sein Schwanz eine Breite von zwei Ellen und einer Hand gehabt habe. Auch in einigen Flüssen gibt es nicht weniger kleine Fische, wie der Wels im Nil, der Lachs im Rhein, der *attilus* im Po, der infolge seiner Trägheit manchmal bis zu tausend Pfund stark wird, mit einem mit Ketten versehenen Angelhaken gefangen und nur von einem Ochsengespann herausgezogen werden kann. Und doch tötet ihn ein ganz kleiner Fisch, das Neunauge, indem es ihm mit erstaunlicher Gier in den Schlund kriecht und dort eine bestimmte Ader durchbeißt. Der Wels schwärmt überall umher, verfolgt jedes Tier und reißt oft schwim-

equos innatantes saepe demergens. praecipue
in Moeno, Germaniae amne, protelis boum
et in Danuvio marris extrahitur, porculo ma-
rino simillimus. et in Borysthene memoratur
praecipua magnitudo, nullis ossibus spinisve
intersitis, carne praedulci. in Gange Indiae 46
platanistas vocant, rostro delphini et cauda,
magnitudine autem XVI cubitorum. in
eodem esse Statius Sebosus haud modico miraculo adfert vermes, branchiis binis sex
cubitorum, caeruleos, qui nomen a facie tra-
xerunt. his tantas esse vires, ut elephantos
ad potus venientes mordicus conprehensa
manu eorum abstrahant.

Thynni mares sub ventre non habent pin- 47
nam. intrant e magno mari Pontum verno
tempore gregatim nec alibi fetificant. cordyla appellatur partus, qui fetas redeuntes
in mare autumno comitatur; limosae vere
aut e luto pelamydes incipiunt vocari et, cum
annuum excessere tempus, thynni. hi mem- 48
bratim caesi cervice et abdomine commen-
dantur atque clidio, recenti dumtaxat et
tum quoque gravi ructu. cetera parte plenis
pulpamentis sale adservantur. melandrya
vocantur quercus assulis similia. vilissima ex
his, quae caudae proxima, quia pingui carent,
probatissima, quae faucibus. at in alio pisce
circa caudam exercitatissima. pelamydes in
apolectos particulatimque consectae in genera cybiorum dispertiuntur.

mende Pferde in die Tiefe. Er wird vor allem aus dem Main, einem Fluß Germaniens, mit Ochsengespannen und aus der Donau mit Haken herausgezogen, und ähnelt sehr dem Meerschwein. Auch im Borysthenes soll ein Fisch von besonderer Größe vorkommen, der keine Knochen und Gräten, aber ein sehr schmackhaftes Fleisch hat. Im Ganges, einem Flusse Indiens, heißt man ⟨gewisse Fische⟩ *platanistae*, die das Maul und den Schwanz eines Delphins haben, deren Größe aber sechzehn Ellen beträgt. Im gleichen Fluß sollen sich, wie Statius Sebosus zu nicht geringer Verwunderung erzählt, Würmer mit zwei Kiemen, sechs Ellen lang und von bläulicher Farbe befinden, die nach ihrem Aussehen benannt sind. Sie sollen solche Kräfte haben, daß sie die zur Tränke kommenden Elefanten mit den Zähnen beim Rüssel greifen und hinabziehen.

Die männlichen Thunfische haben am Bauch keine Flosse. Zur Frühlingszeit dringen sie herdenweise aus dem Mittelmeer in den Pontos ein und laichen sonst nirgends. Die Jungen, die im Herbst die ins Meer zurückkehrenden Mütter begleiten, nennt man Kordylen; im Frühling heißt man sie dann anfänglich Limosen oder Pelamyden nach dem Schlamm, und erst, wenn sie mehr als ein Jahr alt geworden sind, Thunfische. Diese schneidet man in Stücke und schätzt Hals und Bauch, auch die Kehle, aber nur so lange sie frisch ist, obgleich sie auch dann heftiges Aufstoßen hervorruft. Die übrigen Teile werden in ganzen Fleischstücken eingesalzen aufbewahrt. Man nennt sie »Schwarzeichen« *[meländrya]*, weil sie Eichenspänen sehr ähnlich sehen. Die schlechtesten Stücke sind die dem Schwanz am nächsten liegenden, weil sie nicht fett sind, die besten die am Schlunde. Bei einem anderen Fisch aber wird gerade das Schwanzstück am meisten bevorzugt. Die Pelamyden werden in ausgewählte Stücke und, gliedweise zerschnitten, in der Art von Würfeln zerteilt.

Piscium genus omne praecipua celeritate 49
adolescit, maxime in Ponto. causa multitudo
amnium dulces inferentium aquas. amiam
vocant, cuius incrementum singulis diebus
intellegitur. cum thynnis haec et pelamydes
in Pontum ad dulciora pabula intrant gregatim suis quaeque ducibus, et primi omnium
scombri, quibus est in aqua sulpureus color,
extra qui ceteris. Hispaniae cetarias hi re-
plent, thynnis non commeantibus.

Sed in Pontum nulla intrat bestia piscibus 50
malefica praeter vitulos et parvos delphinos.
thynni dextera ripa intrant, exeunt laeva. id
accidere existimatur, quia dextro oculo plus
cernant, utroque natura hebeti. est in euripo
Thracii Bospori, quo Propontis Euxino iun-
gitur, in ipsis Europam Asiamque separantis
freti angustiis saxum miri candoris, a vado
ad summa perlucens, iuxta Calchedonem in
latere Asiae. huius aspectu repente territi
semper adversum Byzantii promunturium,
ex ea causa appellatum Aurei Cornus, prae-
cipiti petunt agmine. itaque omnis captura 51
Byzantii est, magna Calchedonis penuria, M
passibus medii interfluentis euripi. opperiuntur autem aquilonis flatum, ut secundo
fluctu exeant e Ponto, nec nisi intrantes portum Byzantium capiuntur. bruma non vagantur; ubicumque deprehensi, usque ad

Jede Fischart wächst mit außerordentlicher Schnelligkeit, am meisten im Pontos. Der Grund besteht darin, daß sehr viele Flüsse Süßwasser zuführen. Am sogenannten *amías* kann man das Wachstum von Tag zu Tag feststellen. Er und die Pelamyden ziehen scharenweise mit den Thunfischen, wobei jeder ⟨Schwarm⟩ seinen Anführer hat, zu süßerer Nahrung in den Pontos, als erste von allen die Makrelen, die im Wasser schwefelgelb aussehen, außerhalb aber wie die übrigen auch. Diese füllen die Fischbehälter Spaniens, da die Thunfische nicht so weit wandern.

In den Pontos aber kommt kein den Fischen schädliches Tier, ausgenommen Robben und kleine Delphine. Die Thunfische ziehen am rechten Ufer hinein und am linken wieder hinaus. Dies soll daher kommen, daß sie, obgleich sie von Natur aus mit beiden Augen schlecht sehen, mit dem rechten mehr erkennen können. In der Straße des Thrakischen Bosporos, welche die Propontis mit dem Pontos Euxinos verbindet, gerade an der Engstelle, wo Europa und Asien von einander getrennt werden, befindet sich bei Kalchedon auf der Seite Asiens ein Felsen von wunderbarem weißen Glanze, der vom Grund bis zum Wasserspiegel leuchtet. Durch dessen Anblick plötzlich erschreckt, wendet sich der Fischzug blindlings immer zu den gegenüberliegenden Vorgebirge von Byzantium, das davon den Namen ›Goldenes Horn‹ erhalten hat. Aus diesem Grund vollzieht sich der reiche Fang ganz bei Byzantium, während in Kalchedon großer Mangel herrscht, obgleich die dazwischen liegende Meerenge nur 1000 Schritt breit ist. Sie warten aber auf das Wehen des Nordostwindes, um mit günstiger Strömung aus dem Pontos zu schwimmen, und nur diejenigen, welche in den Hafen von Byzantium gelangen, werden gefangen. Im Winter wandern sie nicht; wo auch immer sie von ihm überrascht werden, dort über-

aequinoctium ibi hibernant. iidem saepe
navigia velis euntia comitantes mira quadam
dulcedine per aliquot horarum spatia et pas-
suum milia a gubernaculis spectantur, ne tridente quidem in eos saepius iacto territi.
quidam eos, qui hoc e thynnis faciant, pom-
pilos vocant. multi in Propontide aestivant, 52
Pontum non intrant; item soleae, cum rhombi
intrent. nec sepia est, cum lolligo reperiatur;
saxatilium turdus et merula desunt, sicut
conchylia, cum ostreae abundent. omnia
autem hibernant in Aegaeo. intrantium Pontum soli non remeant trichiae – Graecis
enim plerisque nominibus uti par erit,
quando aliis atque aliis eosdem diversi appel-
lavere tractus –, sed hi soli in Histrum am- 53
nem subeunt et ex eo subterraneis eius venis
in Hadriaticum mare defluunt; itaque et illic
descendentes nec umquam subeuntes e mari
visuntur.

Thynnorum captura est a Vergiliarum exortu ad Arcturi occasum. reliquo tempore hiberno latent in gurgitibus imis, nisi tepore aliquo evocati aut pleniluniis. pinguescunt et in tantum, ut dehiscant. vita longissima his bienni.

Animal est parvum scorpionis effigie, 54
aranei magnitudine. hoc se et thynno et ei,
qui gladius vocatur, crebro delphini magnitudinem excedenti, sub pinna adfigit aculeo
tantoque infestat dolore, ut in naves saepe-

wintern sie bis zur Tag- und Nachtgleiche. Oft begleiten sie die Segelschiffe, und man sieht sie vom Steuerruder aus mit besonderem Vergnügen einige Stunden lang und viele Meilen weit, wobei sie sich nicht einmal durch den öfter nach ihnen geschleuderten Dreizack verscheuchen lassen. Einige nennen diejenigen Thunfische, die sich derart verhalten, *pompíloi*. Viele bleiben im Sommer in der Propontis und schwimmen nicht in den Pontos hinein; ebenso wie die Seezungen; die Butten jedoch ziehen hinein. Der Tintenfisch wird dort nicht gefunden, wohl aber der Kalmar, von den Klippenfischen fehlen die Meerdrossel und Meeramsel, sowie die Muscheln, während die Austern im Überfluß vorhanden sind. Aber alle überwintern im Aegaeischen Meer. Von den in den Pontos schwimmenden Fischen kehren allein die Heringe nicht zurück – es dürfte am besten sein, hier meistens griechische Namen zu benutzen, da die gleichen Fische in verschiedenen Gegenden bald den, bald einen andern Namen erhalten haben –, aber diese Heringsfische allein ziehen den Fluß Hister hinauf und schwimmen aus diesem durch seine unterirdischen Adern in das Adriatische Meer hinab; man sieht sie deshalb auch von dort herab-, aber nie aus dem Meer heraufsteigen.

Der Fang der Thunfische dauert vom Aufgang des Siebengestirns bis zum Untergang des Arkturus. Während der restlichen Winterszeit verbergen sie sich in tiefen Gründen, wenn sie nicht durch Wärme oder den Vollmond hervorgelockt werden. Auch werden sie so fett, daß sie aufplatzen. Ihr Alter beträgt höchstens zwei Jahre.

Es gibt ein kleines Tier von der Gestalt eines Skorpions und der Größe einer Spinne. Sowohl an den Thunfisch als auch an den sogenannten Schwertfisch, der häufig den Delphin an Größe übertrifft, hängt es sich mit seinem Stachel unter die Flosse und verursacht ihnen einen solchen

numero exsiliant. quod et alias faciunt aliorum vim timentes mugiles maxime, tam praecipuae velocitatis, ut transversa navigia interim superiactent.

Sunt et in hac parte naturae auguria, sunt XVI
et piscibus praescita. Siculo bello ambulante 55
in litore Augusto piscis e mari ad pedes eius exsilivit; quo argumento vates respondere, Neptunum patrem adoptante tum sibi Sexto Pompeio – tanta erat navalis rei gloria –, sub pedibus Caesaris futuros, qui maria tempore illo tenerent.

Piscium feminae maiores quam mares. in 56
quodam genere omnino non sunt mares, sicut erythinis et channis; omnes enim ovis gravidae capiuntur. vagantur gregatim fere cuiusque generis squamosi; capiuntur ante solis ortum, tum maxime piscium fallitur visus. noctibus quies, sed inlustribus aeque quam die cernunt. aiunt et si teratur gurges interesse capturae, itaque plures secundo tractu capi quam primo. gustu olei maxime, dein modicis imbribus gaudent alunturque. quippe et harundines, quamvis in palude prognatae, non tamen sine imbre adolescunt, et alias ubicumque pisces in eadem aqua adsidui, si non adfluat, exanimantur.

Praegelidam hiemem omnes sentiunt, sed 57
maximo, qui lapidem in capite habere existi-

Schmerz, daß sie oft aus dem Wasser in die Schiffe springen. Dies tun auch sonst Fische, wenn sie die Gewalt anderer fürchten, besonders die Meeräschen, die eine so hervorragende Behendigkeit besitzen, daß sie sich zuweilen quer über die Fahrzeuge hinwegschnellen.

Auch in diesem Gebiet der Natur gibt es Vorbedeutungen, auch die Fische haben Vorahnungen. Als während des sizilischen Krieges Augustus am Ufer entlang spazierenging, sprang ein Fisch aus dem Meere heraus zu seinen Füßen; auf Grund dieser Tatsache erklärten die Wahrsager, daß, während sich Sextus Pompeius damals Neptun als Vater zulegte – so groß war sein Ruhm zur See –, diejenigen zu den Füßen des Kaisers liegen würden, die zu jener Zeit die Herrschaft über die Meere behaupteten.

Bei den Fischen sind die Weibchen größer als die Männchen. Bei einer gewissen Gattung gibt es keine Männchen, wie bei den Meerbrassen und Zackenbarschen; denn alle, die gefangen werden, tragen Eier in sich. Fast alle mit Schuppen bedeckten Fische ziehen in Schwärmen umher; man fängt sie vor Sonnenaufgang, denn zu dieser Zeit täuscht sie ihr Sehvermögen am meisten. Bei Nacht ruhen sie, in klaren Nächten aber sehen sie gleich gut wie am Tage. Man sagt, es sei für den Fischfang nützlich, wenn man den Grund aufrühre, und daß man deshalb beim zweiten Zuge mehr fange als beim ersten. Am meisten lieben sie den Geschmack des Öls, sodann nicht allzu starke Regenschauer, und ⟨dadurch⟩ werden sie lebendig erhalten. Allerdings wächst auch das Schilf, obgleich es im Sumpfe steht, dennoch nicht ohne Regen, und ebenso gehen die Fische überall ein, wo sie im gleichen Wasser bleiben, wenn es keinen Zufluß hat.

Alle sind empfindlich gegen einen sehr kalten Winter, am meisten aber diejenigen, die einen Stein im Kopfe

mantur, ut lupi, chromis, sciaena, phagri. cum asperae hiemes fuere, multi caeci capiuntur. itaque his mensibus iacent speluncis conditi, sicut in genere terrestrium rettulimus, maxime hippurus et coracini, hieme non capti praeterquam statis diebus paucis et iisdem semper, item murena et orphus, conger, percae et saxatiles omnes. terra quidem, hoc est vado maris excavato, condi per hiemes torpedinem, psettam, soleam tradunt.

Quidam rursus aestus inpatientia mediis fervoribus sexagenis diebus latent, ut glaucus, aselli, auratae. fluviatilium silurus Caniculae exortu sideratur, et alias semper fulgure sopitur; hoc et in mari accidere cyprino putant. et alioqui totum mare sentit exortum eius sideris, quod maxime in Bosporo apparet. alga enim et pisces superferuntur, omniaque ab imo versa. 58

Mugilum natura ridetur in metu capite XVII
abscondito totos se occultari credentium. 59
iisdem tam incauta salacitas, ut in Phoenice et in Narbonensi provincia coitus tempore e vivariis marem linea longinqua per os ad branchias religata emissum in mare eademque linea retractum feminae sequantur ad litus rursusque feminam mares partus tempore.

Apud antiquos piscium nobilissimus habi- 60
tus acipenser, unus omnium squamis ad os

haben sollen, wie die Seebarsche, der Umberfisch, die *skiaina* und die Meerbrassen. Nach sehr rauhen Wintern werden viele gefangen, die blind sind. Daher liegen sie in diesen Monaten in Höhlen verborgen, wie wir das von den Landtieren berichtet haben [8, 26f.], vor allem die Goldmakrele und die Rabenfische, die man nicht im Winter, mit Ausnahme weniger bestimmter Tage fängt, aber an diesen immer, ebenso die Muräne, der Zackenbarsch, der Meeraal, die Meeresbarsche und alle Klippenfische. In der Erde jedoch, das heißt im aufgewühlten Meeresboden, sollen sich während des Winters der Zitterrochen, die Schollen und Zungenfische bergen.

Andere wieder verbergen sich in der Mitte des Sommers, weil sie die Hitze nicht vertragen können, sechzig Tage lang, wie der *glaúkos*, die Dorsche und die Goldbrassen. Von den Flußfischen wird der Wels beim Aufgang des Hundssterns hirnwütig, er wird übrigens auch immer vom Blitz betäubt; dies soll auch im Meer dem Karpfen begegnen. Überhaupt fühlt das ganze Meer den Aufgang dieses Sterns, was man am deutlichsten am Bosporos bemerkt. Seegras nämlich und Fische kommen dann herauf, und alles wird von Grund auf umgewühlt.

Man lacht über die Eigenschaft der Meeräschen, daß sie, wenn sie Furcht haben, den Kopf verstecken und sich dann einbilden, ganz unsichtbar zu sein. Übrigens ist ihre Geilheit so unbedachtsam, daß in Phönikien und in der narbonensischen Provinz zur Zeit der Begattung die Weibchen einem Männchen, das man mit einer durch das Maul zu den Kiemen gezogenen langen Schnur aus dem Fischbehälter ins Meer läßt und wieder zurückholt, bis ans Ufer folgen; dagegen folgen zur Laichzeit die Männchen den Weibchen.

Bei den Alten galt als der edelste Fisch der Stör, bei dem allein die Schuppen nach dem Maule zu, also gegen die

versis contra quam in nando meant. nullo nunc in honore est, quod equidem miror, cum sit rarus inventu. quidam eum elopem vocant.

Postea praecipuam auctoritatem fuisse 61
lupo et asellis Nepos Cornelius et Laberius, poeta mimorum, tradidere. luporum laudatissimi, qui appellantur lanati a candore mollitiaque carnis. asellorum duo genera, callariae minores et bacchi, qui non nisi in alto capiuntur, ideo praelati prioribus. at in lupis in amne capti praeferuntur.

Nunc principatus scaro datur, qui solus 62
piscium dicitur ruminare herbisque vesci
atque non aliis piscibus, Carpathio maxime
mari frequens. promunturium Troadis Lec-
tum numquam sponte transit. inde advectos
Tiberio Claudio principe Optatus e libertis
eius praefectus classis inter Ostiensem et
Campaniae oram sparsos disseminavit. quin-
quennio fere cura adhibita, ut capti redde-
rentur mari. postea frequentes inveniuntur 63
Italiae litore, non antea ibi capti. admovet-
que sibi gula sapores piscibus satis et novum
incolam mari dedit, ne quis peregrinas aves
Romae parere miretur. proxima est mensa
iecori dumtaxat mustelarum, quas, mirum
dictu, inter Alpes quoque lacus Raetiae Bri-
gantinus aemulas marinis generat.

Ex reliqua nobilitate et gratia maxima est 64
et copia mullis; sicut magnitudo modica, bi-

Schwimmrichtung liegen. Jetzt steht er nicht mehr in Ansehen, was mich wundert, wo er doch so selten angetroffen wird. Manche nennen ihn *élops*.

Später waren, wie Cornelius Nepos und der Mimendichter Laberius berichten, der Seebarsch und die Dorsche besonders geachtet. Am meisten werden unter den Seebarschen diejenigen gelobt, welche man wegen ihres weißen und zarten Fleisches die »wolligen« *[lanati]* nennt. Von den Dorschen gibt es zwei Arten, die kleineren *callariae* und die *bacchi*, die nur auf hoher See gefangen und daher den ersteren vorgezogen werden. Von den Seebarschen aber werden die im Fluß gefangenen vorgezogen.

Jetzt gibt man den ersten Rang dem Papageifisch, der allein unter allen Fischen wiederkauen, und Kräuter, nicht jedoch andere Fische fressen soll und am häufigsten im Karpathischen Meere vorkommt. Über das Vorgebirge Lekton in der Troas schwimmt er nie freiwillig hinaus. Von dort brachte unter dem Kaiser Tiberius Claudius einer seiner Freigelassenen, der Flottenbefehlshaber Optatus, ⟨diese Fische⟩ herbei und setzte sie an der Küste zwischen Ostia und Kampanien aus. Fast fünf Jahre lang sorgte man dafür, daß sie, falls sie gefangen wurden, wieder ins Meer geworfen würden. In der Folge trifft man sie häufig an der Küste Italiens an, wo sie vordem nicht gefangen wurden. Durch die Versetzung von Fischen verschafft die Feinschmeckerei sich Leckerbissen und hat dem Meer einen neuen Bewohner gegeben, weshalb auch niemand in Verwunderung geraten soll, daß ausländische Vögel sich in Rom fortpflanzen. Die nächste Stelle auf der Speisetafel gebührt jedenfalls der Leber der *mustela*, die seltsamerweise auch der Brigantinische See in den Rätischen Alpen in gleicher Güte hervorbringt wie das Meer.

Von den übrigen geschätzten Fischarten sind am beliebtesten und am häufigsten die Meerbarben; diese sind

nasque libras ponderis raro admodum ex-
superant nec in vivariis piscinisque crescunt.
septentrionalis tantum hos et proxima occi-
dentis parte gignit Oceanus. cetero genera
eorum plura; nam et alga vescuntur et ostreis
et limo et aliorum piscium carne. et barba
gemina insigniuntur inferiori labro. lutarium
ex iis vilissimi generis appellant; hunc sem- 65
per comitatur sargus nomine alius piscis et
caenum fodiente eo excitatum devorat pa-
bulum. nec litorariis gratia. laudatissimi con-
chylium sapiunt. nomen his Fenestella a colore mulleorum calciamentorum datum putat. pariunt ter annis; certe totiens fetura
apparet. mullum exspirantem versicolori 66
quadam et numerosa varietate spectari pro-
ceres gulae narrant, rubentium squamarum
multiplici mutatione pallescentem, utique si
vitro spectetur inclusus. M. Apicius, ad
omne luxus ingenium natus, in sociorum garo
– nam ea quoque res cognomen invenit – ne-
cari eos praecellens putavit atque e iecore
eorum allecem excogitare.

Provocavit – id enim est facilius dixisse 67
quam quis vicerit – Asinius Celer e consula-
ribus hoc pisce prodigos omnes Gaio prin-
cipe unum mercatus HS $\overline{\text{VIII}}$ mullum. quae
reputatio aufert traversum animum ad con-
templationem eorum, qui in conquestione
luxus coquos emi singulos pluris quam equos
quiritabant. at nunc coci trium horum pretiis
parantur et coquorum pisces, nullusque

von bescheidener Größe und wiegen selten mehr als zwei Pfund und gedeihen nicht in Behältern und Fischteichen. Nur der nördliche Ozean, und zwar in dem zum Westen nächstliegenden Teile, bringt sie hervor. Im übrigen gibt es mehrere Arten von ihnen; sie nähren sich nämlich sowohl von Seegras als auch von Muscheln, von Schlamm und dem Fleisch anderer Fische. Sie sind gekennzeichnet durch einen doppelten Bart an der Unterlippe. Die wertloseste Art unter ihnen nennt man Schlammbarbe. Stets begleitet diese ein anderer Fisch, *sargus* genannt, und frißt ⟨ihr⟩, wenn sie im Schlamme wühlt, das aufgescheuchte Futter weg. Die an den Küsten lebenden schätzt man ebenfalls nicht. Am meisten werden die gelobt, welche einen Muschelgeschmack haben. Nach Fenestella erhielten sie ihren Namen nach den Purpurschuhen. Dreimal im Jahr laichen sie; jedenfalls kommt so oft ihre Brut zum Vorschein. Die größten Feinschmecker sagen, die sterbende Meerbarbe zeige, zumal wenn man sie in einem Glas eingeschlossen betrachtet, eine Art bunte und häufige Veränderung der Farbe, wobei nach mehrfachem Wechsel die roten Schuppen weiß würden. M. Apicius, von Geburt ein zu jeder Prasserei einfallsreicher Geist, hielt es für etwas Herrliches, sie in der »Brühe der Freunde« – denn auch diese Sache fand einen Beinamen – zu töten und aus ihrer Leber eine Sauce zu erdenken.

Der gewesene Konsul Asinius Celer forderte mit diesem Fisch alle Verschwender heraus – dies ist nämlich leichter zu erzählen als wer den Sieg davongetragen hat –, als er unter Kaiser Gaius eine Meerbarbe um 8000 Sesterzen kaufte. Diese Rechnung lenkt den Geist beiseite zu einer Betrachtung derer, die bei ihrer Klage über den Luxus ⟨einst⟩ laut gejammert haben, daß jeweils ein Koch teurer sei als Pferde. Jetzt aber kosten Köche so viel wie drei ⟨Pferde⟩ und die Fische sind so teuer wie die Köche, und

prope iam mortalis aestimatur pluris quam
qui peritissime censum domini mergit. mul- XVIII
lum LXXX librarum in mari Rubro captum 68
Licinius Mucianus prodidit. quanti merca-
tura eum luxuria suburbanis litoribus inven-
tum?

Est et haec natura, ut alii alibi pisces principatum obtineant, coracinus in Aegypto, zaeus idem faber appellatus Gadibus, circa Ebusum salpa, obscenus alibi et qui nusquam percoqui possit nisi ferula verberatus; in Aquitania salmo fluviatilis marinis omnibus praefertur.

Piscium alii branchias multiplices habent, 69
alii simplices, alii duplices. his aquam emittunt acceptam ore. senectutis indicium squamarum duritia, quae non sunt omnibus similes. duo lacus Italiae in radicibus Alpium Larius et Verbannus appellantur, in quibus pisces omnibus annis Vergiliarum ortu exsistunt squamis conspicui crebris atque praeacutis, clavorum caligarium effigie; nec amplius quam circa eum mensem visuntur.
Miratur et Arcadia suum exocoetum, appel- XIX
latum ab eo, quod in siccum somni causa 70
exeat. circa Clitorium vocalis hic traditur
et sine branchiis; idem aliquis Adonis dictus.

Exeunt in terram et, qui marini mures vo- 71
cantur, et polypi et murenae. quin et in Indiae fluminibus certum genus piscium, quod

fast wird schon kein Sterblicher höher geschätzt als wer am geschicktesten das Vermögen seines Herrn durchbringt. Daß im Roten Meer eine Barbe von 80 Pfund gefangen worden sei, berichtet Licinius Mucianus. Wie viel hätte die Schlemmerei für diesen Fisch bezahlt, wenn er an der den Häusern der Stadt Rom zunächst liegenden Küste gefunden worden wäre?

Es ist auch dies eine Naturerscheinung, daß an anderen Orten andere Fische den Vorrang haben, wie etwa der Bolti in Ägypten, zu Gades der Petersfisch, auch »Schmied« *[faber]* genannt, bei Ebusos der Goldstriemen, der an anderen Orten ekelerregend ist und sich niemals durchkochen läßt, wenn man ihn nicht mit einer Rute mürbe geschlagen hat; in Aquitanien wird der Flußlachs allen Seefischen vorgezogen.

Einige Fische haben mehrfache Kiemen, andere einfache, andere doppelte. Durch diese geben sie das mit dem Maul aufgenommene Wasser von sich. Ein Kennzeichen ihres Alters ist die Härte der Schuppen, die aber nicht bei allen ähnlich sind. In Italien liegen am Fuß der Alpen zwei Seen, der Larische und der Verbannische genannt, in denen jedes Jahr beim Aufgange des Siebengestirns Fische auftreten, die durch ihre vielen und sehr spitzen, Schuhnägeln vergleichbaren Schuppen auffallen; sie lassen sich nicht länger als nur in diesem Monat sehen.

Auch Arkadien hat seine wunderliche Besonderheit, den »Auswärtsschläfer« *[exókoitos]*, der deshalb so genannt wird, weil er zum Schlafen an Land geht. In der Gegend von Kleitor (Clitorium) soll dieser eine Stimme besitzen und ohne Kiemen sein; von einigen wird er Adonis genannt.

An Land gehen auch die sogenannten Meermäuse [Seeschildkröten], die Polypen und Muränen. Sogar in den indischen Flüssen gibt es eine Fischgattung, die an Land

in terram prosilit ac deinde resilit. nam in stagna et amnes transeundi plerisque evidens ratio est, ut tutos fetus edant, quia non sint ibi, qui devorent partus, fluctusque minus saeviant. has intellegi ab his causas servarique temporum vices magis miretur, si quis reputet quoto cuique hominum nosci uberrimam esse capturam sole transeunte piscium signum.

Marinorum alii sunt plani, ut rhombi, XX
soleae ac passeres, qui ab rhombis situ tan- 72
tum corporum differunt; dexter hic resupi-
natis est illis, passeri laevus; alii longi, ut
murena, conger. pinnarum quoque fiunt dis- 73
crimina, quae pedum vice sunt datae piscibus, nullis supra quaternas, quibusdam binae,
aliquis nullae. in Fucino tantum lacu piscis
est, qui octonis pinnis natat. binae omnino
longis et lubricis, ut anguillis et congris,
nullae, ut murenis, quibus nec branchiae.
haec omnia flexuoso corporum inpulsu ita
mari utuntur, ut serpentes terra; et in sicco
quoque repunt, ideo etiam vivaciora talia.
et e planis aliqua non habent pinnas, ut pasti-
nacae – ipsa enim latitudine natant –, et
quae mollia appellantur, ut polypi, quoniam
pedes illis pinnarum vicem praestant.

Anguillae octonis vivunt annis. durant et XXI
sine aqua; quinis et senis diebus aquilone 74
spirante; austro paucioribus ... ant hieme;

geht und wieder zurückspringt. Die meisten nämlich haben den einleuchtenden Grund, in die Seen und Flüsse hinüberzuwechseln, um ihren Laich sicher abzusetzen, weil sich dort keine Tiere befinden, welche die Brut verschlingen würden, und weil dort das Wasser weniger unruhig ist. Daß sie über diese Zusammenhänge Bescheid wissen und den Zeitenwechsel beobachten, ist noch mehr zu bewundern, wenn man bedenkt, wie wenige Menschen wissen, daß der Fischfang am reichlichsten ist, wenn die Sonne durch das Zeichen der Fische geht.

Einige Seefische sind platt, wie die Glattbutten, die Seezungen und die Stachelflundern, die sich von den Glattbutten nur durch die Stellung des Körpers unterscheiden; denn jene beugen sich auf die rechte, die Stachelflundern auf die linke Seite; andere sind lang, wie die Muräne und der Meeraal. Auch die Flossen, die den Fischen an Stelle der Füße verliehen sind, weichen voneinander ab; keine besitzen mehr als vier, einige zwei, manche gar keine. Nur im Fucinersee gibt es einen Fisch, der mit acht Flossen schwimmt. Überhaupt nur zwei Flossen haben die langen und schlüpfrigen Fische, wie die Fluß- und Meeraale, keine ⟨Flossen⟩ haben z. B. die Muränen, denen auch die Kiemen fehlen. Alle diese Tiere bewegen sich durch die Krümmung ihrer Körper im Meere derart vorwärts, wie die Schlangen auf dem Lande; sie kriechen auch auf dem Trockenen, und daher sind solche Fische auch um so lebenskräftiger beschaffen. Auch unter den platten Fischen haben einige keine Flossen, wie die Stachelrochen – denn diese schwimmen allein durch ihre Breite –, ferner die sogenannten Weichtiere, wie die Polypen, bei denen die Füße die Stelle der Flossen vertreten.

Die Aale werden acht Jahre alt. Sie kommen auch fünf und sechs Tage ohne Wasser aus, wenn der Nordostwind weht; beim Südwind weniger ... im Winter; jedoch ver-

eadem in exigua aqua non tolerant neque
in turbida. ideo circa Vergilias maxime capiuntur fluminibus tum praecipue turbidis.
pascuntur noctibus. exanimes piscium solae
non fluitant. lacus est Italiae Benacus in Ve- XXII
ronensi agro Mincium amnem tramittens. ad 75
cuius emersus annuo tempore, Octobri fere
mense, autumnali sidere, ut palam est, hie-
mato lacu, fluctibus glomeratae volvuntur
in tantum mirabili multitudine, ut in excipu-
lis eius fluminis ob hoc ipsum fabricatis singulorum milium reperiantur globi.

Murena quocumque mense parit, cum ce- XXIII
teri pisces stato pariant. ova eius citissime 76
crescunt. in sicca litora elapsas vulgus coitu
serpentium impleri putat. Aristoteles zmy-
rum vocat marem, qui generet; discrimen
esse, quod murena varia et infirma sit, zmyrus unicolor et robustus dentesque extra os
habeat. in Gallia septentrionali murenis omnibus dextera in maxilla septenae maculae
ad formam septentrionis aureo colore ful-
gent, dumtaxat viventibus, pariterque cum
anima exstinguuntur. invenit in hoc animali 77
documenta saevitiae Vedius Pollio, eques
Romanus ex amicis Divi Augusti, vivariis
earum inmergens damnata mancipia, non
tamquam ad hoc feris terrarum non suffi-
cientibus, sed quia in alio genere totum pariter hominem distrahi spectare non poterat.
ferunt aceti gustu praecipue eas in rabiem
agi. tenuissimum his tergus, contra anguillis

tragen sie weder seichtes noch trübes Wasser. Daher werden sie meist um den Aufgang des Siebengestirns gefangen, weil ⟨dann⟩ die Flüsse besonders trüb sind. Ihre Nahrung suchen sie nachts. Sie sind die einzigen Fische, die, wenn sie tot sind, nicht auf dem Wasser treiben. In Italien, im Gebiet von Verona, liegt der See Benacus, vom Mincius durchströmt. An seiner Ausflußstelle werden ⟨jene Aale⟩ jährlich, ungefähr im Oktober, wenn der See unter dem Einfluß des Herbstgestirns bekanntlich kalt wird, scharenweise von den Fluten zusammengeschwemmt, und zwar in so außerordentlicher Menge, daß sie in eigens dafür im Flusse angebrachten Aalfängen zu Tausenden ineinander geballt gefunden werden.

Die Muräne laicht in jedem Monat, während die übrigen Fische dies nur in einem bestimmten tun. Ihre Eier wachsen sehr schnell. Weil sie auf das trockene Ufer springen, glaubt man im Volke, sie würden durch die Begattung mit Schlangen befruchtet. Aristoteles nennt das zeugende Männchen *smýros;* der Unterschied soll darin bestehen, daß die Muräne bunt und schwach, der *smýros* aber einfarbig und kräftig ist und seine Zähne außerhalb des Maules hat. Im nördlichen Gallien haben alle Muränen an der rechten Kinnlade sieben Flecken von der Gestalt des Großen Bären, die wenigstens zu ihren Lebzeiten goldgelb glänzen und gleichzeitig mit dem Leben erlöschen. Der römische Ritter Vedius Pollio, einer der Freunde des göttlichen Augustus, fand in diesem Tier ein Mittel, seine Grausamkeit augenfällig zu beweisen, indem er in die Muränenteiche verurteilte Sklaven werfen ließ, als ob die wilden Tiere des Landes dafür nicht genügt hätten, sondern weil er bei keiner anderen Tierart sehen konnte, wie der ganze Mensch auf einmal zerrissen wird. Vor allem durch den Genuß des Essigs sollen sie in Wut geraten. Ihre Haut ist sehr dünn, die der Aale hingegen

crassius, eoque verberari solitos tradit Verrius praetextatos et ob id multam his dici non institutam.

Planorum piscium alterum est genus, quod XXIV
pro spina cartilaginem habet, ut raiae, pasti- 78
nacae, squatinae, torpedo et quos bovis, lamiae, aquilae, ranae nominibus Graeci appellant. quo in numero sunt squali quoque, quamvis non plani. haec Graece in universum σελάχη appellavit Aristoteles primus hoc nomine iis inposito. nos distinguere non possumus, nisi si cartilaginea appellare libeat. omnia autem carnivora sunt talia et supina vescuntur, ut in delphinis diximus, et cum ceteri pisces ova pariant, hoc genus solum, ut ea, quae cete appellant, animal parit, excepta quam ranam vocant.

Est parvus admodum piscis adsuetus pe- XXV
tris, echeneis appellatus. hoc carinis adhae- 79
rente naves tardius ire creduntur, inde nomine inposito. quam ob causam amatoriis quoque veneficiis infamis est et iudiciorum ac litium mora, quae crimina una laude pensat fluxus gravidarum utero sistens partusque continens ad puerperium. in cibos tamen non admittitur. pedes eum habere arbitrantur, Aristoteles ita posita pinnarum similitudine. Mucianus muricem esse latiorem pur- 80
pura, neque aspero neque rotundo ore neque

dicker, und man hatte darum, wie Verrius erzählt, die Gewohnheit, mit ihr die Knaben von freier Geburt zu züchtigen, und deshalb habe man davon abgesehen, diesen eine Buße aufzuerlegen.

Eine andere Gattung der Plattfische hat an Stelle der Hauptgräten Knorpel, wie die Rochen, die Stachelrochen, die Engelhaie, die Zitterrochen und diejenigen, welche die Griechen mit dem Namen »Rind«, »Hexe«, »Adler« und »Frosch« bezeichnet haben. Dazu zählt man auch die Haifische, obgleich sie nicht platt sind. Alle diese hat als erster Aristoteles im Griechischen mit dem für sie erdachten Namen *seláche* bezeichnet. Wir können sie nicht besser unterscheiden, als wenn wir sie ⟨mit dem Worte⟩ Knorpelfische *[cartilaginea]* benennen. Alle derartigen Fische aber sind Fleischfresser und nehmen ihre Nahrung auf dem Rücken liegend zu sich, wie wir es bei den Delphinen angegeben haben, und während die übrigen Fische Eier legen, bringt allein diese Gattung, wie die sogenannten Walfische, lebende Junge zur Welt, ausgenommen der sogenannte »Frosch«.

Es gibt einen ganz kleinen Fisch, der gewohnt ist, an Klippen zu leben, Schiffshalter genannt. Wenn er sich an den Kiel der Schiffe hängt, verlangsamt sich, wie man glaubt, ihre Fahrt, weshalb man ihm den Namen gegeben hat. Aus diesem Grund steht er auch im schlechten Ruf, ein Gift für Liebestränke zu enthalten, Rechts- und Prozeßangelegenheiten zu verzögern, üble Eigenschaften, die er aber durch eine lobenswerte ausgleicht, nämlich daß er den Blutfluß der Schwangeren hemmt und die Leibesfrucht bis zur richtigen Geburt zurückhält. Zu Speisen indessen wird er nicht verwendet. Man glaubt, daß er Füße habe, nach Aristoteles ⟨nur⟩ wegen der ähnlichen Stellung der Flossen. Mucianus spricht von einer Schnecke, die breiter sei als die Purpurschnecke und weder ein rauhes noch ein

in angulos prodeunte rostro, sed simplici concha utroque latere sese colligente. quibus inhaerentibus plenam ventis stetisse navem Periandri portantem, ut castrarentur, nobiles pueros; conchas, quae id praestiterint, apud Cnidiorum Venerem coli. Trebius Niger pedalem esse et crassitudine quinque digitorum, naves morari; praeterea hanc esse vim eius adservati in sale, ut aurum, quod deciderit in altissimos puteos, admotus extrahat.

Mutant colorem candidum menae et fiunt XXVI
aestate nigriores. mutat et phycis: reliquo 81
tempore candida, vere varia. eadem piscium
sola nidificat ex alga atque in nido parit.

Volat sane perquam similis volucri hirun- 82
do, item milvus. subit in summa maria piscis XXVII
ex argumento appellatus lucerna, linguaque
ignea per os exerta tranquillis noctibus relu-
cet. attollit e mari sesquipedanea fere cornua,
quae ab his nomen traxit. rursus draco marinus, captus atque inmissus in harenam, cavernam sibi rostro mira celeritate excavat.

Piscium sanguine carent de quibus dice- XXVIII
mus. sunt autem tria genera: primum, quae 83
mollia appellantur, dein contecta crustis te-
nuibus, postremo testis conclusa duris. mollia
sunt lolligo, sepia, polypus et cetera generis
eius. his caput inter pedes et ventrem; pedi-

rundes Maul noch eine winkelig hervorstehende Schnauze habe, sondern eine einfache, an beiden Seiten sich schließende Schale aufweise. Als diese sich an ein Schiff des Periandros hefteten, das edle Knaben trug, die verschnitten werden sollten, sei dieses mitten im Winde still gestanden; die Muscheln, die dies leisteten, würden bei der Venus zu Knidos verehrt. Trebius Niger sagt, ⟨die Muschel⟩ sei einen Fuß lang, fünf Finger dick und könne Schiffe behindern; außerdem habe sie, in Salz aufbewahrt, noch eine solche Kraft, daß sie Gold, das in die tiefsten Brunnen gefallen ist, herauszöge, wenn man sie dorthin bringe.

Die *mainai* ändern ihre weiße Farbe und werden im Sommer schwärzlicher. Auch die *phykis* ändert ihre Farbe: in der übrigen Zeit weiß, wird sie im Frühjahr gefleckt. Sie ist der einzige Fisch, der aus Seegras ein Nest baut und darin laicht.

Der Schwalbenfisch kann fliegen und ist dem Vogel ganz ähnlich, ebenso der *milvus*. An die Oberfläche des Meeres kommt ein Fisch, der wegen seiner Eigenschaft »Leuchte« *[lucerna]* genannt wird und mit seiner aus dem Maule vorgestreckten feurigen Zunge in ruhigen Nächten leuchtet. ⟨Ein anderer Fisch⟩ hebt seine fast 1½ Fuß langen Hörner aus dem Meere und hat davon seinen Namen bekommen. Der Meerdrache *[draco marinus]* wiederum, wenn er gefangen und auf den Sand geworfen wird, höhlt sich mit erstaunlicher Geschwindigkeit mit seiner Schnauze ein Loch aus.

Die Fische, von denen wir nun sprechen wollen, sind ohne Blut. Es gibt aber drei Arten: zuerst kommen die sogenannten Weichtiere, dann die mit dünnen Schalen bedeckten und schließlich diejenigen, die in harten Schalen eingeschlossen sind. Weichtiere sind: der Kalmar, der Tintenfisch, der Polyp und die übrigen dieser Art. Der Kopf befindet sich bei ihnen zwischen den Füßen und dem

 83

culi octoni omnibus. sepiae et lolligini pedes duo ex his longissimi et asperi; quibus ad ora admovent cibos et in fluctu se velut ancoris stabiliunt; cetera cirri, quibus venantur.

Lolligo etiam volitat extra aquam se effe- XXIX
rens; quod et pectunculi faciunt, sagittae 84
modo. sepiarum generi mares varii et nigriores constantiaeque maioris. percussae tridente feminae auxiliantur, at femina icto mare fugit. ambo autem, ubi sensere se adprehendi, effuso atramento, quod pro sanguine his est, infuscata aqua absconduntur.

Polyporum multa genera. terreni maiores 85
quam pelagii. omnibus bracchiis ut pedibus ac manibus utuntur, cauda vero, quae est bisulca et acuta, in coitu. est polypis fistula in dorso, qua tramittunt mare, eamque modo in dexteram partem, modo in sinistram transferunt. natant obliqui in caput, quod praedurum est sufflatione viventibus. cetero per bracchia velut acetabulis dispersis haustu quodam adhaerescunt; tenent supini, ut avelli non queant. vada non adprehendunt, et grandibus minor tenacitas. soli mollium in siccum exeunt, dumtaxat asperum; levitatem
odere. vescuntur conchyliorum carne, quo- 86
rum conchas conplexu crinium frangunt; itaque praeiacentibus testis cubile eorum deprehenditur. et cum alioqui brutum habeatur

Bauch; sie alle haben acht kleine Füße. Beim Tintenfisch und dem Kalmar sind zwei Füße sehr lang und rauh; damit bringen sie die Nahrung zum Munde und halten sich daran im strömenden Wasser wie an einem Anker fest; die übrigen sind Fangarme, mit denen sie jagen.

Der Kalmar fliegt sogar, wenn er sich aus dem Wasser erhebt; dasselbe tun auch die Kammuscheln, nach Art eines Pfeiles. Bei den Tintenfischen sind die Männchen bunt und schwärzer, wie auch von größerem Mut. Dem vom Dreizack durchbohrten Weibchen eilen sie zu Hilfe, das Weibchen hingegen flieht, wenn das Männchen getroffen ist. Beide aber, scheiden, sobald sie merken, daß man sie fangen will, eine schwarze Flüssigkeit aus, die sie statt des Blutes haben, und verbergen sich in dem getrübten Wasser.

Von den Polypen gibt es viele Arten. Die am Lande sind größer als die im Meere lebenden. Sie verwenden alle Fangarme wie Füße und Hände, den Schwanz aber, der in zwei Teile gespalten und spitz ist, zur Begattung. Die Polypen haben auf dem Rücken eine Röhre, durch die sie das Seewasser fließen lassen und die sie bald auf die rechte, bald auf die linke Seite verschieben. Sie schwimmen schräg in der Richtung des Kopfes, der zu ihren Lebzeiten durch Aufblasen sehr hart ist. Im übrigen saugen sie sich mit Hilfe von Näpfchen, die über die Arme verteilt sind, an; sie halten sich, auf dem Rücken liegend, so fest, daß man sie nicht losreißen kann. Seichte Stellen suchen sie nicht auf, große Tiere haften weniger fest. Sie sind die einzigen Weichtiere, die aufs Trockene gehen, vorausgesetzt, daß dieses rauh ist; glatten Boden mögen sie nicht. Sie fressen das Fleisch der Muscheln, deren Schalen sie mit ihren Armen umfassen und zerdrücken; daher entdeckt man ihren Standort an den herumliegenden Schalen. Wenn man auch dieses Tier sonst für unvernünftig halten muß,

animal, ut quod ad manum hominis adnatet, in re quodammodo familiari callet. omnia in domum conportat, dein putamina erosa carne egerit adnatantesque pisciculos ad ea
venatur. colorem mutat ad similitudinem 87
loci, et maxime in metu. ipsum bracchia sua rodere falsa opinio est – id enim a congris evenit ei. sed renasci, sicut colotis et lacertis caudas, haud falsum.

Inter praecipua autem miracula est, qui 88
vocatur nautilus, ab aliis pompilus. supinus in summa aequorum pervenit, ita se paulatim adsubrigens, ut emissa omni per fistulam aqua velut exoneratus sentina facile naviget. postea prima duo bracchia retorquens membranam inter illa mirae tenuitatis extendit, qua velificante in aura; ceteris subremigans bracchiis, media se cauda ut gubernaculo regit. ita vadit alto Liburnicarum gaudens imagine; si quid pavoris interveniat, hausta se mergens aqua.

Polyporum generis est ozaena dicta a XXX
gravi capitis odore, ob hoc maxime murenis 89
eam consectantibus.

Polypi binis mensibus conduntur; ultra bimatum non vivunt, pereunt autem tabe semper, feminae celerius et fere a partu.

Non sunt praetereunda et L. Lucullo proconsule Baeticae conperta de polypis, quae Trebius Niger e comitibus eius prodidit: avi-

da es z. B. an die Hand des Menschen heranschwimmt, so ist es doch in seiner Lebensweise irgendwie klug. Es trägt alles in sein Lager, dann schafft es die Schalen, wenn es das Fleisch herausgenagt hat, fort und fängt die Fische, die dazu heranschwimmen. Die Farbe paßt sich der Verschiedenheit der Umgebung an und zwar vor allem, wenn sich ⟨das Tier⟩ in gefährlicher Lage befindet. Daß es selbst an seinen Armen nage, ist eine falsche Meinung – denn dies geschieht ihm von den Meeraalen. Daß sie ihm jedoch wieder nachwachsen, wie den Geckos und den Eidechsen die Schwänze, ist nicht falsch.

Zu den größten Merkwürdigkeiten zählt der *nautílos*, von anderen *pompílos* genannt. Auf dem Rücken liegend, gelangt er an die Oberfläche des Wassers, wobei er sich allmählich so aufrichtet, daß er, nach dem Ausstoßen allen Wassers durch eine Röhre, wie vom Kielwasser entlastet, leicht daherschwimmt. Dann biegt er die beiden Vorderarme zurück und spannt zwischen beiden eine Haut von erstaunlicher Feinheit aus, mit deren Hilfe er im Wind segelt; mit den andern Armen rudert er, und mit dem in der Mitte liegenden Schwanz lenkt er wie mit einem Steuer. So segelt er auf dem hohen Meere munter dahin wie die liburnischen Fahrzeuge; wenn er aber Gefahr wittert, schluckt er Wasser und taucht unter.

Zum Geschlecht der Polypen gehört auch noch die *ózaina,* genannt nach dem starken Geruch ihres Kopfes, weshalb sie auch am meisten von den Muränen verfolgt wird.

Die Polypen verbergen sich zwei Monate lang; sie leben nicht länger als zwei Jahre und sterben aber immer an Auszehrung, die Weibchen schneller und gewöhnlich, wenn sie geboren haben.

Nicht übergangen werden dürfen auch die unter L. Lucullus, dem Prokonsul der Baetica, an den Polypen gewonnenen Feststellungen, die Trebius Niger, einer seiner

dissimos esse concharum; illas ad tactum 90
conprimi, praecidentes bracchia eorum, ultroque escam ex praedante capere. carent
conchae visu omnique sensu alio quam cibi
et periculi. insidiantur ergo polypi apertis
inpositoque lapillo extra corpus, ne palpi-
tatu eiciatur: ita securi grassantur extra-
huntque carnes. illae se contrahunt, sed fru-
stra, discuneatae. tanta sollertia animalium
hebetissimis quoque est. praeterea negat 91
ullum atrocius esse animal ad conficiendum
hominem in aqua. luctatur enim conplexu et
sorbet acetabulis ac numeroso suctu trahit,
cum in naufragos urinantesve impetum cepit.
sed si invertatur, elanguescit vis; exporri-
gunt enim se resupinati. cetera, quae idem
rettulit, monstro propiora possunt videri.
Carteiae in cetariis adsuetus exire e mari in 92
lacus eorum apertos atque ibi salsamenta po-
pulari – mire omnibus marinis expetentibus
odorem quoque eorum, qua de causa et nassis
inlinuntur; convertit in se custodum indi-
gnationem adsiduitate furti inmodici. saepes
erant obiectae; sed has transcendebat per ar-
borem nec deprehendi potuit nisi canum saga-
citate. hi redeuntem circumvasere noctu,
concitique custodes expavere novitatem. pri-

Begleiter, überliefert hat: sie seien äußerst begierig nach Muscheln; diese jedoch schlössen sich bei der Berührung, klemmten ihnen dabei die Arme ab und nährten sich so ohne eigenes Zutun von dem Feinde, der sie fassen wollte. Die Muscheln können nicht sehen und haben keinen anderen Sinn als den für Nahrung und ⟨drohende⟩ Gefahr. Die Polypen stellen ihnen deshalb nach, wenn sie aufgeklappt sind, legen ein Steinchen hinein und zwar außerhalb der Weichteile, damit dieses nicht durch die Hin- und Herbewegung ausgeworfen werde: so gehen sie sicher zu Werke und ziehen das Fleisch heraus. Jene wollen sich schließen, aber vergebens wegen des eingeschobenen Keiles. Eine solche Geschicklichkeit ist auch den stumpfsinnigsten Tieren eigen. ⟨Trebius Niger⟩ sagt ferner, es gäbe kein anderes Tier, das den Menschen auf eine grausamere Weise im Wasser umbrächte. Wenn es nämlich Schiffbrüchige oder Taucher anfällt, umklammert es diese, saugt sich mit seinen Saugnäpfen fest und zerrt sie in regelmäßigem Ansaugen fort. Wendet man es aber, so läßt seine Kraft nach; jedoch auf den Rücken gelegt, strecken sich diese Tiere auseinander. Was dieser Autor sonst noch erzählt, kann den Eindruck erwecken, es komme dem Abenteuerlichen näher. Zu Carteia in den Fischbuchten hatte ein Polyp die Gewohnheit, aus dem Meere in deren offene Behälter überzusteigen und die dort eingesalzenen Fische zu plündern – merkwürdigerweise gehen alle Seetiere dem Salzgeruch nach, weshalb man auch die Fischreusen ⟨mit Salz⟩ bestreicht; durch diesen wiederholten, alles Maß überschreitenden Diebstahl zog er den Zorn der Aufseher auf sich. Man errichtete zur Abwehr hohe Zäune; er überstieg aber diese über einen Baum und konnte allein durch den Spürsinn der Hunde entdeckt werden. Als er nachts zurückkehrte, umringten sie ihn, und die herbeigerufenen Wächter erschraken über den unerwarteten Anblick. Vor

mum omnium magnitudo inaudita erat, dein
colos muria obliti, odore diri. quis ibi polypum exspectasset aut ita cognosceret? cum
monstro dimicare sibi videbantur. namque
et adflatu terribili canes agebat, nunc extremis crinibus flagellatos, nunc robustioribus
bracchiis clavarum modo incussos, aegreque
multis tridentibus confici potuit. ostendere 93
Lucullo caput eius, dolii magnitudine, am-
phorarum XV capax, atque, ut ipsius Trebii
verbis utar, barbas, quas vix utroque brac-
chio conplecti esset, clavarum modo torosas,
longas pedum XXX, acetabulis sive calicu-
lis urnalibus pelvium modo, dentes magni-
tudini respondentes. reliquiae adservatae miraculo pependere pondo DCC. sepias quoque et lolligines eiusdem magnitudinis ex-
pulsas in litus illud idem auctor est. in nostro
mari lolligines quinum cubitorum capiuntur,
sepiae binum; neque his bimatu longior vita.

Navigeram similitudinem et aliam in Pro- 94
pontide visam sibi prodidit Mucianus: concham esse acatii modo carinatam, inflexa
puppe, prora rostrata. in hanc condi nau-
plium, animal sepiae simile, ludendi societate
sola. duobus hoc fieri generibus: tranquillo
enim vectorem demissis palmulis ferire ut
remis; si vero flatus invitet, easdem in usum
gubernaculi porrigi pandique buccarum sinus aurae. huius voluptatem esse ut ferat,

allem war seine Größe unerhört, dann sah er in der Farbe aus wie mit Salzlake überzogen und hatte einen abscheulichen Geruch. Wer hätte dort einen Polypen erwartet und würde ihn so gleich erkennen? Sie glaubten mit einem Ungeheuer zu kämpfen. Er trieb nämlich die Hunde mit schrekkenerregenden Blasen von sich, peitschte sie bald mit den Enden der Fangarme, bald schlug er sie mit den kräftigeren wie mit Keulen und konnte nur mühevoll mit vielen Dreizacken erlegt werden. Man zeigte dem Lucullus seinen Kopf, der so groß wie ein Faß war, das 15 Amphoren fassen kann, und, um mit den Worten des Trebius selbst zu sprechen, die Bärte [= Arme], die kaum mit beiden Armen umfaßt werden konnten, knotig wie Keulen und 30 Fuß lang waren, mit Saugnäpfen oder mit kleinen, eine Urne fassenden, becherartigen Saughöhlen versehen, dazu die Zähne, die seiner Größe entsprachen. Die Reste, als Merkwürdigkeit aufbewahrt, wogen 700 Pfund. Daß auch Tintenfische und Kalmare von der gleichen Größe an jene Küste gespült würden, berichtet derselbe Gewährsmann. In unserem Meer werden nur Kalmare von fünf Ellen und Tintenfische von zwei Ellen Länge gefangen; auch ihr Leben dauert nicht länger als zwei Jahre.

Daß auch ein anderes schiffsähnliches Gebilde in der Propontis von ihm gesichtet worden sei, hat Mucianus berichtet: da gebe es eine Muschel, gestaltet wie ein kleines Fahrzeug mit einem Kiel mit gebogenem Rückteil und geschnäbeltem Vorderteil. Darin verberge sich der *naúplios,* ein der Tintenschnecke ähnliches Tier, nur um in Gesellschaft zu spielen. Dies geschehe auf zweierlei Art: wenn das Meer ruhig sei, schlage dieser Seefahrer [= *naúplios*] das Wasser mit herabgelassenen Armen wie mit Rudern; wenn aber der Wind dazu auffordere, strecke er sie aus, um sie als Steuer zu gebrauchen, und richte die Backen dem Winde entgegen. Der Muschel bereite es Freu-

illius ut regat, simulque eam descendere in duo sensu carentia, nisi forte tristi – id enim constat – omine navigantium humana calamitas in causa est.

Locustae crusta fragili muniuntur in eo 95
genere, quod caret sanguine. latent mensibus quinis. similiter cancri, qui eodem tempore occultantur; et ambo veris principio senectutem anguium more exuunt renovatione tergorum. cetera in undis natant, locustae reptantium modo fluitant, si nullus ingruat metus, recto meatu, cornibus, quae sunt propria rotunditate praepilata, ad latera porrectis; isdem erectis in pavore obliquae in latera procedunt. cornibus inter se dimicant. unum hoc animalium, nisi vivum ferventi aqua incoquatur, fluida carne non habet cal-
lum. vivunt petrosis locis, cancri mollibus. XXXI
hieme aprica litora sectantur, aestate in 96
opaca gurgitum recedunt. omnia eius generis hieme laeduntur, autumno et vere pinguescunt et plenilunio magis, quia noctem sidus tepido fulgore mitificat.

Cancrorum genera carabi, astaci, maeae, 97
paguri, Heracleotici, leones et alia ignobiliora. carabi cauda a ceteris cancris distant. in Phoenice hippoe vocantur, tantae velocitatis, ut consequi non sit. cancris vita longa; pedes octoni, omnes in obliquum flexi. feminae primus pes duplex, mari simplex. prae-

de, zu tragen, jenem zu lenken, und so erfasse dies zwei gefühllose Wesen zugleich, wenn nicht etwa – das nämlich ist bekannt – für die Seeleute darin ein trauriges Vorzeichen für menschliches Unheil läge.

Innerhalb der Gattung [der Tiere], die kein Blut haben, sind die Langusten mit einer zerbrechlichen Schale geschützt. Sie halten sich jeweils fünf Monate verborgen. Ähnlich die Krebse, die zur gleichen Zeit versteckt liegen; beide streifen mit Frühlingsbeginn nach Art der Schlangen ihre alte Schale ab und bekommen einen neuen Rücken. Die übrigen Tiere schwimmen im Meer, die Langusten bewegen sich nach Art der Kriechtiere fort, wenn sie keine Furcht befällt, in gerader Richtung, indem sie die Antennen, die vorne auf eigenartige Weise knaufartig abgerundet sind, seitwärts ausstrecken; in der Angst richten sie diese empor und gehen in schiefer Richtung seitlich voran. Mit den Antennen bekämpfen sie sich untereinander. Es ist das einzige Tier, das, wenn es nicht lebend in siedendem Wasser gekocht wird, in seinem weichen Fleisch keine festen Anteile hat. Die Langusten leben an steinigen Stellen, die Krebse aber an lockeren. Im Winter streben sie eifrig ans sonnige Ufer, im Sommer ziehen sie sich in das Dunkel der Tiefen zurück. Alle Tiere dieser Gattung magern im Winter ab, im Herbst und Frühling werden sie aber fett und besonders zur Zeit des Vollmondes, weil dieses Gestirn durch seinen linden Schein die Nacht lau macht.

Arten der Krebse sind die *káraboi, astakoí, maíai, págouroi,* die herakleotischen, die *leones* und andere weniger bedeutende. Die *káraboi* unterscheiden sich von den übrigen Krebsen durch den Schwanz. In Phönikien werden sie *híppoi* [= Pferde] genannt, weil sie so schnell sind, daß man sie nicht einholen kann. Die Krebse haben ein langes Leben; sie besitzen acht Füße, die alle krumm gebogen sind. Beim Weibchen ist der erste Fuß gegabelt, beim

terea bina bracchia denticulatis forficibus;
superior pars in primoribus his movetur, in-
feriore inmobili. dexterum bracchium om- 98
nibus maius. universi aliquando congregantur. os Ponti evincere non valent; quam ob
rem regressi circumeunt apparetque tritum
iter. pinoteres vocatur minimus ex omni
genere, ideo opportunus iniuriae. huic sollertia est inanium ostrearum testis se condere
et, cum adcreverit, migrare in capaciores.
cancri in pavore et retrorsi pari velocitate
redeunt; dimicant inter se ut arietes adversis 99
cornibus incursantes. contra serpentium
ictus medentur. sole cancri signum transeunte et ipsorum, cum exanimati sint, corpus transfigurari in scorpiones narratur in
sicco. ex eodem genere sunt echini, quibus 100
spinae pro pedibus. ingredi est his in orbem
volvi, itaque detritis saepe aculeis inveniuntur. ex his echinometrae appellantur, quorum spinae longissimae, calyces minimi. nec
omnibus idem vitreus colos. circa Toronen
candidi nascuntur, spina parva. ova omnium
amara, quina numero. ora in medio corpore
in terram versa. tradunt saevitiam maris
praesagire eos correptisque opperiri lapillis,
mobilitatem pondere stabilientes; nolunt vo-
lutatione spinas atterere. quod ubi videre
nautici, statim pluribus ancoris navigia in-
frenant.

Männchen einfach. Außerdem besitzen sie zwei Arme mit gezähnten Scheren; der obere Teil an diesen Vorderarmen bewegt sich, während der untere unbeweglich ist. Bei allen ist der rechte Arm größer. Manchmal kommen alle Krebse in Scharen zusammen. Die Mündung des Pontos können sie nicht bewältigen; sie kehren deshalb zurück und umgehen sie auf Land, wobei man deutlich die Spuren ihres Weges feststellen kann. Der sogenannte Einsiedlerkrebs ist der kleinste der ganzen Gattung und daher Nachstellungen besonders ausgesetzt. Er hat aber die Schlauheit, sich in leeren Schneckenschalen zu verbergen, und, wenn er heranwächst, in größere umzuziehen. Bei Gefahr bewegen sich die Krebse mit gleicher Schnelligkeit auch rückwärts; sie kämpfen unter sich wie Widder, wobei sie mit vorgestreckten Hörnern gegeneinander laufen. Sie liefern ein Heilmittel gegen Schlangenbisse. Wenn die Sonne durch das Zeichen des Krebses geht, sollen sich, auch wenn sie tot sind, ihre Körper auf dem Trockenen in Skorpione verwandeln. Der gleichen Gattung gehören die Seeigel an, die an Stelle der Füße Stacheln haben. Das Fortbewegen ist bei ihnen ein Dahinrollen im Kreise, weshalb sie oft mit abgenützten Stacheln gefunden werden. Diejenigen von ihnen mit den längsten Stacheln und den kleinsten Schalen werden *echinométrai* genannt. Nicht alle besitzen eine meergrüne Farbe. In der Gegend von Torone gibt es weiße [Seeigel] mit kleinen Stacheln. Alle haben bittere Eier, fünf an der Zahl. Der Mund befindet sich in der Mitte des Körpers, gegen den Boden gekehrt. Man sagt, daß sie den heftigen Wogengang des Meeres vorausfühlen und sich mit zusammengetragenen Steinchen bedecken, um durch dieses Gewicht ihre Beweglichkeit zur vermindern; sie wollen nicht, daß ihre Stacheln durch Umwälzen abgerieben werden. Wenn die Seeleute dies gewahr werden, legen sie sogleich die Schiffe durch mehrere Anker fest.

In eodem genere cocleae aquatiles terre- XXXII
tresque, exserentes se domicilio binaque ceu 101
cornua protendentes contrahentesque. oculis
carent, itaque corniculis praetemptant iter.
pectines in mari ex eodem genere habentur, XXXIII
reconditi et ipsi magnis frigoribus ac magnis aestibus, unguesque velut igne lucentes in tenebris, etiam in ore mandentium.

Firmioris iam testae murices et concha- 102
rum genera, in quibus magna ludentis naturae varietas. tot colorum differentiae, tot figurae: planis, concavis, longis, lunatis, in orbem circumactis, dimidio orbe caesis, in dorsum elatis, levibus, rugatis, denticulatis, striatis, vertice muricatim intorto, margine in mucronem emisso, foris effuso, intus re-
plicato; iam distinctione virgulata, crinita, 103
crispa, canaliculatim, pectinatim divisa, imbricatim undata, cancellatim reticulata, in obliquum, in rectum expansa, densata, porrecta, sinuata, brevi nodo ligatis, toto latere connexis, ad plausum apertis, ad bucinum recurvis. navigant ex his Veneriae praebentesque concavam sui partem et aurae opponentes per summa aequorum velificant. saliunt pectines et extra volitant seque et ipsi carinant.

Sed quid haec tam parva commemoro, XXXIV
cum populatio morum atque luxuria non 104
aliunde maior quam e concharum genere proveniat? iam quidem ex tota rerum natura damnosissimum ventri mare est tot modis, tot mensis, tot piscium saporibus, quis pretia

Zur selben Gattung gehören die Wasser- und Landschnecken, die aus ihrem Haus hervorkommen und etwas wie zwei Hörner haben, die sie vorstrecken und wieder einziehen. Sie haben keine Augen, weshalb sie mit ihren Hörnern den Weg vorher abtasten. Zur gleichen Gattung im Meer zählt man auch die Kammuscheln, die sich auch bei großer Kälte und Hitze verbergen, und die Bohrmuscheln, die im Finstern, sogar im Munde derer, die sie essen, wie Feuer leuchten.

Eine schon festere Schale haben die Schnecken und Muschelarten, in denen sich die große Vielfalt der spielenden Natur offenbart. So viele Unterschiede der Farben, so viele Formen gibt es: flache, hohle, lange, halbmondförmige, kreisförmig gewundene, im Halbkreis durchschnittene, höckerige, glatte, gerunzelte, gezähnte, gestreifte, an der Spitze purpurschneckenartig gewundene, mit spitz auslaufendem, auswärts hängendem oder einwärts gefaltetem Rand; doch unterscheidet man gestreifte, haarförmige, krause, röhren- oder kammartig geteilte, ziegelförmig gewellte, gegittert netzförmige, schiefe oder gerade, dicht aneinander gefügte ausgestreckte, buchtige, durch kleine Knoten verbundene, ganzseitig zusammenhängende, wie zum Beifallklatschen geöffnete, wie ein Waldhorn gekrümmte. Unter ihnen bewegen sich die Venusmuscheln, indem sie ihren hohen Körperteil sichtbar dem Wind entgegenrichten und so auf dem Meere segeln. Die Kammmuscheln springen aus dem Wasser, fliegen außerhalb davon und verwenden ihre Schale als Boot.

Doch was führe ich diese Kleinigkeiten an, da die Sittenverderbnis und der Luxus durch nichts mehr entstehen als durch das Geschlecht der Muscheln? Gewiß bringt unter allen Schöpfungen der Natur das Meer durch soviele Arten, soviele Gerichte, soviele Leckerbissen von Fischen, deren Preise der Gefahr beim Fang angepaßt sind, dem

capientium periculo fiunt. sed quota haec XXXV
portio est reputantibus purpuras, conchylia, 105
margaritas! parum scilicet fuerat in gulas condi maria, nisi manibus, auribus, capite totoque corpore a feminis iuxta virisque gestarentur. quid mari cum vestibus, quid undis fluctibusque cum vellere? non recte recipit haec nos rerum natura nisi nudos? esto, sit tanta ventri cum eo societas: quid tergori? parum est, nisi qui vescimur periculis etiam vestiamur, adeo per totum corpus anima hominis maxime placent.

Principium ergo columenque omnium re- 106
rum pretii margaritae tenent. Indicus maxime has mittit Oceanus inter illas beluas tales tantasque, quas diximus, per tot maria venientes, tam longo terrarum tractu et tantis solis ardoribus. atque Indis quoque in insulas petuntur et admodum paucas. fertilissima est Taprobane et Stoidis, ut diximus in circuitu mundi, item Perimula, promunturium Indiae. praecipue autem laudantur circa Arabiam in Persico sinu maris Rubri.

Origo atque genitura conchae est haud 107
multum ostrearum conchis differens. has ubi genitalis anni stimularit hora, pandentes se quadam oscitatione impleri roscido conceptu tradunt; gravidas postea eniti partumque concharum esse margaritas pro

Bauch den größten Schaden. Aber in welchem Verhältnis steht das, wenn man die Purpurschnecken, die Purpurfarben und Perlen bedenkt! Freilich es war nicht genug, sich mit den Erzeugnissen des Meeres den Gaumen zu mästen, nein, sie mußten an Händen, Ohren, am Kopf und am ganzen Körper von Frauen und sogar von Männern getragen werden. Welche Beziehung besteht zwischen dem Meer und den Kleidern, zwischen den Wellen und Fluten und der Wolle? Ist es nicht richtig, daß uns dieses Element nur nackt empfängt? Sei immerhin die Verbindung des Bauches ⟨mit dem Meere⟩ so groß: warum auch die der Haut? Es ist nicht nur genug, daß wir uns unter Gefahren nähren, sondern wir bekleiden uns auch damit, und gerade gefällt uns nur das am ganzen Körper am meisten, was unter Einsatz der Lebenskraft des Menschen errungen wird.

Von allen Gegenständen nehmen die Perlen den ersten und höchsten Preis ein. Hauptsächlich liefert sie uns der Indische Ozean, woher sie zwischen so vielen und so großen Seeungeheuern, die wir erwähnt haben, über so viele Meere, aus so weit entferntem, so glühend heißem Land kommen. Auch die Inder suchen sie nur an Inseln, und zwar nur an wenigen. Am ergiebigsten sind Taprobane und Stoidis, wie wir bei dem Rundgang um die Erde bereits gesagt haben [6, 81 u. 110], ebenso Perimula, ein Vorgebirge Indiens. Diejenigen vom Persischen Meerbusen des Roten Meeres in der Gegend von Arabien werden jedoch außerordentlich gelobt.

Ursprung und Entstehung der Perlmuschel unterscheiden sich nicht sehr von den Austermuscheln. Diese öffnen sich, sobald die zur Zeugung bestimmte Stunde des Jahres ihren Reiz ausübt, durch eine Art Gähnen und werden, wie man sagt, durch die Wirkung des Taues befruchtet; geschwängert gebären sie, und die Frucht der Muscheln soll

qualitate roris accepti. si purus influxerit,
candorem conspici, si vero turbidus, et fetum
sordescere; eundem pallere caelo minante.
conceptum ex eo quippe constare caelique
iis maiorem societatem esse quam maris: inde
nubilum trahi colorem aut pro claritate ma-
tutina serenum; si tempestive satientur, 108
grandescere et partus; si fulguret, conprimi
conchas ac pro ieiunii modo minui; si vero
etiam tonuerit, pavidas ac repente conpres-
sas, quae vocant physemata, efficere, speciem modo inani inflatam sine corpore; hos
esse concharum abortus. sani quidem partus
multiplici constant cute, non inproprie cal-
lum ut existimari corporis possit; itaque ex-
purgantur a peritis. miror ipso tantum eas 109
caelo gaudere, sole rufescere candoremque
perdere ut corpus humanum. quare praeci-
puum custodiunt pelagiae, altius mersae
quam ut penetrent radii. flavescunt tamen
et illae senecta rugisque torpescunt, nec nisi
in iuventa constat ille, qui quaeritur, vigor.
crassescunt etiam in senecta conchisque adhaerescunt nec his evelli queunt nisi lima.
quibus una tantum est facies et ab ea rotun-
ditas, aversis planities, ob id tympania no-
minantur. cohaerentes videmus in conchis
hac dote unguenta circumferentibus. cetero
in aqua mollis unio, exemptus protinus du-
rescit.

dann die Perle sein, deren Güte von der Beschaffenheit des Taus abhängt. Strömt er rein, so schimmern die Perlen in weißer Farbe, war er trübe, so wird auch die Perle schmutzig; ist sie bleich, so war der Himmel während der Empfängnis von drohendem Aussehen. Hieraus folgt, daß sie von ihm empfangen haben und mit dem Himmel in größerer Verbindung stehen als mit dem Meere: von ihm erhalten sie eine wolkige oder, je nach der Helligkeit am Morgen, eine klare Farbe; wenn sie sich rechtzeitig sättigen, wächst auch ihre Frucht; wenn es blitzt, schließen sich die Muscheln, und sie werden kleiner, je nachdem sie ohne Nahrung sein müssen; wenn es aber dazu gedonnert hat, so schließen sie sich aus Furcht rasch und bringen sogenannte »Blasen« *[physémata]* hervor, aufgeblasene Scheinperlen ohne Masse, die man als Fehlgeburten der Muscheln bezeichnet. Die gesunden Perlen aber bestehen aus einer mehrfachen Haut, die man eigentlich eine Verdickung am Körper nennen könnte; sie werden deshalb von Sachverständigen einer Reinigung unterzogen. Es verwundert mich, daß sie so sehr am Himmel selbst Gefallen finden, durch die Sonne rot werden und, wie der menschliche Körper, ihre helle Farbe verlieren. Deshalb bewahren diejenigen Perlmuscheln ⟨ihre Helligkeit⟩ am besten, die zu tief liegen, um von den Sonnenstrahlen erreicht zu werden. Dennoch vergilben auch sie im Alter, werden infolge von Runzeln matt, nur in der Jugend bleibt ihnen jener Glanz eigen, um dessentwillen man sie sucht. Sie werden auch im Alter dick, haften an den Muscheln und können nur mit einer Feile losgelöst werden. Diejenigen, die nur auf einer Seite schön und rund sind, auf der andern aber flach, heißt man deshalb »Paukenperlen« *[tympánia]*. Wir sehen solche, die noch in den Muscheln festhängen, in denen man wegen dieser trefflichen Ausstattung Salben aufbewahrt. Im übrigen ist die Perle im Wasser weich; herausgenommen, wird sie hart.

Concha ipsa, cum manum vidit, conprimit 110
sese operitque opes suas, gnara propter illas
se peti; manumque, si praeveniat, acie sua
abscidat, nulla iustiore poena. et aliis munita
suppliciis, quippe inter scopulos maior pars
invenitur, in alto quoque comitantur marinis canibus – nec tamen aures feminarum
arcentur. quidam tradunt sicut apibus, ita 111
concharum examinibus singulas magnitudine
et vetustate praecipuas esse veluti duces,
mirae ad cavendum sollertiae. has urinan-
tium cura peti, illis captis facile ceteras pa-
lantes retibus includi; multo deinde obrutas
sale in vasis fictilibus, rosa carne omni nu-
cleos quosdam corporum, hoc est uniones,
decidere in ima.

Usu atteri non dubium est coloremque 112
indiligentia mutare. dos omnis in candore,
magnitudine, orbe, levore, pondere, haud
promptis rebus in tantum, ut nulli duo reperiantur indiscreti: unde nomen unionum Romanae scilicet inposuere deliciae, nam id
apud Graecos non est, nec apud barbaros
quidem, inventores rei eius, aliud quam margaritae. et in candore ipso magna differentia: 113
clario in Rubro mari repertis, Indicus spe-
cularium lapidum squamas adsimulat, alias
magnitudine praecellentes. summa laus co-
loris est exaluminatos vocari. et proceriori-
bus sua gratia est. elenchos appellant fasti-

Wenn sie eine Hand sieht, schließt sich die Muschel selbst, und verbirgt ihre Reichtümer, wissend, daß man sie derentwegen sucht; kommt ihr die Hand zuvor, schneidet sie diese mit ihrem scharfen Rand ab, und keine Strafe ist gerechter als diese. Sie wird auch durch andere peinliche Schutzmaßnahmen gesichert, da man sie meistens nur zwischen Felsen findet, und sie auf dem hohen Meere sogar von den Haifischen begleitet werden – und dennoch lassen sich die Frauen nicht davon abhalten, sie an den Ohren zu tragen. Manche erzählen, daß, wie bei den Bienen, auch den Schwärmen der Muscheln einzelne, die durch Größe und Alter ausgezeichnet sind, als Führer dienen, und diese verstünden es mit erstaunlicher Geschicklichkeit, Vorsicht zu üben. Die Taucher suchten auf diese ihr Augenmerk zu lenken, weil, wenn sie gefangen sind, die übrigen, die zerstreut sind, leicht in Netze gebracht werden; in irdenen Behältern würden sie dann mit viel Salz bestreut, das alles Fleisch herauslaugt und gewisse feste Körner, eben die Perlen, auf den Gefäßboden fallen läßt.

Ohne Zweifel werden die Perlen durch den Gebrauch abgenützt und verändern durch nachlässige Behandlung ihre Farbe. Ihr ganzer Vorzug beruht auf ihrer Weiße, Größe, Rundung, Glätte und Schwere, Eigenschaften, die so selten sind, daß nie zwei völlig gleiche gefunden werden: daher hat ihnen auch der römische Luxus den Namen »Einmalige« *[uniones]* gegeben, denn dieser kommt bei den Griechen nicht vor und auch bei den Barbaren, von denen ⟨der Perlmuschelfang⟩ ausging, heißen sie nur *margarítai*. Auch in der Weiße selbst besteht ein großer Unterschied: heller ist sie bei den im Roten Meer gefundenen, die indischen gleichen den Schuppen des Spiegelsteins, sonst zeichnen sie sich vor allem durch ihre Größe aus. Am höchsten schätzt man die sogenannten alaunfarbigen. Auch die länglichen sind beliebt. »Beweise« *[élenchoi]* heißen

gata longitudine alabastrorum figura in ple-
niorem orbem desinentes. hos digitis suspen- 114
dere et binos ac ternos auribus feminarum
gloria est, subeuntque luxuriae eius nomina
externa, exquisita perdito nepotatu, si quidem, cum id fecere, crotalia appellant, ceu
sono quoque gaudeant et collisu ipso marga-
ritarum; cupiuntque iam et pauperes, licto-
rem feminae in publico unionem esse dicti-
tantes. quin et pedibus, nec crepidarum tantum obstragulis, sed totis socculis addunt.
neque enim gestare iam margaritas, nisi cal-
cent ac per uniones etiam ambulent, satis
est.

In nostro mari reperiri solebant crebrius 115
circa Bosporum Thracium, rufi ac parvi in
conchis, quas myas appellant. at in Acarnania, quae vocatur pina, gignit, quo apparet
non uno conchae genere nasci. namque et
Iuba tradit Arabicis concham esse similem
pectini insecto, hirsutam echinorum modo,
ipsum unionem in carne grandini similem.
conchae non tales ad nos adferuntur. nec in
Acarnania autem laudati reperiuntur, enor-
mes et feri colorisque marmorei. meliores
circa Actium, sed et hi parvi, et in Mauretaniae maritimis. Alexander polyhistor et
Sudines senescere eos putant coloremque ex-
spirare.

Firmum corpus esse manifestum est, quod 116
nullo lapsu franguntur. non autem semper in
media carne reperiuntur, sed aliis atque aliis

diejenigen, die sich wie Salbenbüchsen oben länglich zuspitzen und in einer Ausbuchtung endigen. Es ist der Ehrgeiz der Frauen, diese ⟨Perlen⟩ an die Finger und je zwei oder drei an die Ohren zu hängen, und es kommen fremde Namen für diesen Luxus in heillos gesuchter Üppigkeit in den Sinn; denn schon seit der Zeit der Einführung nennen sie ⟨diesen Schmuck⟩ »Klappern« *[krotália]*, als ob sie sich auch am Klange und dem bloßen Aneinanderstoßen der Perlen erfreuten; auch die Armen begehren bereits danach und sagen, eine Perle sei auf der Straße der Liktor der Frau. Ja, man befestigt sie sogar an den Füßen, und zwar nicht nur an den Schuhriemen, sondern auch an den ganzen Schuhen. Denn es genügt nicht, Perlen zu tragen, es sei denn, daß man sie mit Füßen tritt und auch auf den ›Einmaligen‹ wandelt.

In unserem Meer findet man ziemlich häufig am thrakischen Bosporos gewöhnlich in den Muscheln, die »Mäuse« *[mýes]* heißen, kleine rötliche Perlen. In Akarnanien bringt sie aber die sogenannte Steckmuschel hervor, woraus sich zeigt, daß sie nicht nur in einer Muschelart entstehen. Auch Juba berichtet nämlich, in den arabischen Gewässern gäbe es eine wie mit Zähnen eines Kammes versehene und gleich dem Seeigel stachliche Muschel, in deren Fleisch eine Perle sitze, die selbst Ähnlichkeit mit einem Hagelkorn habe. Solche Muscheln bringt man nicht zu uns. Aber auch in Akarnanien werden keine vortrefflichen Perlen gefunden; sie sind unförmig und roh, sowie marmoriert. Die aus der Gegend von Actium sind besser, aber sie sind klein, wie auch die von der Küste Mauretaniens. Der Polyhistor Alexander und Sudines glauben, daß sie allmählich alt werden und ihre Farbe verlieren.

Daß ihre Masse dicht sei, wird dadurch deutlich, daß kein Fall sie zum Zerbrechen bringt. Aber nicht immer werden sie mitten im Fleisch gefunden, sondern bald an

locis. vidimusque iam in extremis etiam marginibus velut e concha exeuntes et in quibusdam quaternos quinosque. pondus ad hoc aevi semunciae pauci singulis scripulis excessere. in Britannia parvos atque decolores nasci certum est, quoniam Divus Iulius thoracem, quem Veneri Genetrici in templo eius dicavit, ex Britannicis margaritis factum voluerit intellegi.

Lolliam Paulinam, quae fuit Gai principis 117
matrona, ne serio quidem aut sollemni caerimoniarum aliquo apparatu, sed mediocrium etiam sponsalium cena, vidi smaradgis margaritisque opertam, alterno textu fulgentibus toto capite, crinibus, auribus, collo, digitis, quae summa quadringentiens HS colligebat; ipsa confestim parata mancupationem tabulis probare. nec dona prodigi principis fuerant, sed avitae opes, provinciarum scilicet
spoliis partae. hic est rapinarum exitus: hoc 118
fuit, quare M. Lollius infamatus regum muneribus in toto oriente interdicta amicitia a Gaio Caesare, Augusti filio, venenum biberet, ut neptis eius quadringentiens HS operta spectaretur ad lucernas. conputet nunc aliquis ex altera parte, quantum Curius aut Fabricius in triumphis tulerint, imaginetur illorum fercula, ex altera parte Lolliam, unam imperii mulierculam, accubantem: non illos curru detractos quam in hoc vicisse

diesen, bald an jenen Stellen. Wir sahen sie sogar schon am äußersten Rande, als wollten sie aus der Muschel steigen, und bei einigen je vier und fünf beisammen. Bis heute haben nur wenige das Gewicht einer halben Unze etwas überstiegen. Es ist gewiß, daß in Britannien nur kleine und mißfarbige vorkommen, weil der göttliche Julius von einem Brustharnisch, den er der Venus Genetrix in ihrem Tempel weihte, ausdrücklich zur Kenntnis bringen wollte, er sei aus britannischen Perlen gefertigt.

Lollia Paulina, die einstige Frau des Kaisers Gaius, sah ich, und nicht einmal im Prunk eines ernsten und feierlichen Festes, sondern bei einem unbedeutenden Verlobungsschmaus, mit Smaragden und Perlen bedeckt, die abwechselnd aneinander gereiht am ganzen Kopf, in den Haaren, an den Ohren, am Hals und an den Fingern glänzten und einen Gesamtwert von 40 000 000 Sesterzen darstellten; sie war sogleich bereit, den Kaufpreis mit Rechnungen zu belegen. Und es waren nicht etwa Geschenke des verschwenderischen Fürsten, sondern von ihrem Großvater ererbtes Gut, und zwar durch Plünderung der Provinzen gewonnene Reichtümer. Dies ist das Ergebnis des Raubes: Deshalb nahm M. Lollius Gift, nachdem er durch die Annahme von Geschenken der Könige im ganzen Morgenland seinen Ruf aufs Spiel gesetzt und Gaius Caesar, der Sohn des Augustus, ihm die Freundschaft aufgesagt hatte, daß sich seine Enkelin mit einem Schmuck von 40 000 000 Sesterzen im Lichte der Lampen sehen lassen konnte! Bedenkt man einerseits, was Curius oder Fabricius bei ihren Triumphen an sich trugen, vergegenwärtigt man sich ihre auf Traggestellen ⟨vorgeführte Siegesbeute⟩, andererseits aber Lollia, eine einzige unbedeutende Frau des Reiches, bei Tisch: sollte man da nicht wünschen, daß jene vom Wagen heruntergezogen worden wären, als daß sie in dieser Hinsicht gesiegt hät-

malit? nec haec summa luxuriae exempla 119
sunt. duo fuere maximi uniones per
omne aevum; utrumque possedit Cleopatra,
Aegypti reginarum novissima, per manus
Orientis regum sibi traditos. haec, cum ex-
quisitis cotidie Antonius saginaretur epulis,
superbo simul ac procaci fastu, ut regina
meretrix lautitiam eius omnem apparatum-
que obtrectans, quaerente eo, quid adstrui
magnificentiae posset, respondit una se cena
centiens HS absumpturam. cupiebat discere 120
Antonius, sed fieri posse non arbitrabatur.
ergo sponsionibus factis postero die, quo
iudicium agebatur, magnificam alias cenam,
ne dies periret, sed cotidianam, Antonio ap-
posuit inridenti conputationemque expostu-
lanti. at illa corollarium id esse et consump-
turam eam cenam taxationem confirmans
solamque se centiens HS cenaturam, inferri
mensam secundam iussit. ex praecepto mini-
stri unum tantum vas ante eam posuere
aceti, cuius asperitas visque in tabem margaritas resolvit. gerebat auribus cum ma- 121
xime singulare illud et vere unicum naturae
opus. itaque exspectante Antonio, quidnam
esset actura, detractum alterum mersit ac
liquefactum obsorbuit. iniecit alteri manum
L. Plancus, iudex sponsionis eius, eum quoque parante simili modo absumere, victum-
que Antonium pronuntiavit omine rato. comitatur fama unionis eius parem, capta illa
tantae quaestionis victrice regina, dissectum,

ten? Dabei sind das nicht einmal die größten Beispiele von Verschwendungssucht. Seit jeher waren zwei Perlen die größten; beide besaß Kleopatra, die letzte der Königinnen Ägyptens, die sie aus den Händen der Könige des Morgenlandes empfangen hatte. Als sich Antonius täglich mit ausgesuchten Leckerbissen mästete, verhöhnte sie zugleich in stolzer und frecher Verachtung, wie es einer königlichen Dirne zukommt, dessen ganzen Aufwand und Prunk, und als er fragte, was denn seiner Prachtliebe zusätzlich geboten werden könnte, antwortete sie, sie wolle bei einer Mahlzeit 10 000 000 Sesterzen verzehren. Antonius war begierig, dies zu erfahren, glaubte aber nicht an die Ausführung. Es wurde daher eine Wette eingegangen, und am folgenden Tage, an dem die Entscheidung fallen sollte, setzte sie dem Antonius, um den Tag nicht ungenützt verstreichen zu lassen, eine sonst reichhaltige, aber alltägliche Mahlzeit vor, worüber dieser sich lustig machte und die Rechnung anforderte. Jene beteuerte aber, dies sei nur eine Beigabe, die Mahlzeit werde die festgesetzte Summe aufbrauchen, denn sie werde allein für 10 000 000 Sesterzen essen. Darauf befahl sie, den Nachtisch aufzutragen. Auf ihre Anordnung stellten die Diener nur ein Gefäß mit Essig vor sie hin, der so scharf und kräftig war, daß er Perlen zu einer schleimigen Flüssigkeit auflöste. Sie trug an ihren Ohren jenes überaus seltene und wahrhaft einzige Werk der Natur. Und während Antonius so wartete, was sie tun würde, nahm sie eine ⟨Perle⟩ ab, warf sie hinein, und schlürfte die Lösung. Als sie sich anschickte, die andere auf die gleiche Weise zu verzehren, legte L. Plancus, der Schiedsrichter dieser Wette, die Hand auf sie und erklärte den Antonius für besiegt, eine Vorbedeutung, die in Erfüllung ging. Berühmtheit begleitete auch die andere gleichartige Perle, die nach der Gefangennahme dieser in der Wette siegreichen Königin zerschnitten wurde, so daß

ut esset in utrisque Veneris auribus Romae
in Pantheo dimidia eorum cena. non ferent 122
hanc palmam spoliabunturque etiam luxuriae gloria. prior id fecerat Romae in unionibus magnae taxationis Clodius, tragoedi Aesopi filius, relictus ab eo in amplis opibus heres, ne triumviratu suo nimis superbiat Antonius: paene histrioni conparatus, et quidem nulla sponsione ad hoc producto – quo magis regium fiat –, sed ut experiretur in gloriam palati, quidnam saperent margaritae, atque ut mire placuere, ne solus hoc sciret, singulos uniones convivis quoque absorbendos dedit.

Romae in promiscuum ac frequentem 123
usum venisse Alexandria in dicionem redacta, primum autem coepisse circa Sullana tempora minutas et viles Fenestella tradit, manifesto errore, cum Aelius Stilo Iugurthino bello unionum nomen inpositum maxime grandibus margaritis prodat.

Et hoc tamen aeternae prope possessionis 124
est; sequitur heredem, in mancipatum venit ut praedium aliquod; conchylia et purpuras omnis hora atterit, quibus eadem mater luxuria paria paene et margaritis pretia fecit.

Purpurae vivunt annis plurimum septe- XXXVI
nis. latent sicut murices circa Canis ortum 125
tricenis diebus. congregantur verno tempore mutuoque attritu lentorem cuiusdam cerae salivant, simili modo et murices; sed purpurae florem illum tinguendis expetitum

sich die Hälfte ihres Mahles in den beiden Ohren der Venus zu Rom im Pantheon befindet. Und doch werden Antonius und Kleopatra diesen Siegespreis nicht halten, sondern auch den Ruhm der Verschwendung verlieren. Schon vorher hatte Clodius, der Sohn des Tragödienspielers Aesopus, als Erbe seines bedeutenden Vermögens, in Rom das Gleiche mit Perlen von großem Wert getan, so daß Antonius auf sein Triumvirat nicht allzu stolz zu sein braucht: denn ein Schauspieler konnte ihm fast an die Seite gestellt werden, und dieser wurde nicht einmal durch eine Wette dazu verleitet, – wodurch sein Verhalten noch königlicher erscheint –, sondern er wollte nur zum Ruhme seines Gaumens erfahren, wie Perlen schmecken, und gab, da sie ihm außerordentlich mundeten, auch jedem Gaste, damit er es nicht allein kenne, eine Perle zu schlürfen.

Zu Rom sollen sie zu allgemeiner und häufiger Verwendung erst nach der Unterjochung Alexandriens gekommen sein, zuerst aber zur Zeit Sullas sollen nur kleine und geringe den Anfang gemacht haben, wie Fenestella berichtet, offenbar irrtümlich, da Aelius Stilo angibt, daß im Jugurthinischen Kriege hauptsächlich die großen Perlen ›Einmalige‹ genannt wurden.

Und dennoch ist dies ein nahezu unvergänglicher Besitz; er folgt dem Erben und kommt zum Verkauf wie irgend ein Landgut; Muschel- und Purpurfarben aber, für welche die gleiche Urheberin, die Üppigkeit, beinahe ebenso hohe Preise wie für die Perlen festgesetzt hat, nützen sich von Stunde zu Stunde ab.

Die Purpurschnecken leben im Höchstfall sieben Jahre. Sie verbergen sich wie die Stachelschnecken beim Aufgang des Hundssterns dreißig Tage lang. Im Frühling versammeln sie sich und scheiden durch gegenseitiges Reiben eine wachsartige zähe Flüssigkeit aus; ähnlich auch die Stachelschnecken; aber die Purpurschnecken haben jenen Saft, der

vestibus in mediis habent faucibus. liquoris 126
hic minimi est candida vena, unde pretiosus
ille bibitur nigrantis rosae colore sublucens;
reliquum corpus sterile. vivas capere con-
tendunt, quia cum vita sucum eum evomunt. et maioribus quidem purpuris de-
tracta concha auferunt; minores cum testa
vivas frangunt, ita demum eum exspuentes.
Tyri praecipuus hic Asiae, Meninge Africae 127
et Gaetulo litore Oceani, in Laconica Euro-
pae. fasces huic securesque Romanae viam
faciunt, idemque pro maiestate pueritiae est,
distinguit ab equite curiam, dis advocatur
placandis omnemque vestem inluminat, in
triumphali miscetur auro. quapropter excu-
sata et purpurae sit insania. sed unde conchyliis pretia, quis virus grave in fuco, color
austerus in glauco et irascenti similis mari?

Lingua purpurae longitudine digitali, qua pascitur perforando reliqua conchylia: tanta duritia aculeo est. aquae dulcedine necantur et sicubi flumen inmergitur; alioqui captae et diebus quinquagenis vivunt saliva sua. conchae omnes celerrime crescunt, praecipue purpurae: anno magnitudinem inplent. 128

Quod si hactenus transcurrat expositio, fraudatam profecto se luxuria credat nosque indiligentiae damnet. quam ob rem persequemur etiam officinas, ut, tamquam in 129

zum Färben der Kleider so erwünscht ist, mitten im Schlund. Es befindet sich hier eine weiße Ader mit einer sehr geringen Menge Flüssigkeit, der jene wertvolle schimmernde ⟨Substanz⟩ von der Farbe einer dunklen Rose entzogen wird; der übrige Körper enthält nichts davon. Man bemüht sich, sie lebend zu fangen, weil sie mit dem Leben diesen Saft verlieren. Man entnimmt ihn den größeren Purpurschnecken, nachdem man ihnen die Muschel abgestreift hat; die kleineren zerdrückt man lebend mit der Schale, worauf sie erst ⟨den Saft⟩ von sich geben. Am besten ist ⟨der Purpur⟩ zu Tyros in Asien, in Afrika auf Meninx und an der gätulischen Küste des Ozeans, in Europa in Lakonien. Ihm halten die römischen Rutenbündel und Beile den Weg offen, der Jugend gibt er Würde, unterscheidet die Kurie vom Ritterstand; man verwendet ihn bei den Sühneopfern für die Götter, und er schmückt jedes Kleid. Am Triumphkleid wird er mit Gold durchwirkt. Der unsinnige Aufwand mit Purpur sei daher auch entschuldigt; woher aber kommt es zu dem Preis der Konchylienfarben mit ihrem widrigen Geruch beim Färben und der dunkel blaugrauen Farbe, die dem zürnenden Meere ähnlich ist?

Die Purpurschnecke hat eine Zunge von der Länge eines Fingers, mit der sie ihre Nahrung sucht, wobei sie andere Muscheln durchbohrt: so hart ist ihr Stachel. Im süßen Wasser gehen sie zugrunde, ebenso dort, wo ein Fluß einmündet; andererseits leben sie auch, wenn sie gefangen werden, bis zu fünfzig Tage in ihrem Schleim. Alle Muscheln wachsen sehr schnell, vor allem die Purpurschnecken: sie erlangen in einem Jahr ihre volle Größe.

Wenn die Darlegung hier wechseln würde, könnte sich in der Tat der Luxus für benachteiligt halten und uns der Nachlässigkeit beschuldigen. Aus diesem Grunde wollen wir auch die Werkstätten betrachten, damit, wie man bei

victu frugum noscitur ratio, sic omnes, qui
istis gaudent, in praemio vitae suae calleant.
concharum ad purpuras et conchylia – 130
eadem enim est materia, sed distat tempera-
mento – duo sunt genera: bucinum minor
concha ad similitudinem eius, qua bucini
sonus editur – unde et causa nomini – rotunditate oris in margine incisa; alterum purpura vocatur canaliculato procurrente rostro et canaliculi latere introrsus tubulato,
qua proseratur lingua. praeterea clavatum
est ad turbinem usque aculeis in orbem sep-
tenis fere, qui non sunt bucino. sed utrisque
orbes totidem, quot habeant annos. bucinum
non nisi petris adhaeret circaque scopulos
legitur.

Purpurae nomine alio pelagiae vocantur. XXXVII
earum genera plura pabulo et solo discreta: 131
lutense putri limo et algense nutritum alga,
vilissimum utrumque; melius taeniense in
taeniis maris collectum, hoc quoque tamen
etiamnum levius atque dilutius. calculense
appellatur a calculo in mari, mire aptum
conchyliis; et longe optimum purpuris dia-
lutense, id est vario soli genere pastum. ca- 132
piuntur autem purpurae parvulis rarisque
textu veluti nassis in alto iactis; inest his
esca, clusiles mordacesque conchae, ceu mi-

der Nahrung die Behandlung der Früchte erfährt, alle, die sich daran erfreuen, so über die Schätze ihres Lebens Bescheid erhalten. Von den Schnecken für die Purpur- und Konchylienfarben – die Substanz ist bei beiden die gleiche, sie unterscheiden sich nur in der Mischung – gibt es zwei Arten: die kleinere heißt Trompetenschnecke und hat ihren Namen nach der Ähnlichkeit mit dem Instrument, womit man den Trompetenton erzeugt, da ihre Mündung rund und am Rande eingeschnitten ist; die andere heißt Purpurschnecke, hat einen röhrenartig vorgestreckten Mund und die Seite der Röhre ist inwendig ⟨zu einem Gang⟩ gewölbt, durch welchen die Zunge herausgestreckt werden kann. Außerdem ist sie bis zur obersten Windung hin mit Höckern versehen, so daß etwa sieben Stacheln auf eine Windung kommen, welche die Trompetenschnecke nicht hat. Beide aber haben so viele Windungen als Jahre. Die Trompetenschnecke hängt nur an den Felsen fest und wird an den Klippen gesammelt.

Mit einem anderen Namen werden die Purpurschnekken Pelagien genannt. Es gibt davon mehrere Arten, die sich durch Nahrung und Meeresboden von einander unterscheiden: die Schlammschnecken, die von faulem Schlamm, und die Seegrasschnecken, die vom Seegras leben, sind beide die wertlosesten; besser ist die Riffschnecke, die an den Meeresriffen gesammelt wird, obwohl auch sie immer noch eine schwächere und verdünntere ⟨Farbe⟩ gibt. Die Steinschnecke hat ihren Namen vom Geröll im Meere und eignet sich wunderbar für Konchylienfarben; bei weitem die beste für Purpurfarben ist die halb im Schlammboden lebende, die sich auf verschiedenen Bodenarten ernährt. Die Purpurschnecken aber werden mit kleinen großlochig geflochtenen Reusen gefangen, die man auf dem hohen Meere auswirft; als Köder sind Muscheln darin, die sich schließen und beißen, wie wir es von den Mies-

tulos videmus. has semineces, sed redditas mari avido hiatu revivescentes; appetunt purpurae porrectisque linguis infestant. at illae aculeo exstimulatae claudunt sese conprimuntque mordentia. ita pendentes aviditate sua purpurae tolluntur.

Capi eas post Canis ortum aut ante ver- XXXVIII
num tempus utilissimum, quoniam, cum ceri- 133
ficavere, fluxos habent sucos. sed id tinguentium officinae ignorant, cum summa vertatur in eo. eximitur postea vena quam diximus, cui addi salem necessarium, sextarios ferme centenas in libras; macerari triduo iustum, quippe tanto maior vis, quanto recentior; fervere in plumbo, singulasque amphoras centenas aquae, quingentenas medicaminis libras aequali ac modico vapore torreri et ideo longinquae fornacis cuniculo. ita despumatis subinde carnibus, quas adhaesisse venis necesse est, decimo ferme die liquata cortina vellus elutriatum mergitur in experimentum et, donec spei satis fiat, uritur liquor. rubens color nigrante deterior.
quinis lana potat horis rursusque mergitur 134
carminata, donec omnem ebibat saniem. bucinum per se damnatur, quoniam fucum remittit; pelagio ad modum alligatur nimiaeque eius nigritiae dat austeritatem illam nitoremque, qui quaeritur cocci. ita permixtis vi-

muscheln kennen. Diese Muscheln sind halbtot, wenn sie aber ins Meer zurückgegeben werden, leben sie mit gierigem Schnappen wieder auf; sie suchen die Purpurschnekken und greifen sie mit vorgestreckter Zunge an. Jene aber, durch den Stachel gereizt, schließen sich und zerquetschen das, was sie angreift. So werden die durch ihre Gier festhängenden Purpurschnecken herausgezogen.

Die ergiebigste Fangzeit ist nach dem Aufgang des Hundssterns oder vor dem Beginn des Frühlings, weil ihre Säfte flüssig sind, wenn sie ihren Schleim abgesondert haben. Aber die Färbereien wissen dies nicht, obwohl es von höchster Wichtigkeit ist. Man nimmt dann die Ader heraus, von der wir gesprochen haben, fügt das nötige Salz hinzu, etwa einen Sextarius auf 100 Pfund; man weicht sie nach der Regel drei Tage ein, denn die Stärke ⟨der Zubereitung⟩ ist um so größer, je frischer sie ist. Man erhitzt sie dann in einem Gefäß aus Blei, rechnet für 100 Amphoren Wasser 500 Pfund Färbemittel und erhitzt sie mit gleichbleibend mäßigwarmem Dampf und deswegen in der Röhre eines langen Ofens. Wenn auf diese Weise die Fleischteile, die zwangsläufig an den Adern hängengeblieben sind, wiederholt abgeschöpft wurden und sich im Kessel alles nach etwa zehn Tagen geklärt hat, taucht man versuchsweise gereinigte Wolle in die Flüssigkeit und kocht den Saft so lange, bis die erhoffte Wirkung erreicht ist. Die rötliche Farbe ist schlechter als die ins Dunkle gehende. Fünf Stunden lang saugt die Wolle auf und wird dann nach dem Krempeln wieder eingetaucht, bis sie allen Saft aufgenommen hat. Auf das *bucinum* für sich verzichtet man, weil es die Farbe nicht hält; mit dem Purpurrot wird es ganz fest gebunden und gibt der allzu großen Schwärze des letzteren jenen dunklen Ton und Glanz, den man am Scharlach sucht. So wird durch Mischung der

ribus alterum altero excitatur aut adstringi-
tur. summa medicaminum in libras ... vel- 135
lerum bucini ducenae et e pelagio CXI. ita
fit amethysti colos eximius ille. at Tyrius pelagio primum satiatur inmatura viridique
cortina, mox permutatur in bucino. laus ei
summa in colore sanguinis concreti, nigricans
aspectu idemque suspectu refulgens. unde
et Homero purpureus dicitur sanguis.

Purpurae usum Romae semper fuisse XXXIX
video, sed Romulo in trabea. nam toga prae- 136
texta et latiore clavo Tullum Hostilium e
regibus primum usum Etruscis devictis satis
constat. Nepos Cornelius, qui Divi Augusti 137
principatu obiit: Me, inquit, iuvene violacea
purpura vigebat, cuius libra denariis centum
venibat, nec multo post rubra Tarentina.
huic successit dibapha Tyria, quae in libras
denariis mille non poterat emi. hac P. Lentulus Spinther aedilis curulis primus in praetexta usus inprobabatur. qua purpura quis
non iam, inquit, tricliniaria facit? Spinther
aedilis fuit urbis conditae anno DCXCI Cicerone consule. dibapha tunc dicebatur, quae
bis tincta esset, veluti magnifico inpendio,
qualiter nun omnes paene commodiores purpurae tinguuntur.

In conchyliata veste cetera eadem sine bu- XL
cino; praeterque ius temperatur aqua et pro 138
indiviso humani potus excremento; dimidia

Wirkungen die eine durch die andere gesteigert oder abgeschwächt. Man braucht im ganzen für ... Pfund Wolle 200 Pfund *bucinum*- und 111 Pfund Purpurfarbe. So entsteht jene ausgezeichnete Amethystfarbe. Für die tyrische Farbe wird aber zuerst ⟨die Wolle⟩ in Purpurfarbe gesättigt, wenn diese ⟨noch⟩ unreif frisch im Kessel ist, und hierauf durch das *bucinum* nuanciert. Das höchste Lob wird ihr zuteil, wenn sie die Farbe des geronnenen Blutes hat, beim Anblick schwärzlich wirkt und ebenso schimmert, wenn man an ihr hinaufsieht. Daher wird auch von Homer das Blut purpurfarben genannt.

Ich sehe, daß zu Rom der Purpur immer in Gebrauch war, von Romulus jedoch nur an der Trabea. Denn es ist sattsam bekannt, daß Tullus Hostilius als erster unter den Königen nach dem Sieg über die Etrusker die verbrämte Toga und die breiten Purpurstreifen verwendete. Cornelius Nepos, der unter der Regierung des göttlichen Augustus starb, sagt: ›In meiner Jugend war der violette Purpur, von dem das Pfund 100 Denare kostete, Mode und nicht lange nachher der tarentinische rote. Dann kam der doppeltgefärbte tyrische auf, von dem man das Pfund für noch nicht 1000 Denare erstehen konnte. Man tadelte den kurulischen Aedil P. Lentulus Spinther, der diesen zuerst an der Praetexta trug. ›Wer‹, fährt ⟨Cornelius Nepos⟩ fort, ›verwendet heute nicht den Purpur zu Tischdecken?‹ Spinther war Aedil im Jahre 691 der Stadt Rom [63 v. Chr] unter dem Konsulat Ciceros. Doppeltgefärbt *[dibapha]* wurde damals der Purpur genannt, der zweimal gefärbt war, gleichsam mit großspurigen Kosten, und wie jetzt fast alle besseren Purpurstoffe gefärbt werden.

Für ein konchylienfarbenes Kleid hat man im übrigen das gleiche Verfahren, ⟨jedoch⟩ ohne *bucinum*; außerdem wird die Flotte mit Wasser und zu gleichen Teilen mit

et medicamina adduntur. sic gignitur laudatus ille pallor saturitate fraudata tantoque dilutior, quanto magis vellera esuriunt.

Pretia medicamento sunt quidem pro fertilitate litorum viliora; non tamen usquam pelagii centenas libras quinquagenos nummos excedere et bucini centenos sciant, qui ista mercantur inmenso.

Sed alia e fine initia, iuvatque ludere in- 139
pendio et lusus geminare miscendo iterum-
que et ipsa adulterare adulteria naturae; sicut
testudines tinguere, argentum auro confun-
dere, ut electra fiant, addere his aera, ut Co-
rinthia. non est satis abstulisse gemmae no- XLI
men amethystum; rursum absolutum inebria-
tur Tyrio, ut sit ex utroque nomen inprobum
simulque luxuria duplex; et cum confecere
conchylia, transire melius in Tyrium putant.
paenitentia hoc primo debet invenisse, arti- 140
fice mutante, quod damnabat. inde ratio
nata; votum quoque factum e vitio porten-
tosis ingeniis, et gemina demonstrata via
luxuriae, ut color alius operiretur alio, sua-
vior ita fieri leniorque dictus; quin et terrena
miscere coccoque tinctum Tyrio tinguere, ut
fieret hysginum. coccum Galatiae, rubens 141
granum, ut dicemus in terrestribus, aut circa

menschlichem Harn versetzt; auch wird halb soviel Farbe zugesetzt. So entsteht durch unvollkommene Sättigung jene geschätzte blasse Farbe, die um so heller wird, je mehr die Wolle aufsaugen möchte.

Die Preise für den Farbstoff sind dem Ertrag der Küsten entsprechend billiger; daß jedoch hundert Pfund Pelagien nie mehr als fünfzig Sesterzen kosten und die gleiche Menge *bucinum* nie mehr als hundert, sei denjenigen zur Kenntnis gebracht, die etwas derartiges zu einem unermeßlichen Preise kaufen.

Ist aber etwas zu Ende, beginnt anderes, und man freut sich, mit den Kosten zu spielen und die Spielerei durch Vermischen zu verdoppeln und selbst die verfälschte Natur nochmals zu verfälschen; so färbt man Schildkrötenschalen, schmilzt Silber und Gold zusammen, um Elektron herzustellen, fügt noch Erz hinzu, um das korinthische Erz zu erhalten. Es genügt nicht, dem Edelstein seinen Namen Amethyst genommen zu haben; wenn die ⟨Amethystfarbe⟩ fertig ist, färbt man sie mit tyrischer Farbe nach, so daß aus beiden ein unredlicher Name und doppelter Luxus entstehen; und, wenn man die Konchylienfarbe erhalten hat, glaubt man, daß diese ⟨dann⟩ doch besser in die tyrische übergeht. Die Reue muß zuerst darauf gekommen sein, indem der Künstler das, womit er unzufrieden war, abänderte. Auf diese Weise entstand das ⟨neue⟩ Verfahren; abenteuerliche Geister hatten auch Gefallen an dem, was durch einen Fehler entstanden war, und dadurch wurde dem Luxus ein doppelter Weg geöffnet, indem man eine Farbe durch eine andere verdeckte, weil sie vorgeblich so angenehmer und gefälliger werden sollte; man mischte sogar Erzeugnisse des Bodens bei und überzog das mit tyrischer Farbe Gefärbte noch mit Kermes, um Karmesin zu erhalten. Der Kermes ist, wie wir bei den Bodengewächsen berichten werden [16, 32], ein rötliches

Emeritam Lusitaniae in maxima laude est. verum, ut simul peragantur nobilia pigmenta, anniculo grano languidus sucus, idem a quadrimo evanidus. ita nec recenti vires neque senescenti. abunde tractata est ratio, qua se virorum iuxta feminarumque forma credit amplissimam fieri.

Concharum generis et pina est. nascitur XLII
in limosis, subrecta semper nec umquam sine 142
comite, quem pinoteren vocant, alii pinophylacem. is est squilla parva, aliubi cancer dapis adsectator. pandit se pina, luminibus orbum corpus intus minutis piscibus praebens. adsultant illi protinus et, ubi licentia audacia crevit, inplent eam. hoc tempus speculatus index morsu levi significat. illa conpressu quicquid inclusit exanimat partemque socio tribuit.

Quo magis miror quosdam existimasse 143
aquatilibus nullum inesse sensum. novit torpedo vim suam ipsa non torpens, mersaque in limo se occultat, piscium, qui securi supernatantes, obtorpuere corripiens. – huius iecori teneritas nulla praefertur. – nec minor sollertia ranae, quae in mari piscatrix vocatur. eminentia sub oculis cornicula turbato limo exserit, adsultantibus pisciculis retrahens, donec tam prope accedant, ut adsiliat.
simili modo squatina et rhombus abditi pin- 144

Korn, das in Galatien und bei Emerita in Lusitanien am vorzüglichsten gedeiht. Aber, um hier gleich die bemerkenswerten Färbemittel zu erwähnen, die einjährige Beere ergibt eine matte Flüssigkeit, während die von der vierjährigen verblaßt. Es hat also weder die junge noch die alternde ⟨Pflanze⟩ besondere Färbekraft. Mehr als genug ist nun das Verfahren behandelt worden, wodurch die äußere Erscheinung sowohl der Männer als auch der Frauen besonders prächtig zu werden glaubt.

Zum Geschlecht der Muscheln gehört auch die Steckmuschel. Sie gedeiht an schlammigen Stellen, ist immer aufgerichtet und nie ohne Begleiter, den einige Muschelhüter, andere Muschelwächter nennen. Es handelt sich um eine kleine Krabbe, anderswo um einen Krebs, der seinem Fraße nachgeht. Die Muschel öffnet sich und bietet im Innern ihren augenlosen Körper den kleinen Fischen an. Diese stürzen sogleich herbei, wo durch Ungefährlichkeit ihr Wagemut wächst, und füllen sie aus. Diesen Zeitpunkt belauert der Spion und meldet ihn durch einen leichten Biß. Jene schließt sich, tötet das, was sie eingeschlossen hat, und gibt dem Gefährten seinen Anteil.

Um so mehr wundert es mich, daß einige geglaubt haben, die Wassertiere hätten keinen Verstand. Der selbst nicht erstarrte Zitterrochen kennt seine Wirksamkeit, verbirgt sich in den Schlamm getaucht und fängt die arglos über ihn hinwegschwimmenden Fische, indem er sie lähmt. – An Zartheit wird seine Leber durch nichts anderes übertroffen. – Nicht geringer ist die Geschicklichkeit des »Frosches«, welcher der Fischer im Meere genannt wird. Er streckt seine unter den Augen hervortretenden kleinen Hörner aus dem aufgerührten Schlamm hervor, zieht sie aber, sobald kleine Fischlein hervorschwimmen, solange zurück, bis sie ihm so nahe kommen, daß er auf sie stürzen kann. Ähnlich bewegen auch der Meerengel und der

nas exsertas movent specie vermiculorum, item quae vocantur raiae. nam pastinaca latrocinatur ex occulto transeuntes radio, quod telum est ei, figens. argumenta sollertiae huius, quod tardissimi piscium hi mugilem velocissimum omnium habentes in ventre reperiuntur.

Scolopendrae, terrestribus similes, quas XLIII
centipedes vocant, hamo devorato omnia 145
interanea evomunt, donec hamum egerant, dein resorbent. at vulpes marinae simili in periculo gluttiunt amplius usque ad infirma lineae, quae facile praerodant. cautius, qui glanis vocatur, aversos mordet hamos nec devorat, sed esca spoliat.

Grassatur aries ut latro; et nunc grandio- XLIV
rum navium in salo stantium occultatus umbra, si quem nandi voluptas invitet, exspectat; nunc elato extra aquam capite piscantium cumbas speculatur occultusque adnatans mergit.

Equidem et his inesse sensum arbitror, XLV
quae neque animalium neque fruticum, sed 146
tertiam quandam ex utroque naturam habent: urticis dico et spongeis.

Urticae noctu vagantur locumque mutant. carnosae frondis his natura, et carne vescuntur. vis pruritu mordax eademque, quae terrestris urticae. contrahit ergo se quam maxime rigens ac praenatante pisciculo frondem suam spargit conplectensque devorat.

Butt, versteckt liegend, ihre ausgestreckten Floßfedern nach Art kleiner Würmer, ebenso auch der sogenannte Rochen. Der Stachelrochen nämlich raubt vom Versteck aus, indem er die vorbeischwimmenden Fische mit seinem Stachel, der ihm als Geschoß dient, aufspießt. Ein Beweis dieser Geschicklichkeit ist es, daß man bei diesem langsamsten aller Fische die Meeräsche im Bauch findet, die zu den schnellsten von allen gehört.

Die Gliederwürmer, den Landtieren, die man Hundertfüßler nennt, ähnlich, speien, wenn sie eine Angel verschluckt haben, alle Eingeweide so lange aus, bis sie die Angel wieder von sich gegeben haben, und würgen dann alles wieder hinunter. Wenn die Fuchshaie dagegen in ähnlicher Gefahr sind, schlucken sie ⟨die Angelschnur⟩ weiter hinunter bis zu einer dünnen Stelle, die sie leicht durchnagen können. Noch vorsichtiger ist der sogenannte Wels, der die Angel von rückwärts anbeißt, sie aber nicht verschluckt, sondern nur den Köder wegschnappt.

Der Schwertwal streift wie ein Räuber umher; bald ist er im Schatten größerer im Meer verankerter Schiffe verborgen und lauert ob jemand Verlangen zum Schwimmen hat; bald späht er mit aus dem Wasser gehobenem Kopf nach Fischerkähnen umher, schwimmt heimlich hinzu und versenkt sie.

Ich glaube sogar, daß auch diejenigen Lebewesen eine Empfindung besitzen, die weder Tiere noch Pflanzen sind, sondern eine dritte, aus beiden Bereichen stammende Natur haben: ich spreche von den Quallen und Schwämmen.

Die Quallen ziehen nachts umher und wechseln ihren Standort. Sie haben fleischartiges Laubwerk und nähren sich von Fleisch. Durch Jucken haben sie, wie die Landnesseln, eine beißende Wirkung. Die Qualle zieht sich so steif wie möglich zusammen und breitet, wenn ein kleiner Fisch vorbeischwimmt, ihr Laubwerk aus, umschlingt und

alias marcenti similis et iactari se passa 147
fluctu algae vice, contactos piscium attri-
tuque petrae scalpentes pruritum invadit.
eadem noctu pectines et echinos perquirit.
cum admoveri sibi manum sentit, colorem
mutat et contrahitur. tacta uredinem mittit,
paulumque si fuit intervalli, absconditur.
ora ei in radice esse traduntur, excrementa
per summa tenui fistula reddi.

Spongearum tria genera accepimus: spis- 148
sum ac praedurum et asperum tragos vocatur, spissum et mollius manos, tenue den-
sumque, ex quo penicilli, Achillium. nascuntur omnes in petris, aluntur conchis, pisce,
limo. intellectum inesse his apparet, quia,
ubi avulsorem sensere, contractae multo dif-
ficilius abstrahuntur; hoc idem fluctu pul-
sante faciunt. vivere esca manifesto conchae 149
minutae in his repertae ostendunt. circa Toronen vesci illis avulsas etiam aiunt et ex
relictis radicibus recrescere in petris; cruoris
quoque inhaeret colos, Africis praecipue,
quae generantur in Syrtibus. maximae fiunt
manoe, sed mollissimae circa Lyciam, in pro-
fundo autem nec ventoso molliores; in Hel-
lesponto asperae, et densae circa Maleam.
putrescunt in apricis locis, ideo optimae in

verzehrt ihn. Zu einer anderen Zeit gibt sie sich schlaff, läßt sich von der Strömung wie das Seegras umhertreiben und geht auf die von ihr berührten Fische los, die sich an den Steinen reiben, um die juckenden Stellen zu kratzen. Während der Nacht macht sie Jagd auf Kammuscheln und Seeigel. Wenn sie merkt, daß sich ihr eine Hand nähert, verändert sie die Farbe und zieht sich zusammen. Wenn man sie berührt, ruft sie ein Brennen hervor, und wenn sie ein wenig Zeit gewonnen hat, verbirgt sie sich. Den Mund soll sie an der Unterseite haben und ihre Exkremente an der obersten Stelle durch eine dünne Röhre ausstoßen.

Von Schwämmen kennen wir drei Arten: eine kompakte, sehr harte und rauhe, »Bock« *[trágos]* genannt, eine kompakte und weichere »dünne« *[manós]* und eine feine und dichte, aus der man die Badeschwämme macht, Achillium. Sie wachsen alle an Felsen und nähren sich von Muscheln, von Fisch und Schlamm. Das Vorhandensein einer Empfindung geht daraus hervor, daß sie sich zusammenziehen, wenn sie merken, man wolle sie entfernen, und dann viel schwieriger abzulösen sind; das Gleiche machen sie auch beim Peitschen der Wellen. Die in ihnen gefundenen kleinen Muscheln sind ein Beweis, daß sie wirklich Nahrung aufnehmen. In der Gegend von Torone sollen sie, auch abgerissen, noch ⟨Muscheln⟩ fressen und aus den zurückgebliebenen Ansatzstellen an den Felsen sich wieder erneuern; auch die Farbe des Blutes hängt daran, besonders von den afrikanischen, die in den Syrten wachsen. Am größten werden die Schwämme der »dünnen« Art, am weichsten aber die, welche in der Nähe von Lykien wachsen; im tiefen Meere jedoch, wo der Wind nicht hinkommt, sind sie weicher; im Hellespont sind sie rauh und im Umkreis von Malea dicht gedrängt. An sonnigen Stellen faulen sie, weshalb die besten aus der Tiefe

gurgitibus. viventibus idem qui madentibus
nigricans colos. adhaerent nec parte nec 150
totae; intersunt enim fistulae quaedam ina-
nes quaternae fere aut quinae, per quas pasci
existimantur. sunt et aliae, sed superne con-
cretae, et subesse membrana quaedam radicibus earum intellegitur. vivere constat
longo tempore. pessimum omnium genus est
earum, quae aplysiae vocantur, quia elui
non possunt; in quibus magnae sunt fistulae
et reliqua densitas spissa.

Canicularum maxime multitudo circa eas XLVI
urinantes gravi periculo infestat. ipsi ferunt 151
et nubem quandam crassescere super capita,
animali similem, prementem eos arcentem-
que a reciprocando; et ob id stilos praeacu-
tos lineis adnexos habere sese, quia nisi per-
fossae ita non recedant; caliginis et pavoris,
ut arbitror, opere; nubem enim et nebulam,
cuius nomine id malum appellant, inter animalia haud ulla conperit quisquam. cum 152
caniculis atrox dimicatio. inguina et calces
omnemque candorem corporum appetunt.
salus una in adversas eundi ultroque ter-
rendi, pavet enim hominem aeque ac terret,
et ita sors aequa in gurgite. ut ad summa
aquae ventum est, ibi periculum anceps
adempta ratione contra eundi, dum conetur
emergere; et salus omnis in sociis. funem illi
religatum ab umeris eius trahunt; hunc dimi-

⟨stammen⟩. Im lebenden Zustand haben sie die gleiche schwärzliche Färbung wie im feuchten. Sie hängen weder mit einem Teil noch mit der Gesamtfläche fest; es liegen nämlich dazwischen etliche leere Röhren, ungefähr vier oder fünf, durch die sie ihre Nahrung aufnehmen, wie man glaubt. Es gibt auch noch andere, oben geschlossene Röhren, und man stellt fest, daß unter ihren Ansatzstellen eine Art feiner Haut vorhanden sei. Daß sie eine lange Lebensdauer haben, ist bekannt. Die schlechteste Art von allen sind die sogenannten »Unwaschbaren« *[aplysíai]*, denn man kann sie nicht auswaschen; sie enthalten große Röhren und der übrige Körper ist fest.

In der Hauptsache sind es in der Nähe der Schwämme die vielen Haifische, die mit schwerer Gefahr die Schwammtaucher bedrohen. Diese berichten auch, es bilde sich über ihren Köpfen eine Art Wolke, ähnlich einem Tier, die sie niederdrücke und am Wiederaufsteigen hindere; aus diesem Grund führen sie sehr scharfe, an Stricken befestigte ⟨Eisen⟩stäbe mit sich, weil jene Wolken erst dann zurückweichen, wenn man sie durchsticht; wie ich glaube, ist dies ein Werk der Finsternis und Angst; denn eine Wolke oder einen Nebel, wie sie jenes Übel bezeichnen, hat unter den Tieren noch niemand beobachtet. Der Kampf mit den Haifischen ist ⟨jedoch⟩ schrecklich. Sie fallen den Unterleib, die Fersen und alles Weiße am Körper an. Die einzige Rettung besteht darin, sie anzuschwimmen und von sich aus zu erschrecken, denn der Haifisch fürchtet den Menschen ebenso wie er ihn erschreckt, und so ist in der Tiefe das Schicksal ausgeglichen. Gelangt man aber an die Wasseroberfläche, verdoppelt sich die Gefahr, da für den Taucher beim Versuch des Emporsteigens keine Möglichkeit besteht, sich dem Haifisch entgegenzustellen; die ganze Rettung hängt ⟨nun⟩ von den Gefährten ab. Diese ziehen ihn an dem unter die Achseln geschlunge-

cans, ut sit periculi signum, laeva quatit,
dextera adprehenso stilo in pugna est. modi- 153
cus alias tractus; ut prope carinam ventum
est, nisi praeceleri vi repente rapuit, absumi
spectant. ac saepe iam subducti e manibus
auferuntur, si non trahentium opem conglo-
bato corpore in pilae modum ipsi adiuvere.
protendunt quidem tridentes alii, sed monstro sollertia est navigium subeundi atque ita
e tuto proeliandi. omnis ergo cura ad specu-
landum hoc malum insumitur. certissima est XLVII
securitas vidisse planos pisces, quia numquam sunt ubi maleficae bestiae; qua de
causa urinantes sacros appellant eos.

Silicea testa inclusis fatendum est nullum 154
esse sensum, ut ostreis. multis eadem natura
quae frutici, ut holothuriis, pulmonibus, stel-
lis; adeoque nihil non gignitur in mari, ut
cauponarum etiam aestiva animalia, pernici
molesta saltu aut quae capillus maxime
celat, exsistant et circumglobata escae saepe
extrahantur; quae causa somnum piscium
in mari noctibus infestare existimatur. quibusdam vero ipsis innascuntur, quo in numero chalcis accipitur.

Nec venena cessant dira, ut in lepore, qui XLVIII
in Indico mari etiam tactu pestilens vomi- 155

nen Seile herauf; kämpfend rüttelt er dieses mit der linken Hand zum Zeichen, daß er in Gefahr ist, während die rechte den Eisenstab zur Verteidigung führt. Das Emporziehen muß im übrigen vorsichtig geschehen; sobald ⟨der Taucher⟩ in die Nähe des Schiffskiels kommt, muß er mit größter Schnelligkeit plötzlich herausgerissen werden, wenn man nicht dabei zusehen will, daß er verschlungen wird. Oft werden schon halb herausgezogene Taucher aus den Händen weggerissen, wenn sie nicht selbst durch Zusammenrollen ihres Körpers zu einer Kugel die Hilfeleistung der Ziehenden unterstützen. Sie halten zwar Dreizacke vor sich, das Ungeheuer ist aber so klug, daß es unter das Schiff schwimmt und so aus dem sicheren Hinterhalt kämpft. Alle Aufmerksamkeit muß deshalb darauf gerichtet sein, das Ungeheuer ⟨rechtzeitig⟩ zu Gesicht zu bekommen. Am sichersten ist es, wenn man Plattfische wahrgenommen hat, weil sich diese nie dort aufhalten, wo Raubfische sind; aus diesem Grunde nennen die Taucher sie heilig.

Man muß zugeben, daß die in steinharten Schalen eingeschlossenen ⟨Tiere⟩, wie die Muscheln, kein Empfindungsvermögen haben. Viele haben die gleiche Natur wie die Pflanzen, zum Beispiel die Holothurien, die Quallen und Seesterne; bis zu dem Grade gibt es also nichts, was nicht auch im Meere entsteht, daß sogar die Tiere vorkommen, die im Sommer in den Schenken durch ihr hurtiges Springen beschwerlich werden, oder solche, welche vor allem im Haar nisten, und oft klumpenweise um den Köder geballt herausgezogen werden; man hält sie für die Ursache, die nachts den Fischen im Meere den Schlaf stört. Einige ⟨Parasiten⟩ entstehen ⟨in den Fischen⟩ selbst, zu ihrer Zahl gehört die *chalkís*.

Und es fehlen selbst schreckliche Gifte nicht, wie beim Seehasen, der im Indischen Meer schon allein durch Be-

tum dissolutionemque stomachi creat; in nostro offa informis, colore tantum lepori similis, in Indis et magnitudine et pilo, duriore tantum. nec vivus ibi capitur. aeque pestiferum animal araneus, spinae in dorso aculeo noxius. sed nullum usquam exsecrabilius quam radius super caudam eminens trygonis, quam nostri pastinacam appellant, quincunciali magnitudine: arbores infixus radici necat, arma ut telum perforat vi ferri et veneni malo.

Morbos universa genera piscium, ut ce- XLIX
tera animalia etiam fera, non accipimus sen- 156
tire. verum aegrotare singulos manifestum
facit aliquorum macies, cum in eodem genere
praepingues alii capiantur.

Quonam modo generent, desiderium et L
admiratio hominum differri non patitur.
pisces attritu ventrium coeunt tanta celeritate, ut visum fallant; delphini et reliqua
cete simili modo et paulo diutius. femina
piscis coitus tempore marem sequitur, ventrem eius rostro pulsans; sub partu mares
feminas similiter ova vescentes earum. nec
satis est generationi per se coitus, nisi editis
ovis interversando mares vitale adsperse-
rint virus. non omnibus id contingit ovis in
tanta multitudine; alioqui replerentur ma-

rührung schädlich ist und sogleich Erbrechen und eine Schwäche des Magens hervorruft; in unserem Meere ist er nur eine formlose Masse, dem Hasen nur in der Farbe ähnlich, aber im Indischen Meer gleicht er ihm sowohl an Größe als auch am Haar, das nur härter ist. Lebend wird er dort nicht gefangen. Ein ebenso giftiges Tier ist der Drachenfisch, der durch die Spitze seines Rückenstachels schädlich ist. Nichts Fluchwürdigeres aber gibt es irgendwo als den fünf Zoll langen Stachel, der am Schwanze des Stachelrochens *[trygón]*, bei uns »Pastinake« *[pastinaca]* genannt, hervorragt: Bäume, in deren Wurzel er gestochen hat, sterben ab, Waffen durchbohrt er wie ein Geschoß; ⟨er besitzt⟩ die Stärke des Eisens und die verderbliche Wirkung des Gifts.

Daß ganze Fischarten Seuchen ⟨ausgesetzt sind⟩, wie andere und sogar wilde Tiere, haben wir nicht ausfindig gemacht. Aber, daß einzelne krank sind, macht schon die Magerkeit mancher deutlich, wo doch von der gleichen Art andere gefangen werden, die sehr fett sind.

Die Art ihrer Fortpflanzung darf der Neugierde und Bewunderung der Menschen nicht vorenthalten werden. Die Fische begatten sich durch das Aneinanderreiben ihrer Bäuche mit so großer Geschwindigkeit, daß es sich dem Blick entzieht; die Delphine und übrigen Walfische ⟨tun es⟩ auf ähnliche Weise, ⟨nur⟩ etwas länger. Der weibliche Fisch folgt zur Begattungszeit dem Männchen und stößt mit dem Maul an seinen Bauch; während der Laichzeit folgen die Männchen ebenso den Weibchen und fressen ihre Eier. Für die Fortpflanzung ist die Begattung ⟨aber⟩ nicht allein ausreichend, wenn nicht die Männchen auf die gelegten Eier, hin- und herschwimmend, ihren lebensspendenden Samen spritzen. Dieser trifft jedoch bei der so ungeheuren Anzahl nicht alle Eier; sonst müßten Meere

ria et stagna, cum singuli uteri innumera-
bilia concipiant.

Piscium ova in mari crescunt, quaedam LI
summa celeritate, ut murenarum, quaedam 158
paulo tardius. plani piscium, quibus cauda
non est aculeatique, et testudines in coitu
superveniunt. polypi crine uno feminae na-
ribus adnexo, sepiae et lolligines linguis,
conponentes inter se bracchia et in contrarium nantes; ore et pariunt. sed polypi in
terram verso capite coeunt, reliqua mollium
tergis ut canes; item locustae et squillae;
cancri ore. ranae superveniunt, prioribus 159
pedibus alas feminae mare adprehendente,
posterioribus clunes. pariunt minimas carnes nigras, quas gyrinos vocant, oculis tantum et cauda insignes; mox pedes figurantur
cauda findente se in posteriores. mirumque,
semestri vita resolvuntur in limum nullo cer-
nente, et rursus vernis aquis renascuntur,
quae fuere natae, perinde occulta ratione,
cum omnibus annis id eveniat. et mituli, 160
pectines sponte naturae in harenosis prove-
niunt; quae durioris testae sunt, ut murices,
purpurae, salivario lentore, sicut acescente
umore culices; apua spuma maris incales-
cente, cum admissus est imber; quae vero
siliceo tegmine operiuntur, ut ostrea, putres-
cente limo aut spuma circa navigia diutius

und Seen übervoll von Fischen sein, da jedes weibliche Organ unzählige Eier enthält.

Die Eier der Fische entwickeln sich im Meer, manche mit größter Geschwindigkeit, wie die der Muränen, andere wieder etwas langsamer. Die Plattfische, die weder Schwanz noch Stacheln haben, wie auch die Schildkröten, besteigen sich bei der Begattung. Die Polypen heften sich mit einem Fangarm an die Nase des Weibchens, die Tintenfische und Kalmare mit der Zunge, wobei sie die Arme ineinander schlingen und gegeneinander schwimmen; sie laichen auch mit dem Munde. Die Polypen aber begatten sich mit zur Erde geneigtem Kopf, die übrigen Weichtiere von rückwärts wie die Hunde; so auch die Langusten und Krabben; die Krebse mit dem Munde. Die Frösche steigen aufeinander, wobei das Männchen mit den Vorderfüßen die Achseln, mit den Hinterbeinen die Lenden des Weibchens umgreift. Sie gebären sehr kleine schwarze Fleischteilchen, die man Kaulquappen heißt und an denen man nur Augen und Schwanz erkennt; bald bilden sich aber auch Füße, wobei sich der Schwanz in die Hinterbeine spaltet. Es ist merkwürdig, daß sie, nach der Lebensdauer eines halben Jahres, sich im Schlamm auflösen, ohne daß es jemand sieht, und sich im Frühlingswasser in ihrer früheren Gestalt wieder bilden, ebenfalls auf geheimnisvolle Art und Weise, obgleich sich dies alle Jahre ereignet. Auch die Miesmuscheln und Kammuscheln kommen von selbst ihrer Natur nach an sandigen Stellen hervor; die Tiere mit härterer Schale, wie die Schnecken und Purpurschnecken, entstehen aus einem speichelartigen Schleim, wie die Mücken aus einer sauer werdenden Flüssigkeit; die Sardelle bildet sich aus warmem Meerschaum, wenn Regen hinzugekommen ist; die mit einer steinartigen Hülle bedeckten ⟨Muscheln⟩, wie die Austern, entstehen aus faulendem Schlamm oder aus dem Schaum um länger

stantia defixosque palos et lignum maxime. nuper conpertum in ostreariis umorem his fetificum lactis modo effluere. anguillae atterunt se scopulis, ea strigmenta vivescunt; nec alia est earum procreatio.

Piscium diversa genera non coeunt prae- 161
ter squatinam et raiam, ex quibus nascitur
priore parte raiae similis; et nomen ex utroque conpositum apud Graecos trahit. quae- 162
dam tempore anni gignuntur et in umore ut
in terra, vere pectines, limaces, hirudines;
eadem tempore evanescunt. piscium lupus
et trichias bis anno parit, et saxatiles omnes;
mulli ter et chalcis, cyprini sexiens, scor-
paenae bis ac sargi, vere et autumno, ex
planis squatina bis sola, autumno, occasu
Vergiliarum. plurimi piscium tribus mensibus Aprili, Maio, Iunio; salpae autumno,
sargi, torpedo, squali circa aequinoctium,
molles vere, sepia omnibus mensibus. ova
eius glutino atramenti ad speciem uvae co-
haerentia masculus prosequitur adflatu;
alias sterilescunt. polypi hieme coeunt, pa- 163
riunt vere ova tortili vibrata pampino,
tanta fecunditate, ut multitudinem ovorum
occisi non recipiant cavo capitis, quo prae-
gnantes tulere. excludunt L die, e quibus
multa propter numerum intercidunt. locustae 164

stilliegende Schiffe, eingerammte Pfähle und in der Hauptsache um Holz. Kürzlich hat man in den Austernbehältern entdeckt, daß aus ihnen eine befruchtende, milchartige Flüssigkeit fließt. Die Aale reiben sich an Felsen und das Abgeriebene beginnt zu leben; eine andere Fortpflanzungsweise gibt es bei ihnen nicht.

Unterschiedliche Arten von Fischen begatten sich nicht, ausgenommen der Engelhai und der Rochen, die einen Fisch hervorbringen, der vorne dem Rochen gleicht; bei den Griechen führt er einen aus beiden zusammengesetzten Namen. Wie auf dem Lande entstehen auch im Wasser zu einer bestimmten Jahreszeit gewisse Arten, im Frühling die Kammuscheln, Nacktschnecken und Blutegel; sie verschwinden auch wieder zu einer bestimmten Zeit. Von den Fischen laicht der Seebarsch und Heringsfisch sowie alle Klippenfische zweimal im Jahr; die Meerbarben dreimal, ebenso der *chalkís,* die Karpfen sechsmal, die Drachenköpfe und Meerbrassen zweimal, im Frühling und Herbst, von den Plattfischen der Engelhai nur zweimal, im Herbst und beim Untergang des Siebengestirns. Die meisten Fische laichen in den drei Monaten April, Mai und Juni; die Goldstriemen im Herbst, die Meerbrassen, der Zitterrochen und die Engelhaie um die Tagundnachtgleiche, die Weichtiere im Frühling, das Tintenfischweibchen in jedem Monat. Ihre mit einem schwarzen leimartigen Stoff traubenförmig zusammengeballten Eier bläst das Männchen fortwährend an; andernfalls bleiben sie unfruchtbar. Die Polypen begatten sich im Winter ⟨und⟩ legen im Frühling ihre Eier, die in Gestalt einer gedrehten Ranke hin und her schwingen; ⟨die Polypen⟩ sind von solcher Fruchtbarkeit, daß getötete Tiere in der leeren Kopfhöhle die Menge der Eier nicht fassen können, worin sie sie während ihrer Trächtigkeit tragen. Am fünfzigsten Tage stoßen sie diese aus, wobei viele von ihnen wegen der großen Zahl

et reliqua tenuioris crustae ponunt ova super
ova atque ita incubant. polypus femina modo
in ovis sedet, modo cavernam cancellato
bracchiorum inplexu claudit. sepia in ter-
reno parit inter harundines aut sicubi enata
alga, excludit quinto decimo die. lolligines in
alto conserta ova edunt ut sepiae. purpurae,
murices eiusdemque generis vere pariunt.
echini ova pleniluniis habent hieme; et cocleae hiberno tempore nascuntur.

Torpedo octogenos fetus habens invenitur; 165
eaque intra se parit, ova praemollia in alium
locum uteri transferens atque ibi excludens.
simili modo omnia, quae cartilaginea appellavimus. ita fit, ut sola piscium et animal pariant
et ova concipiant. silurus mas solus omnium
edita custodit ova, saepe et quinquagenis diebus, ne absumantur ab aliis. ceterae feminae
in triduo excludunt, si mas attigit.

Acus sive belone unus piscium dehiscente 166
propter multitudinem utero parit. a partu
coalescit vulnus, quod et in caecis serpenti-
bus tradunt. mus marinus in terra scrobe
effosso parit ova et rursus obruit terra; tri-
censimo die refossa aperit fetumque in
aquam ducit.

Erythini et channae volvas habere tra- LII
duntur. qui trochos appellatur a Graecis, ipse

zerbrechen. Die Langusten und die übrigen Tiere mit etwas dünner Schale legen Eier auf Eier und brüten sie so aus. Das Weibchen der Polypen sitzt bald auf den Eiern, bald verschließt es die Höhle durch kreuzförmige Verschlingung ihrer Arme. Der Tintenfisch laicht auf dem Lande zwischen Schilf oder wo Seegras wächst, und am 15. Tage findet das Auschlüpfen statt. Die Kalmare legen im hohen Meere Eierketten wie die Tintenfische. Die Purpurschnecken, Schnecken und andere dieser Gattung laichen im Frühling. Die Seeigel legen ihre Eier im Winter zur Zeit des Vollmonds; die Meeresschnecken entstehen zur Winterszeit.

Man findet den Zitterrochen mit achtzig Jungen im Leibe; er erzeugt sie in seinem Innern, indem er die sehr weichen Eier an eine andere Stelle der Gebärmutter bringt und sie dort ausbrütet. Auf ähnliche Weise geschieht es auch bei all den Tieren, denen wir den Namen Knorpelfische gegeben haben. So kommt es, daß sie allein unter allen Fischen sowohl lebende Junge gebären als auch Eier in sich tragen. Das Welsmännchen ist der einzige Fisch, der die gelegten Eier bewacht, oft sogar fünfzig Tage lang, damit sie nicht von anderen Tieren gefressen werden. Die übrigen Weibchen brüten in drei Tagen ihre Jungen aus, wenn das Männchen sie berührt hat.

Der Hornhecht oder die Belone laicht als einziger Fisch durch Platzen der Gebärmutter wegen der Vielzahl der Eier. Nach dem Laichen wächst die Wunde wieder zu, was auch bei den blinden Schlangen der Fall sein soll. Die Meermaus legt ihre Eier in eine auf dem Lande ausgescharrte Vertiefung und bedeckt sie dann wieder mit Erde; am dreißigsten Tage öffnet sie die Grube und führt die Jungen ins Wasser.

Die Meerbrassen und Zackenbarsche sollen eine Gebärmutter haben. Der bei den Griechen »Kreisel« *[trochós]*

se inire. fetus omnium aquatilium inter initia
visu carent.

Aevi piscium memorandum nuper exem- LIII
plum accepimus. Pausilypum villa est Cam- 167
paniae haud procul Neapoli; in ea in Caesaris piscinis a Pollione Vedio coniectum piscem
sexagensimum post annum exspirasse scribit
Annaeus Seneca, duobus aliis aequalibus eius
ex eodem genere etiam tunc viventibus. quae
mentio piscinarum admonet, ut paulo plura
dicamus hac de re, priusquam digrediamur
ab aquatilibus.

Ostrearum vivaria primus omnium Ser- LIV
gius Orata invenit in Baiano aetate L. Crassi 168
oratoris ante Marsicum bellum, nec gulae
causa, sed avaritiae, magna vectigalia tali
ex ingenio suo percipiens, ut qui primus pen-
siles invenerit balineas, ita mangonicatas
villas subinde vendendo. is primus optimum
saporem ostreis Lucrinis adiudicavit; quando
eadem aquatilium genera aliubi atque aliubi
meliora, sicut lupi pisces in Tiberi amne inter 169
duos pontes, rhombus Ravennae, murena in
Sicilia, elops Rhodi, et alia genera similiter,
ne culinarum censura peragatur. nondum
Britannica serviebant litora, cum Orata Lu-
crina nobilitabat. postea visum tanti in ex-
tremam Italiam petere Brundisium ostreas,
ac, ne lis esset inter duos sapores, nuper ex-
cogitatum famem longae advectionis a Brun-
disio conpascere in Lucrino.

Eadem aetate prior Licinius Murena reli- 170
quorum piscium vivaria invenit, cuius deinde

genannte Fisch soll sich selbst begatten. Die Jungen aller Wassertiere können anfangs nicht sehen.

Vom Alter der Fische ist uns kürzlich ein merkwürdiges Beispiel zur Kenntnis gelangt. Pausilypum ist ein Landgut in Kampanien nicht weit entfernt von Neapel; wie Annaeus Seneca berichtet, starb hier in den kaiserlichen Fischteichen ein von Vedius Pollio eingesetzter Fisch nach dem 60. Jahre, während zwei andere gleich alte von derselben Art damals noch am Leben waren. Diese Erwähnung der Fischteiche erinnert mich, noch etwas mehr darüber zu sagen, bevor wir die Wassertiere verlassen.

Austernbehälter erfand allererst Sergius Orata im Gebiet von Baiae zur Zeit des Redners L. Crassus vor dem Marsischen Kriege, und zwar nicht wegen der Feinschmekkerei, sondern aus Habgier, da er aus einer so geistreichen Erfindung bedeutende Einkünfte bezog, wie er auch als erster die hängenden Bäder erfand, um die derart veredelten Landhäuser gleich darauf wieder zu verkaufen. Er räumte zuerst den Austern aus dem Lukrinersee den besten Geschmack ein; denn die Wassertiere der gleichen Art sind je nach dem Ort von verschiedener Güte, wie der Seebarsch im Tiber zwischen den beiden Brücken, die Butte zu Ravenna, die Muräne in Sizilien, der Sterlet auf Rhodos und ähnlich bei den anderen Arten, um nicht den ganzen Küchenzettel einer Prüfung zu unterziehen. Die britannischen Küsten standen uns noch nicht zur Verfügung, als Orata die lukrinischen Austern zu Ansehen brachte. Später schien es sich zu lohnen, aus Brundisium am Ende Italiens Austern zu holen, und, damit kein Streit über den Geschmack beider ⟨Arten⟩ entstehe, dachte man sich kürzlich aus, die auf dem langen Weg von Brundisium ausgehungerten Tiere im Lukrinersee zu sättigen.

Um die gleiche Zeit, ⟨nur⟩ etwas früher, erfand Zuchtteiche für die übrigen Fische Licinius Murena, dessen Bei-

exemplum nobilitas secuta est Philippi, Hor-
tensii. Lucullus exciso etiam monte iuxta
Neapolim maiore inpendio quam villam
exaedificaverat euripum et maria admisit,
qua de causa Magnus Pompeius Xerxen to-
gatum eum appellabat. |XL| HS e piscina ea
defuncto illo veniere pisces.

Murenarum vivarium privatim excogitavit LV
ante alios C. Hirrus, qui cenis triumphalibus 171
Caesaris dictatoris sex milia numero murenarum mutua appendit. nam permutare quidem pretio noluit aliave merce. huius villam
infra quam modicam |XL| piscinae vendide-
runt. invasit dein singulorum piscium amor. 172
apud Baulos in parte Baiana piscinam habuit
Hortensius orator, in qua murenam adeo
dilexit, ut exanimatam flesse credatur. in
eadem villa Antonia Drusi murenae, quam
diligebat, inaures addidit; cuius propter fa-
mam nonnulli Baulos videre concupiverunt.

Coclearum vivaria instituit Fulvius Lip- LVI
pinus in Tarquiniensi paulo ante civile bel- 173
lum, quod cum Pompeio Magno gestum est.
distinctis quidem generibus earum, separatim ut essent albae, quae in Reatino agro
nascuntur, separatim Illyricae, quibus magnitudo praecipua, Africanae, quibus fecun-
ditas, Solitanae, quibus nobilitas. quin et 174
saginam earum commentus est sapa et farre
aliisque generibus, ut cocleae quoque altiles
ganeam inplerent: cuius artis gloria in eam
magnitudinem perductas, ut LXXX quadrantes caperent singularum calices, auctor
est M. Varro.

spiel sodann adelige Männer folgten, wie ⟨die Familie⟩ Philippus und Hortensius. Lucullus ließ sogar bei Neapel einen Berg ausstechen, was mehr kostete als der Bau seines Landhauses, und leitete vom Meer aus einen Kanal hinein, weshalb ihn Pompeius der Große den römischen Xerxes nannte. Nach seinem Tod wurden die Fische dieses Teiches um 40 000 Sesterzen verkauft.

Einen Teich für Muränen erdachte vor anderen zum eigenen Gebrauch C. Hirrus, der für die Triumphmähler des Diktators Caesar 6000 Muränen leihweise abgab. Denn für Geld oder andere Ware wollte er sie nicht veräußern. Die Fischteiche ließen ihn sein recht mäßig großes Landgut um 4 000 000 Sesterzen zum Verkauf bringen. Darauf verbreitete sich die Liebhaberei für einzelne Fische. Bei Bauli im Gebiet von Baiae hatte der Redner Hortensius einen Fischteich und darin eine Muräne, die er so sehr liebte, daß er geweint haben soll, als sie starb. Auf dem gleichen Landgut legte Antonia, die Frau des Drusus, einer Muräne, die sie liebte, Ohrringe um; auf dieses Gerücht hin hegten manche den Wunsch, Bauli aufzusuchen.

Behälter für Schnecken hat kurz vor dem Bürgerkrieg, der mit Pompeius dem Großen geführt wurde, Fulvius Lippinus im Gebiet von Tarquinii angelegt. Dabei trennte er die einzelnen Arten, so daß die weißen, die im Reatinerland vorkommen, und die illyrischen, die sich durch ihre Größe, die afrikanischen, die sich durch ihre Fruchtbarkeit, und die solitanischen, die sich durch ihre Vorzüglichkeit auszeichnen, gesondert waren. Ja, er erdachte sogar eine Mästung für sie aus eingedicktem Most, Mehl und anderen Nahrungsmitteln, so daß auch gemästete Schnekken dem verwöhnten Gaumen dienten: die Prahlerei mit dieser Kunst hat ein solches Maß erreicht, daß die Gehäuse einzelner Schnecken 80 Quadranten faßten; der Gewährsmann ist M. Varro.

Piscium genera etiamnum a Theophrasto LVII
mira produntur. circa Babylonis rigua dece- 175
dentibus fluviis in cavernis aquas habenti-
bus remanere. quosdam inde exire ad pabula
pinnulis gradientes crebro caudae motu, con-
traque venantes refugere in suas cavernas
et in his obversos stare; capita eorum esse
ranae marinae similia, reliquas partes gobio-
num, branchias ut ceteris piscibus. circa 176
Heracleam et Cromnam et multifariam in
Ponto unum genus esse, quod extremas flu-
minum aquas sectetur cavernasque sibi faciat
in terra atque in his vivat, etiam reciprocis
amnibus siccato litore; effodi ergo, motu
demum corporum vivere eos adprobante.
circa eandem Heracleam eodemque Lyco amne 177
decedente ovis relictis in limo generari pisces,
qui ad pabula petenda palpitent exiguis
branchiis, quo fieri non indigos umoris;
propter quod et anguillas diutius vivere
exemptas aquis; ova autem in sicco maturari
ut testudinum. eadem in Ponti regione adprehendi glacie piscium maxime gobiones
non nisi patinarum calore vitalem motum
fatentes. est in his quidem, tametsi mirabilis, 178
aliqua ratio. idem tradit in Paphlagonia
effodi pisces gratissimos cibis terrenos altis
scrobibus in his locis, in quibus nullae resta-
gnent aquae; miraturque et ipse gigni sine
coitu; umoris quidem vim aliquam inesse
quam puteis arbitratur, ceu vero in ullis re-

Seltsame Fischarten werden ferner von Theophrastos angeführt. In der sumpfigen Umgebung Babylons bleiben, wie er sagt, nach dem Fallen der Flüsse in den mit Wasser gefüllten Löchern Fische zurück. Einige sollen von dort auf ihren Flossen mit Hilfe einer raschen Bewegung ihres Schwanzes auf Futter ausgehen, vor den Jägern in ihre Löcher zurückfliehen und darin Widerstand leisten; ihre Köpfe sollen denen der Seeteufel, die übrigen Teile den Grundeln ähnlich sein, Kiemen hätten sie wie andere Fische. Bei Herakleia, Kromna und an vielen Orten im Pontos soll eine einzige Fischart vorkommen, die dem äußersten Rande des Flußlaufs folge, sich Löcher in die Erde bohre und darin lebe, auch wenn durch das Zurückgehen des Stromes die Ufer ausgetrocknet seien; sie würden deshalb ausgegraben, und gäben nur durch die Bewegung ihres Körpers Lebenszeichen. In der Nähe des gleichen Herakleia und beim Rücktritt desselben Lykos sollen sich aus im Schlamm zurückgebliebenen Eiern Fische bilden, die, um sich Nahrung zu verschaffen, mit kleinen Kiemen zucken und daher keine Feuchtigkeit brauchen; aus dem gleichen Grund könnten auch die Aale längere Zeit außerhalb des Wassers leben; die Eier aber sollen, wie bei der Schildkröte, auf dem Trockenen zur Reife gelangen. In der gleichen Gegend des Pontos würden Fische, meist Grundeln, im Eis gefangen und zeigten erst in warmen Schüsseln eine Lebensregung. In all dem liegt unstreitig irgendein obschon wunderbarer Sinn. Der gleiche Gewährsmann erzählt, in Paphlagonien würde man sehr schmackhafte »Landfische« aus tiefen Löchern ausgraben, und zwar an solchen Orten, wo kein Wasser übertritt; er wundert sich auch selbst, daß sie sich ohne Begattung fortpflanzen; er meint, daß hier irgendeine Wirkung der Feuchtigkeit wie den Brunnen innewohne, als ob sich in irgendwelchen ⟨Brunnen⟩ überhaupt Fische fänden. Wie dem auch

periantur pisces. quicquid est hoc, certe minus admirabilem talparum facit vitam, subterranei animalis, nisi forte vermium terrenorum et his piscibus natura inest.

Verum omnibus his fidem Nili inundatio LVIII
adfert omnia excedente miraculo. quippe de- 179
tegente eo musculi reperiuntur inchoato opere genitalis aquae terraeque, iam parte corporis viventes, novissima effigie etiamnum terrena.

Ne de anthia pisce sileri convenit, quae LIX
plerosque adverto credidisse. Chelidonias in- 180
sulas diximus Asiae scopulosi maris ante promunturium sitas; ibi frequens hic piscis et celeriter capitur uno genere. parvo navigio et concolori veste eademque hora per aliquot dies continuos piscator enavigat certo spatio escamque proicit. quicquid ex eo mutetur, suspecta fraus praedae est, cavetque, quod timuit. cum id saepe factum est, unus aliquando consuetudine invitatus anthias escam
adpetit. notatur hic intentione diligenti ut 181
auctor spei conciliatorque capturae; neque est difficile, cum per aliquot dies solus accedere audeat. tandem et alios invenit paulatimque comitatior postremo greges adducit innumeros, iam vetustissimis quibusque adsuetis piscatorem agnoscere et e manu cibum rapere. tum ille paulum ultra digitos in esca

sein mag, so läßt uns die Tatsache das Leben des Maulwurfs, dieses unterirdischen Tieres, weniger seltsam erscheinen, wenn nicht vielleicht auch diese Fische die Eigenschaft der Regenwürmer haben.

All dies aber macht die Überschwemmung des Nil durch ein alles überragendes Wunder glaubhaft. Denn wenn er das Land wieder zum Vorschein kommen läßt, findet man Mäuse, deren Entstehung aus Wasser und Erde begonnen hat, indem sie an einem Teil ihres Körpers schon leben, während das letzte Gebilde auch dann noch aus Erde besteht.

Über den Fisch *anthías* darf nicht verschwiegen werden, was, wie ich sehe, die meisten geglaubt haben. Wir haben früher die Chelidonischen Inseln in Asien erwähnt [5, 131], die in einem klippenreichen Meere vor einem Vorgebirge gelegen sind; dort kommt dieser Fisch häufig vor und läßt sich auf nur eine Art rasch fangen. In einem kleinen Fahrzeuge, mit gleichfarbiger Kleidung und zu derselben Stunde fährt der Fischer an einigen aufeinander folgenden Tagen eine bestimmte Strecke in das Meer hinein und wirft seinen Köder aus. Was alles sich daran verändert, erscheint dem Beutefisch als Verdacht erregende Täuschung, und er hütet sich vor dem, was er gefürchtet hat. Wenn solches oft geschieht, wird gelegentlich ein *anthías* durch Gewöhnung angelockt und schnappt nach dem Köder. Diesen ⟨Fisch⟩ pflegt man sich sehr sorgfältig zu merken, als den Erwecker der Hoffnung und Veranlasser des Fanges; es fällt dies nicht schwer, da er mehrere Tage hindurch sich nur allein zu nähern wagt. Schließlich findet er auch andere, wird nach und nach häufiger begleitet und führt zuletzt zahllose Scharen herzu, während die ältesten, sich schon ganz daran gewöhnt haben, den Fischer zu kennen und Futter aus dessen Hand zu nehmen. Dann schleudert dieser knapp über seine Finger

iaculatus hamum singulos involat verius
quam capit, ab umbra navis brevi conatu ra-
piens ita, ne ceteri sentiant; alio intus exci-
piente centonibus raptum, ne palpitatio ulla
aut sonus ceteros abigat. conciliatorem nosse 182
ad hoc prodest, ne capiatur, fugituro in reliquum grege. ferunt discordem socium duci
insidiatum pulchre noto cepisse malefica
voluntate; agnitum in macello socio, cuius
iniuria erat; et damni formulam editam con-
demnatumque addit Mucianus aestimata lite.
iidem anthiae, cum unum hamo teneri vide-
rint, spinis, quas in dorso serratas habent,
lineam secare traduntur, eo, qui teneatur, ex-
tendente, ut praecidi possit. at inter sargos
ipse, qui tenetur ad scopulos lineam terit.

Praeter haec claros sapientia auctores LX
video mirari stellam in mari. ea figura est, 183
parva admodum caro intus, extra duriore
callo. huic tam igneum fervorem esse tradunt,
ut omnia in mari contacta adurat, omnem
cibum statim peragat. quibus sit hoc cognitum experimentis haud facile dixerim, multoque memorabilius duxerim id, cuius ex-
periendi cotidie occasio est.

Concharum e genere sunt dactyli, ab hu- LXI
manorum unguium similitudine appellati. 184
his natura in tenebris remoto lumine alio

im Köder einen Angelhaken hinaus und beseitigt die einzelnen ⟨Fische⟩ mehr, als daß er sie fängt, indem er sie, damit es die übrigen nicht merken, im Schatten des Fahrzeugs mit kurzem Schwung herauszieht; ein anderer ⟨Fischer⟩ nimmt im Schiff den gefangenen ⟨Fisch⟩ in Tüchern auf, damit kein Zucken oder Geräusch die übrigen verjagt. Den Anführerfisch zu kennen, ist dazu nützlich, daß er nicht selbst gefangen wird, da die Schar ⟨sonst⟩ in Zukunft die Flucht ergreifen würde. Berichtet wird, daß ein unverträglicher Gefährte dem wohlbekannten Anführerfisch nachgestellt und ihn in böser Absicht gefangen habe; er sei aber von dem Gefährten, dem das Unrecht geschehen war, auf dem Fischmarkt erkannt worden; Mucianus fügt hinzu, daß jener eine Schadenklage erhoben habe und der Täter zu einem geschätzten Schadenersatz verurteilt wurde. Die gleichen Anthiasfische sollen, wenn sie gesehen haben, daß einer an der Angel festgehalten wird, mit ihren sägeförmigen Rückenflossen die Leine durchschneiden, welche von dem, der daran festhängt, angespannt wird, damit sie gekappt werden kann. Bei den Meerbrassen aber reibt der, welcher festhängt, selbst die Schnur an Steinen durch.

Außerdem sehe ich, daß Autoren, die durch ihr Wissen berühmt sind, sich über den Seestern wundern. Was seine Gestalt anlangt, hat er wohl im Innern etwas Fleisch, außen ⟨aber⟩ eine härtere Schale. Er soll eine so feurige Hitze haben, daß er alles, was er im Meere berührt, verbrennt und jegliche Nahrung sofort verdaut. Durch welche Erfahrungen dies bekannt geworden ist, könnte ich nicht ohne weiteres sagen, halte aber vielmehr das für erwähnenswert, was man täglich zu erfahren Gelegenheit hat.

Zum Geschlecht der Muscheln gehören auch die Daktylen, die nach ihrer Ähnlichkeit mit den menschlichen Nägeln benannt sind. Sie haben die Eigenschaft, im Finstern

fulgere claro et, quanto magis umorem habeant, lucere in ore mandentium, lucere in manibus atque etiam in solo ac veste decidentibus guttis, ut procul dubio pateat, suci illam naturam esse, quam miraremur etiam in corpore.

Sunt et inimicitiarum atque concordiae LXII
miracula. mugil et lupus mutuo odio flagrant, 185
conger et murena caudam inter se praero-
dentes. polypum in tantum locusta pavet,
ut, si iuxta vidit omnino, moriatur. locustam
conger, rursus polypum congri lacerant.
Nigidius auctor est praerodere caudam
mugili lupum eosdemque statis mensibus
concordes esse; omnes autem vivere, quibus
caudae sic amputentur. at e contrario amici- 186
tiae exempla sunt, praeter illa quorum diximus societatem, ballaena et musculus; quando praegravi superciliorum pondere obrutis eius oculis infestantia magnitudinem vada praenatans demonstrat oculorumque vice fungitur.

Hinc volucrum naturae dicentur.

beim Fehlen jedes anderen Lichtes hell zu leuchten, und je mehr Flüssigkeit sie enthalten, im Munde derer, die sie verspeisen, zu schimmern, auch an den Händen und sogar auf dem Fußboden oder der Kleidung, wenn Tropfen herabfallen, so daß zweifellos feststeht, ihr Saft habe jene Eigenschaft, die wir auch an ihrem Körper bewundern würden.

Es gibt auch seltsame Beispiele von Feindschaften und Freundschaften. Die Meeräsche und der Seebarsch brennen von gegenseitigem Haß, der Meeraal und die Muräne nagen einander die Schwänze ab. Den Polypen fürchtet die Languste so sehr, daß sie zugrundegeht, wenn sie ihn nur in der Nähe sieht. Die Languste ⟨fürchtet⟩ der Meeraal, hingegen zerfleischen die Meeraale den Polypen. Nigidius ist Gewährsmann, daß der Seebarsch der Meeräsche den Schwanz abnagt und doch beide in bestimmten Monaten in Eintracht leben; daß aber alle, denen die Schwänze so abgerissen werden, am Leben bleiben. Dagegen findet man aber auch Beispiele von Freundschaft, nicht nur ⟨bei jenen Tieren⟩, über deren Gemeinschaft wir bereits gesprochen haben, sondern ⟨auch⟩ beim Walfisch und beim *musculus*; wenn nämlich jenem durch das sehr große Gewicht der Augenbrauen die Augen zugefallen sind, zeigt dieser vorausschwimmend die Untiefen an, die seiner Körpergröße gefährlich sind, und wirkt an der Stelle der Augen.

Nun wird von den Eigenschaften der Vögel die Rede sein.

POLEMIUS SILVIUS,

ein Autor des 5. Jh.s n. Chr., stellte als Anhang zu einem christlichen Kalender neben einem Verzeichnis der Provinzen des römischen Reiches *(enumeratio provinciarum)* u.a. auch die *nomina cunctarum (!) natancium (= natantium)* [*animalium*], die Bezeichnungen für alle schwimmenden Tiere, zusammen, wobei er zum größten Teil auf Plinius, nat. hist. 9 fußt*:

	balena (= balaena) omnium vivencium (= viventium) maior	Walfisch, das größere [= größte] aller Lebewesen	§ 12ff.
	gradius (= gladius)	Schwertfisch	§ 3
	musculus	Lotsen- oder Pilotfisch	§ 186
	serra	Sägefisch	§ 3
5	marisopa	»Meersau«	–
	rota	Meduse	§ 8
	orca	Schwertwal	§ 12ff.
	fisiter (= physeter)	Pottwal	§ 8
	cucumis	Seegurke	§ 3
10	pistris (= pristis) s. serra 4		§ 4, 8
	equis (= equus)	Seepferdchen	§ 3
	asinis (= asinus) s. asellus 58		

* Der recht fehlerhafte Text ist abgedruckt in den Monumenta Germaniae Historica, Auctores antiquissimi IX, Chronica minora I/2 p. 543 sq.; vgl. auch *Th. Mommsen,* Polemii Silvii Laterculus. Abhandl. d. Sächs. Gesellsch. d. Wissensch. 3, 1857, 251ff. (= Ges. Schriften VII, Philol. Schriften, 2. Aufl., Berlin-Zürich 1965, 633ff.).

aries	»Widder« = Schwertwal	§ 10
triton	Triton	§ 9
elefans	Walroß	§ 10
coclea	Schnecke (allgem).	§ 101
testudo	Schildkröte	§ 38
serpido s. torpedo 24		
ambicus (= ambiguus)	»ein Fisch, der zwischen zwei irgendwie verschiedenen anderen Fischen die Mitte hält«	–
ceruleus (= caeruleus) = glaucus	ein nicht näher bestimmbarer Fisch	§ 58
auricularius (= auricula maris?)	?	–
caraulis (= carabus) carahuo (= carabus)	Languste	§ 97
terpedo (= torpedo)	Zitterrochen	§ 57
nautilis (= nautilus)	Papierboot	§ 88
pisces piscatur (= piscis piscator)	–[1]	§ 180
acopienser (= acipenser)	Stör	§ 60
encataria (= callaria)	Zwergdorsch?	§ 61
scarus	Papageifisch	§ 62

[1] Vgl. § 180: ...ibi frequens hic *piscis* et celeriter capitur uno genere. parvo navigio et concolori veste eademque hora per aliquot dies continuos *piscator* enavigat certo spatio escamque proicit (...dort kommt dieser Fisch [näml. der anthias] häufig vor und läßt sich auf nur eine Art rasch fangen. In einem kleinen Fahrzeuge, mit gleichfarbiger Kleidung und zu derselben Stunde fährt der Fischer an einigen aufeinanderfolgenden Tagen eine bestimmte Strecke in das Meer hinein und wirft seinen Köder aus).

30	scarda (= sarda)	Bonito	–
	mullus	Meerbarbe	§ 64ff.
	acerna (= acharne) s. orphus 47		–
	scorpena (= scorpaena)	kleiner Drachenkopf	§ 162
	lupus	Seebarsch	§ 57
35	aurata	Goldbrasse	§ 58
	dentix = pager	Meerbrasse	(§ 57)
	corvus s. coracinus 61		
	pardus	Tigerhai?	–
	delfin (= delphinus)	Delphin	§ 20ff.
40	euga (= euca)	Neunauge?	–
	congres (= conger)	Meeraal	§ 57
	tirsio (= thursio)	Großer Tümmler	§ 34
	canicola (= canicula)	Hai	§ 151ff.
	pastinaca	Stachelrochen	§ 73
45	rombus (= rhombus)	Glattbutt	§ 72
	ciprinus (= cyprinus)	Karpfen	§ 58
	horfus (= orphus)	Zackenbarsch	§ 57
	exormisda (= exormiston)	ein sonst unbekannter Fisch	–
	mugilis (= mugil)	Meeräsche	§ 31f.
50	lucusta (= locusta)	Languste	§ 95
	astachus (= astacus)	Hummer	§ 97
	lucurparda (= lycoparda)	?	
	hirundo	Schwalbenfisch	§ 82
	lutarius	Schlammbarbe	§ 64
55	placensis (= platanista)	Gangesdelphin	§ 46
	solea	Seezunge	§ 52
	naupreda (= nauplius?) s. nautilus 25		
	asellus	Dorsch	§ 58
	salpa	Goldstriemen	§ 68

60	mus marinius (= mus marinus)	Seeschildkröte	§ 71
	corocacinus (= coracinus)	Rabenfisch	§ 57
	iulis (= iulus)	Meerjunker	–
	anguilla	Flußaal	§ 74
	mirrus (= zmyrus)	männliche Muräne	§ 76
65	squilla	Garnele	§ 142
	pinotera (= pinoteres)	Steckmuschel	§ 142
	turdus	»Meerdrossel«	§ 52
	pavus	»Meerpfau«	–
	merula	»Meeramsel«	§ 52
70	mustela	Quappe	§ 63
	loligo (= lolligo)	Kalmar	§ 83 f.
	polipus (= polypus)	Krake	§ 83
	sepia	Tintenfisch	§ 83
	murena	Muräne	§ 76
75	porcus	Tümmler	§ 45
	tinnus (= thynnus)	Thunfisch	§ 47 ff.
	adonis	Meergrundel =	§ 70
	exocitus (= exocoetus)	»Auswärtsschläfer«	
	eufrates (= Euphratis piscis)	»Fisch vom Euphrat«	
80	scorber (= scomber)	Makrele	§ 49
	ecinais (= echeneis)	Schiffshalter	§ 79
	cetera (= cetea)	Sammelname für Fischsäugetiere	§ 78
	lucerna	»Leuchte« = Feuerwalze	§ 82
	draco (marinus)	Zwergpetermännchen	§ 82
85	milvus	Flughahn	§ 82
	picis (= phycis)	Meergrundel	§ 81
	pectunctus (= pectunculus)	Kammuschel	§ 84

	tecco (?)		
	coluda (= cordyla?)	junger Thunfisch	§ 47
90	[lacerta	Eidechse	§ 87]
	eena (= mena?)	Laxierfisch	§ 81
	conce (= concha)	Muschel (allgem.)	§ 102
	heracliotacus (= heracleoticus)	Taschenkrebs	§ 97
	cleomena (?)		
95	gerris (= gerres)	Laxierfisch	–
	mitulis (= mitulus)	Miesmuschel	(§ 115)
	ortica (= urtica)	Qualle	§ 146
	vaguris (= pagurus)	Taschenkrebs?	§ 97
	pulmo	Lungenqualle	§ 154
100	lepus	»Seehase«, eine Meeresnacktschnecke	§ 155
	stella	Seestern	§ 183
	araneus	Drachenfisch	§ 155
	gromis (= chromis)	Umberfisch	§ 57
	elops	Sterlet	§ 60
105	daltilus (= dactylus)	Bohrmuschel	§ 184
	cersina (= chersina)	Landschildkröte	§ 38
	esox	Lachs	§ 44
	salma s. salpa 59		
	apolester (= apolectus)	junger Thunfisch	§ 48
110	cannis (= channe)	Zackenbarsch	§ 56
	sargus	Brachse	§ 65
	scarus s. scarus 29		
	cornutus	Hornrochen	§ 78
	eppoe (= hippos)	Sandkrabbe	§ 97
115	rubellio	Rotbrasse	–
	silurus	Flußwels	§ 44f.
	[culix	Mücke	§ 160]
	acus	Hornhecht	§ 166

trocus (= trochos)	»Kreisel«, nicht näher bestimmbarer Fisch	§ 166
antia (= anthias)	Dornhai?	§ 180ff.
ancoravus = ancorago	ein nicht näher bestimmbarer Fisch	–
larbus barba	–[2]	§ 64
tructa	Forelle	–
gubio (= gobio)	Meergrundel	§ 177
umbra	Umberfisch	–
squatus	Engelhai	§ 162

Es folgen weitere 21 Fischbezeichnungen, die aber nicht auf Plinius zurückgehen.

Item eorum, que (= quae) se non movencium (= moventium):	Ebenso derer, die sich nicht bewegen:	
pecun (= pecten)	Kammuschel	§ 103
veneriosa (= veneria concha)	Porzellanschnecke	§ 80
auris (= aulos?)	Scheidemuschel	–
ostrium (= ostreum)	Auster	§ 40
spondilium (= spondylus)	Klappmuschel	–
purpura	Purpurschnecke	§ 125 f.
conchilium (= conchylium)	Muschel (allgem.)	–
morix (= murex)	Schnecke (allgem.)	§ 80. 164
perna	Steckmuschel	(§ 142)

[2] Vgl. § 64: ...et *barba* gemina insigniuntur inferiori *labro* (...sie [näml. die Meerbarben] sind gekennzeichnet durch einen doppelten Bart an der Unterlippe).

musculus (= mitulus?)	Miesmuschel	–
bucina (= bucinum)	Trompetenschnecke	§ 130
ecinus (= echinus)	Seeigel	§ 40

Eine sprachliche Analyse der genannten Tiernamen gibt *A. Thomas,* Le laterculus de Polemius Silvius et le vocabulaire zoologique romain. Romania 35, 1906, 161–197; zu den Fischnamen vgl. *H. Schuchardt,* Zu den Fischnamen des Polemius Silvius. Zeitschr. f. roman. Philol. 30, 1906, 712–732.

ANHANG

ERLÄUTERUNGEN

CIL Corpus Inscriptionum Latinarum, consilio et auctoritate Academiae litterarum Borussiae editum, Berlin 1863 ff.
FGH Die Fragmente der griechischen Historiker, hg. f. Jacoby, Berlin 1923–1930, Leiden 1940 ff.
FHG Fragmenta Historicorum Graecorum, edd. C. et Th. Müller, Paris 1841–1870.
GGM Geographi Graeci Minores, ed. C. Müller, Paris 1855–1861.
HRR Historicorum Romanorum Reliquiae, ed. H. Peter, Leipzig 1906 ff. (ed. ster. 1967).

1 *Landtiere:* Plinius hat im vorhergehenden Buch 8 die auf dem Land lebenden Tiere behandelt; die *Vögel* sind Gegenstand des folgenden Buches 10. Im vorliegenden Buch 9 wendet sich Plinius den Wassertieren zu.

2 *in dem ... Meere aber, das seine Keime ...:* Diesen Gedanken hat Plinius bereits nat. hist. 2,7 ausgesprochen: »denn aus den vor dort herabfallenden Samen aller Dinge entstehen, wie sie sagen, zahllose vornehmlich im Meere zumeist vermischte, schreckenerregende Gestalten ...«; vgl. Theophrastos, hist. plant. III 1,4: »Anaxagoras behauptet, die Luft führe alle Samen mit, und wo diese mit dem Wasser hingebracht werden, da erzeugen sich Gewächse« (K. Sprengel); ähnlich bei Varro, de re rust. I 40, 1. – ... *gibt es auch im Meere*; vgl. Goethe, Faust II, Akt II, Vers 8436: »Alles ist aus dem Wasser entsprungen!! Alles wird durch das Wasser erhalten!«

3 *Traube* (uva): Es handelt sich hier nicht um ein Meerestier, sondern um die Eier des Tintenfisches (s. § 52), die

traubenförmig aneinanderhängen; vgl. § 162 und nat. hist. 32, 138. 151. Man nennt sie in Italien auch heute noch ›uva di mare‹. De Saint-Denis, Voc. 119; Thompson 232; Jones 595; Leitner 245 f. – *Schwert* (gladius): Hier ist der Schwertfisch, Xiphias gladius, gemeint; vgl. nat. hist. 32, 15. 151; De Saint-Denis, Voc. 41. 106; Thompson 247; Jones 589; Leitner 126. – *Sägen* (serrae): Der Sägefisch, Pristis antiquorum, Lathr. = Pristis pristis, gehört zu den Rochen und wird bis zu vier Meter lang; De Saint-Denis, Voc. 104; Thompson 219; Jones 594; Leitner 205 f.; H. Gossen, RE Suppl. VIII Sp. 642 s. v. »Rochen« Nr. 4. – *Gurke* (cucumis): Wahrscheinlich die Seegurke oder Seewalze, die, zur Klasse der Holothurien gehörend, durch ihre wurmförmige Gestalt ähnlich wie eine Gurke aussieht; De Saint-Denis, Voc. 29. 50; Thompson 181; Jones 588; Leitner 104; H. Gossen – A. Steier, RE II A Sp. 1045 f. s. v. »Seewalze«. – *Pferdeköpfe an so kleinen Schnecken:* Hier denkt Plinius an das Seepferdchen, von dem es zwei Arten im Mittelmeer gibt: das kurzschnauzige Seepferdchen, Hippocampus antiquorum, Leach = H. brevirostris und das langschnauzige Seepferdchen, Hippocampus guttulatus; De Saint-Denis, Voc. 36. 47; Thompson 93; Jones 589; Leitner 138; H. Gossen – A. Steier, RE II A Sp. 1035 f. s. v. »Seepferdchen«.

4 *Indischer Ozean*; s. Plinius, nat. hist. 6, 33. – *Walfische*: Vom Wal (ballaena), zur Ordnung der Cetacea gehörend, gibt es zahlreiche Arten, z. B. Bartenwale (Mystacoceti) und Zahnwale (Odontoceti), wobei aber nicht klar zu erkennen ist, welche Arten Plinius meint; De Saint-Denis, Voc. 13; Thompson 275; Jones 586 f. nennt verschiedene Arten von Walen, die den Römern bekannt sein konnten; vgl. Leitner 53. Die Größenangabe *vier Juchert* ist stark übertrieben: ein iugerum = ein »Joch«, ursprünglich ein Flächenmaß = 2523 m²; dann aber auch als Längenmaß

verwendet = 100 römische Fuß = 29,6 m, demnach 4 Juchert = 118,4 m. Der Blauwal, Balaenoptera musculus, erreicht eine Länge bis zu 34 m; vgl. Solinus 52, 42; Aelian, nat. anim. XVI 12; XVII 6. – *Sägefisch* s. § 3. Auch diese Längenangabe (*200 Ellen* = 88,8 m) entspricht nicht der Wirklichkeit. – *Languste* (locusta): Wahrscheinlich Palinurus vulgaris = Palinurus elephas, auch Stachelhummer genannt. Er erreicht im Mittelmeer und im Atlantik eine Größe bis zu 40 cm. Im Indischen Ozean sollen Exemplare vorkommen, die mit den Antennen eine Länge von 1,5 m haben; De Saint-Denis, Voc. 18 f. 56; Thompson 102; Jones 590; Leitner 72 f. s. v. »Carabus«; H. Gossen – A. Steier, RE XI Sp. 1678–1682 s. v. »Krebs« Nr. III. – *vier Ellen* = 1,8 m. – *Aal* (anguilla) s. § 73 ff. Wahrscheinlich der Flußaal, Anguilla vulgaris = Muraena anguilla L. = Anguilla anguilla, dessen Weibchen eine Länge bis zu 150 cm erreichen kann; De Saint-Denis, Voc. 5; Thompson 58–61; Jones 585; Leitner 18 f. – *Ganges:* Der große indische Strom mit einer Länge von 2700 km; vgl. Plinius, nat. hist. 2, 243 f.; 6, 65. – *30 Fuß* = 8,88 m; vgl. Solinus 52, 41.

5 *Wirbelwinde und Platzregen*: In Indien dauert die Trockenperiode von Oktober bis Mai; hingegen wird das Land vom Juni bis September von *Stürmen* und Regenfällen heimgesucht. – *Thunfisch* (thynnus) s. § 47 f. – *Flotte Alexanders des Großen:* Strabo, Geogr. XV 2, 725 berichtet von Alexanders Flottenführer Nearchos, der durch den Schall der Trompete die Tiere zu vertreiben suchte; vgl. auch Arrian, Ind. 30, 1–6; Diodoros XVII 106, 6 f.; Curtius X 1, 12.

6 *Cadara, eine große Halbinsel im Roten Meer* (s. § 35): Vielleicht handelt es sich um die Halbinsel, die den Arabischen Golf bildet. Ptolemaios, Geogr. VI 7, 32 nennt eine Ortschaft Katara in der Arabia Felix, die dem heuti-

gen Katar in Ostarabien entspricht; nähere Angaben fehlen; vgl. L. A. Moritz, RE X Sp. 2484 s. v. »Katara«. – *König Ptolemaios* II. Philadelphos, 308–246 v. Chr., Sohn des Ptolemaios I. Soter. Durch Feldzüge nach Äthiopien und Arabien erweiterte er sein ägyptisches Reich.

7 Das Land der *Gedroser* (Gedrosia, auch Gadrosia) entspricht dem heutigen Belutschistan, dem vegetationsarmen westpakistanischen Hochland, das auch heute noch meist von Nomaden bewohnt wird; vgl. Plinius, nat. hist. 6, 95. 97; Arrian, Ind. 26, 1; 32, 1; Strabo, Geogr. XV 2, 725. – *Fluß Arabis*, h. Habb. Nach Strabo, l. c., trennt dieser Fluß das Gebiet der Arbier von dem der Oriten; vgl. Plinius nat. hist. 6, 109; 7, 30; Arrian, Ind. 21, 8. – Über die Verwendung der *Kinnladen der Seetiere* zum Bau von *Häusern* vgl. Strabo, Geogr. XV 2, 726; Arrian, Ind. 29, 16. – *40 Ellen* = 17,76 m. Diese Bemerkung über die Verwendung der Walfischknochen zum Bau von Häusern trifft teilweise auch heute noch zu; vgl. J. Cotte, S. 30. – *Seetiere ... gehen ans Land*; vgl. Strabo, Geogr. XV 1, 691. Aelian, nat. anim. XVI 18 berichten von der Insel Taprobane = Ceylon, h. Sri Lanka, über Seetiere mit Köpfen eines Löwen, Leoparden, Wolfes usw. Vielleicht denkt Plinius an die Sirenen oder Seekühe (Sirenia), bei denen es sich um walfischähnliche Meeressäugetiere handelt, die zum Teil auch an Land gehen, um sich dort zu sonnen und die Böschungen abzuweiden. Sie sind jedoch am Land ziemlich unbeholfen. Man unterscheidet die Gabelschwanz-Seekühe oder Dugongs (Dugongidae) und die Rundschwanz-Seekühe oder Lamantins (Trichechidae). Welche Seetiere mit *Köpfen wie Pferde, Esel und Stiere* Plinius meint, ist im einzelnen nicht feststellbar.

8 *Indisches Meer* s. § 4. – *Sägefisch* s. § 3. – *Wal* s. § 4. – *Gallischer Ozean* = das Meer an der Küste der Narbonensischen Provinz; vgl. Plinius, nat. hist. 3, 74; hier

wohl der Teil des Atlantik, der an die Küste Galliens stößt. – *Pottwal* (physeter): Physeter macrocephalus = Physeter catodon wird bis zu 25 Meter lang und bewohnt sämtliche Weltmeere, ausgenommen das Eismeer; vgl. Strabo, Geogr. III 2, 145; Solinus 52, 42; De Saint-Denis, Voc. 87; Thompson 280; Jones 593; Leitner 200. – *Wasserstrahl:* Die vom Pottwal ausgestoßene Wassersäule erreicht eine Höhe bis zu 15 Metern. – *Gaditanischer Ozean* = das Meer in der Nähe der Straße von Gibraltar; vgl. Plinius, nat. hist. 3, 3. – *»Baum«:* nicht bestimmbar; vgl. nat. hist. 32, 144; vielleicht eine Riesenqualle oder ein Tintenfisch, möglicherweise aber auch gewisse Riesenalgen (Sargassotang), die eine sehr große Ausdehnung annehmen können; De Saint-Denis, Voc. 9; Jones 585; Leitner 38. – *Räder:* Auch hier bereitet die Bestimmung Schwierigkeiten; vgl. Aelian, nat. anim. XIII 20. Man hat an eine Qualle = Meduse (Klasse Hydrozoa) gedacht. Im Mittelmeer kommt die Lepto-Meduse, Aequorea forskalea, Per. et Les. vor und ist vielleicht in Betracht zu ziehen; De Saint-Denis, Voc. 95; Jones 593; Leitner 213.

9 *Kaiser Tiberius* regierte 14–37 n. Chr. – *Bewohner von Olisipo,* h. Lissabon; vgl. Plinius, nat. hist. 4, 116 f. – *Triton:* Eine griechische Meeresgottheit, Sohn des Poseidon und der Amphitrite, halb Mensch, halb Fisch; vgl. Aelian, nat. anim. XIII 21; Pausanias IX 21, 1. Zum Ganzen s. H. Herter, RE VII A Sp. 245–304 s. v. »Triton« Nr. 1. – *Nereiden:* Meeresnymphen, die 50 Töchter des Meeresgottes Nereus. Sie gehören zum Gefolge des Poseidon und der Amphitrite, erfreuen die Seeleute, denen sie auch in Seenot helfen, durch Spiel und Tanz. Sie haben im allgemeinen menschliche Gestalt, sind aber, wie Plinius schreibt, *mit Schuppen bedeckt*; s. G. Herzog-Hauser, RE XVII Sp. 1–23 s. v. »Nereiden«. Daß es sich bei den Tritonen und Nereiden um Phantasiegebilde handelt, be-

darf keines weiteren Hinweises. Man hat allerdings noch lange nach Plinius an die Existenz solcher Wesen geglaubt.

10 *Gaditanischer Ozean* s. § 8. – *Meermensch*; vgl. Plinius, nat. hist. 32, 144. Wahrscheinlich liegt hier eine Verwechslung mit der Atlantik-Seekuh, Manati, Lamantin, vor, deren Kopf eine gewisse Ähnlichkeit mit dem eines Menschen aufweist; s. auch § 7; De Saint-Denis, Voc. 50 f.; Jones 589; Leitner 55 s. v. »Belua«. Nach Münzer S. 388 f. dürfte hier als Quellenschriftsteller Turranius Gracilis (s. § 11) in Betracht kommen. – *Kaiser Tiberius* s. § 9. – *lugdunensische Provinz* = römische Provinz in Gallien mit der Hauptstadt Lug(u)dunum, h. Lyon. Welche *Insel* gemeint ist, läßt sich nicht mit Sicherheit sagen; vielleicht handelt es sich um eine der normannischen Inseln. – *Santonen:* Ein keltischer Volksstamm in Aquitanien; vgl. Plinius, nat. hist. 4, 108. Die Landschaft heißt noch heute Saintogne. – *Elefanten:* Vielleicht ist das Walroß, Odobaenus rosmarus, gemeint, dessen mächtige Hauer an die Stoßzähne des Elefanten erinnern. Es kommt allerdings nur im Polarmeer vor; De Saint-Denis, Voc. 35; Jones 588; Leitner 116 s. v. »Elephantus 2«. – *»Widder«*; vgl. Aelian, nat. anim. XV 2. Die von Plinius erwähnten *weißen Flecke* geben die Möglichkeit einer Bestimmung: der Schwertwal oder Butzkopf, Orca gladiator, Gray. = Delphinus orca, L. = Orcinus orca = Orca Orca, der an der Stirne einen weißen Fleck vom Aussehen eines Diadems aufweist; vgl. Leitner 39 s. v. »Aries 2«. – *Nereiden* s. § 9.

11 *Turranius* Gracilis s. oben § 10 und das Verzeichnis der Quellenschriftsteller; vgl. Münzer S. 387 f. – *Küste von Gades*, h. Cadiz s. § 8. – Bei dem ausgeworfenen *Seetier* handelt es sich wahrscheinlich um einen Pottwal. – *16 Ellen* = 7,1 m; $^{3}/_{4}$ *Fuß* = 22 cm; $^{1}/_{2}$ *Fuß* = 14,8 cm. –

M. Aemilius *Scaurus, Aedil,* 58 v. Chr., gab *zu Rom* verschwenderische Spiele; vgl. Solinus 34, 2–3. – *Joppe,* h. Jaffa; vgl. Plinius, nat. hist. 5, 68 f. 128. – *Judaea:* Landschaft in Palästina; vgl. Plinius, nat. hist. 5, 66 ff. – *Andromeda:* Tochter des Königs Kepheus von Aithiopien, dessen Gattin Kassiopeia sich rühmte, schöner zu sein als die Nereiden (s. § 9). Zur Strafe sandte Poseidon ein *Seeungeheuer,* das Menschen und Tiere verschlang. Nach einem Orakelspruch konnte die Rettung von diesem Ungeheuer erfolgen, wenn ihm die Königstochter Andromeda zum Fraße ausgesetzt würde. Perseus, der Sohn des Zeus und der Danae, tötete das Ungeheuer und befreite Andromeda. Diese Sage ist künstlerisch oft dargestellt worden; vgl. Pomponius Mela I 64; s. Münzer S. 122; sie wurde auch bis in die Neuzeit mehrfach dramatisch bearbeitet. Einzelheiten darüber H. Hunger, Lexikon der griechischen und römischen Mythologie. 5. Aufl., Wien 1955, S. 280 f. – *40 Fuß* = 11,8 m; *$1^1/_2$ Fuß* = 44,4 cm. Die Schulterhöhe des *indischen Elefanten,* Elephas maximus, beträgt 2,8 bis 3,15 m.

12 *Walfische* s. § 4. Die Wale kommen in allen Weltmeeren und einigen Binnengewässern vor. – *Gaditanischer Ozean* s. § 8. – *Orke* (orca): Der bereits in § 10 als Widder (aries) bezeichnete Schwertwal, der schlimmste Feind der Walfische. Er wird bis zu 9 m lang und hat 10–18 große, scharfe *Zähne.* Man bezeichnet ihn nicht zu Unrecht als das gefährlichste und schrecklichste Raubtier der Welt, einen richtigen Mörder, der mehr Tiere tötet als er verschlingen kann; vgl. Festus p. 195, 4 Lindsay. Ein hungriger Schwertwal kann bis zu 32 erwachsene Robben fressen. Die Walfische fliehen vor ihm in panischer Angst und versuchen sich an den Küsten zu verstecken. Einzelheiten s. H.W. Smolik, Bd. I S. 209 f. – Zur Quellenfrage s. Münzer S. 388.

13 *liburnische Schiffe*: Die Liburner waren eine illyrische, durch Seeräuberei berüchtigte Völkerschaft; vgl. Plinius, nat. hist. 3, 139. Liburnica oder Liburna heißt ein rasches Kriegsschiff, das in verschiedenen Größen gebaut wurde; Abb. bei H. Koller, Sp. 205. – Die Beschreibung des Kampfes zwischen den Orken und den Walen beruht auf richtiger Beobachtung; s. H.-W. Smolik, l. c.

14 *Ostia*, die Hafenstadt Roms an der Tibermündung; vgl. Plinius, nat. hist. 3, 56. – Bei der im Hafen von Ostia eingedrungenen *Orke* handelt es sich wahrscheinlich um einen Pottwal, Physeter macrocephalus; s. Leitner 40. – *Claudius*, römischer *Kaiser* 41–54 n. Chr. Da der alte Hafen von Ostia zu versanden drohte, ließ er bei Portus, etwa 3 km nördlich von Ostia, einen neuen, durch Molen geschützten Hafen anlegen, der dann durch Kaiser Trajan (88–117) noch erweitert wurde.

15 *prätorianische Kohorten* = die Leibwache des Kaisers.

16 Die *Walfische* haben sich von allen Meeressäugetieren am besten dem Leben im Wasser angepaßt. Sie atmen nicht durch den Mund, sondern durch oben am Kopf angebrachte, dicht verschließbare Nasenlöcher. Der in die Höhe geblasene *Wasserstrom* ist nichts anderes als zusammengepreßte Atemluft, die ausgestoßen wird, Wasser mit sich reißt und an der kühleren Außenluft eine Art Nebel bildet; vgl. Aristoteles, hist. anim. I 5, 489 a 34 und VIII 2, 589 b 1. – *Atem:* Die äußere Atmung erfolgt beim Menschen und den Landwirbeltieren, auch beim Walfisch, durch die Lungen, bei den Wassertieren durch die Kiemen, bei Insekten und Spinnen durch Tracheen, bei niederen Tieren durch die Hautoberfläche. Bei der inneren oder sog. Zellatmung findet eine Verbrennung organischer Stoffe mit Hilfe von Sauerstoff statt, wobei sich Kohlendioxid und Wasser bilden. Dieser Prozeß ist der pflanzlichen Assimilation entgegengesetzt. Das wahre

Wesen der Atmung wurde zuerst von dem englischen Arzt John Mayow (1643–1679) erkannt.

17 Das *Blut* ist bei den einzelnen Lebewesen durchaus verschieden: Im Gegensatz zum roten Blut des Menschen und der Wirbeltiere ist das der Wirbellosen farblos oder nur gelblich gefärbt, hat aber die gleiche Funktion zu erfüllen. – *Lebensatem ... in das Wasser einströmt:* Plinius entwickelt hier durchaus richtige Vorstellungen. Im Wasser ist Luft gelöst (bei 20° C lösen sich in einem Raumteil Wasser 0,0311 Raumteile Sauerstoff; die Luft ist ein Gasgemisch aus ca. 78 % Stickstoff, 20,9 % Sauerstoff, 0,03 % Kohlendioxid; der Rest besteht aus mehreren Edelgasen, wie Argon, Neon, Helium usw.). Der Vergleich mit dem *in der Erde lebenden Maulwurf* (vgl. § 178, ferner Plinius, nat. hist. 10, 191; 11, 139) ist in diesem Zusammenhang nicht ganz von der Hand zu weisen.

18 *das Wachsen der Muscheln unter dem Einfluß des Mondes;* vgl. § 96, ferner Plinius, nat. hist. 2, 109; 32, 59; Lucilius bei Gellius, Noct. Att. XX 8,4. – *Fische hören;* vgl. Plinius, nat. hist. 10, 193. Neuere Untersuchungen haben ergeben, daß sich z. B. die Walfische mittels Ultraschallwellen gegenseitig verständigen können. – *Fische riechen;* vgl. Plinius, nat. hist. 10, 194. – Vgl. Aristoteles, hist. anim. VIII 2, 589 a 9 ff.

19 Über die Luftröhre der *Walfische* und *Delphine* vgl. Aristoteles, hist. anim. I 5, 489 b 2–6; Aelian, nat. anim. V 4. – *Seehunde, Robben genannt* s. § 41, ferner Aristoteles, hist. anim. VI 12, 566 b 27; Aelian, nat. anim. IX 50. – *Schildkröten* s. § 35 ff.

20 *Delphin*: Der Delphin, Delphinus delphis L., bewegt sich – dank seines stromlinienförmigen Körperbaues – tatsächlich im Wasser wie der *Vogel* in der Luft; vgl. Aristoteles, hist. anim. IX 48, 631 a 21–30. – *auf dem Rücken liegend* s. § 78; vgl. Aristoteles, hist. anim. VIII 2, 591 b

25. – *Behendigkeit;* vgl. Aelian, nat. anim. XII 12; Solinus 12, 3–5.

21 *paarweise*; vgl. Aristoteles, hist. anim. IX 48, 631 a 7 ff. – *Junge;* vgl. Aelian, nat. anim. X 8. Die Bemerkung, daß die Delphine *im zehnten Monat* ein oder *zwei Junge werfen,* trifft zu; ebenso, daß sie sich um ihre *Nachkommenschaft* mit großer Sorgfalt bemühen; vgl. Aristoteles, hist. anim. VI 12, 566 b 16–26.

22 *Aufgang des Hundssterns* (= Sirius): in der heißesten Sommerszeit, wenn die Sonne am 18. Juli in das Sternbild des Löwen tritt. – *ans Land zu stürzen:* Die Delphine können sich am Land – im Gegensatz zu den Robben – nur sehr schwer bewegen. – Vgl. Aristoteles, hist. anim. VI 12, 566 b 21 ff.

23 *Zunge*; vgl. Aristoteles, hist. anim. II 10, 503 a 2. – *Stimme;* vgl. Aristoteles, hist. anim. IV 9, 535 b 32 ff.; VIII 2, 589 b 9; Solinus 12, 4–5. – *Simo* = Stumpfnase. Das Wort steht in Zusammenhang mit einem den Dionysos begleitenden Satyr Simos, der sich auf mehreren griechischen Vasen dargestellt findet und als Sinnbild ausgelassener Lustigkeit galt; vgl. J. Gunning, RE III A Sp. 199–201 s. v. »Simos« Nr. 2, sowie E. Liénard.

24 Die Erzählungen über den *Delphin* als *Freund des Menschen* finden sich mehrfach in der griechischen und römischen Literatur, wobei vieles auf Wahrheit beruht, vieles aber auch stark übertrieben ist; vgl. Plutarch, soll. anim. 36, 984 C; Aelian, nat. anim. II 6; Solinus 12, 6 f. Nach F. Münzer, S. 393 f. stammen die in den §§ 24–28 überlieferten Delphingeschichten von C. Licinius Mucianus. Zum *musik*liebenden Delphin vgl. G. Wille. Als neueres Beispiel für den Delphin als Spaßmacher und Kinderfreund vgl. T. F. Higham.

25 *Lukrinersee,* eine Lagune, die einen Krater ausfüllt, in Kampanien bei Baiae (s. u.); ein Damm, über den die von

Agrippa und Claudius erbaute Via Herculanea lief, trennt sie von dem Meer; vgl. Plinius, nat. hist. 3, 61. Der See war im Altertum durch seine Austernbänke berühmt; s. auch § 169. – Zur Erzählung von dem *Knaben* vgl. Solinus 12, 7–8; Apion bei Gellius, Noct. Att. VI 8, 2. 5–7. – *Maecenas, Fabianus, Alfius Flavus* s. Verzeichnis der Quellenschriftsteller, vgl. F. Münzer, S. 367. – *Baiae*, durch ihre Lage berühmte römische Thermenstadt im Nordwesten des Golfes von *Puteoli*, h. Pozzuoli, in Kampanien, vgl. Plinius, nat. hist. 3, 61.

26 *Hippo Diarrytus* (Dirutus), h. Bizerte, Stadt an der afrikanischen Küste, westlich von Utica; vgl. Plinius, nat. hist. 5, 23. Diese Delphingeschichte berichtet auch der jüngere Plinius, Ep. IX 32, 2 ff., der jedoch eine andere Quelle gehabt zu haben scheint; vgl. auch Solinus 12, 9. – L. Tampius *Flavianus* soll um 70/71 oder 72/73, vielleicht auch früher noch z. Z. Neros, *Prokonsul* in *Afrika* gewesen sein; s. D. McAlindon und R. Syme, sowie B. E. Thomasson, Die Statthalter der römischen Provinzen Nordafrikas von Augustus bis Diocletianus. Lund 1960, Bd. I S. 43 ff.

27 *Iasos*, h. Asin, Hafenstadt in Karien; vgl. Plinius, nat. hist. 5, 107. – *Neptun*, der römische Gott des Meeres, griech. Poseidon. – *Babylon*, Hauptstadt Babyloniens am Euphrat, von *Alexander dem Großen* (356–323 v. Chr.) zur Hauptstadt seines orientalisch-griechischen Reiches ausersehen. Alexanders frühzeitiger Tod ließ diese Pläne nicht zur Durchführung gelangen, so daß Babylon zur Provinzstadt wurde. – *Hegesidemos* s. Verzeichnis der Quellenschriftsteller (FHG IV 422); vgl. Solinus, 12, 11 f.; Plutarch, soll. anim. 36, 984 E; Aelian, nat. anim. VI 15; Duris (frg. 17) bei Athenaios, Deipnosoph. XIII p. 606 C.

28 *Theophrastos* s. Verzeichnis der Quellenschriftsteller, vgl. Gellius, Noct. Att. VI 8, 2. – *Naupaktos*, h. Nafpaktos

bzw. Lepanto, wichtigste Stadt Aitoliens am Golf von Korinth; vgl. Plinius, nat. hist. 4, 6. – *Amphilocheia*, Landschaft im Westen von Nordgriechenland am Golf von Ambrakia, h. Arta. – *Tarent*, h. Taranto, ursprünglich spartanische Kolonie im gleichnamigen Golf in Süditalien; vgl. Plinius, nat. hist. 3, 39 ff. – *Arion* aus Methymna (Lesbos), um 600 v. Chr., ein berühmter Sänger und *Kitharöde* (= Spieler auf der Kithara). Die *Kithara* (griech. kithára) war ein Saiteninstrument mit 7–11 Saiten, das mit einem Schlagplättchen (griech. pléktron) aus Holz, Horn oder Elfenbein geschlagen wurde. Die von Plinius erwähnte Legende von der wunderbaren Rettung Arions durch einen *Delphin*, der dann unter die Sterne versetzt wurde, findet sich schon bei Herodot I 23 f.; ferner bei Cicero, Tusc. II 67; Ovid, Fasti II 83, Propertius II 26, 17; Hyginus, fab. 194; in der Anthologia Graeca (IX 308, XVI 276; beides Bianor); Plutarch, Conviv. sept. sap. 18 ff. = 161 B ff., Pausanias III 25, 7; Gellius, Noct. Att. XVI 19; Aelian, nat. anim. II 6, XII 45; Solinus 12, 12. Der unter Arions Namen erhaltene Dankeshymnus an Poseidon für die Delphinrettung stammt von einem unbekannten Dichter aus dem 4. Jh. v. Chr. (Diehl II S. 5). Das Epigramm auf einer Statue Arions auf dem Delphin am Kap Tainaron bietet Aelian, nat. anim. XII 45 (Cougny 1, 3):

Kykleus' Sohn, den Arion, errettete dieses Gefährte
mit der Götter Geleit aus dem sizilischen Meer.

(H. Beckby)

Zum Mythos vgl. M. Rabinowitsch. – *Tainaron*, h. Kap Matapan, das südlichste Kap der Peloponnes; vgl. Plinius, nat. hist. 4, 15 f.

9–32 *In der narbonensischen Provinz*, h. die Provence mit der Hauptstadt Narbonne. – *Nemausus*, h. Nîmes. – *See*

... *Latera:* Latara ist der Name eines Ortes im Süden der narbonensischen Provinz an einem Küstensumpf zwischen den Mündungen des Hérault und der Rhône, h. Lattes. Plinius hat also den Ortsnamen auf den Namen eines Sees übertragen. – *Meeräsche* (mugil): Ein im Altertum sehr geschätzter Fisch, Mugil cephalus; auch andere Arten kommen im Mittelmeer in Betracht, z. B. die Großköpfige Meeräsche, Mugil capito, die Goldäsche, Mugil auratus, die Großlippige Meeräsche, Mugil chelo und Mugil labeo; vgl. De Saint-Denis, Voc. 66–68; Thompson 108 ff.; Jones 591; Leitner 171, ferner H. Gossen, RE Suppl. VIII Sp. 347–351 s. v. »Meeräsche«. Die Meeräsche ist ein typischer Schlammschaufler, der seine Nahrung im Sand oder Schlick sucht und vor allem an Mündungsgebieten von Flüssen, Lagunen, seichten Küsten usw. vorkommt. Sie erscheint im Frühsommer (Plinius: *zu bestimmter Zeit*) in großen Scharen in Meeresbuchten und Flußmündungen und steigt mit der Flut in Flüsse und Küstenteiche empor. – Über die *Delphine* als Helfer der Fischer vgl. Aelian, nat. anim. II 8. – ›*Simo*‹ s. § 23 – Zum Ganzen vgl. P. Ascherson.

33 C. Licinius *Mucianus* (frg. 17 Brunn) s. Verzeichnis der Quellenschriftsteller; vgl. auch § 24 und F. Münzer, S. 394. – *Bucht von Iasos:* (s. § 27) im kleinasiatischen Karien zwischen den Halbinseln von Miletos und Halikarnassos; vgl. Plinius, nat. hist. 5, 107; Pomponius Mela I 85. – Über einen *gefangenen* Delphin vgl. Aelian, nat. anim. V 6. – *Betreuer;* vgl. Solinus 12, 12. Zum Ganzen s. Aristoteles, hist. anim. IX 48, 631 a 10.

34 *thursiones*: Vielleicht der Große Tümmler, Tursiops truncatus = Tursiops tursio, der eine gewisse *Ähnlichkeit mit den Delphinen* aufweist; auch die *haifischähnliche Schnauze* deutet darauf hin; vgl. De Saint-Denis, Voc. 114; Jones 595; Leitner 236 f.

35–36 ... *Indisches Meer* s. § 4. – *Schildkröten*: Plinius erwähnt zunächst die Riesenschildkröten, die u. a. im Indischen Ozean vorkommen. Die Seychellen-Riesenschildkröte, Testudo gigantea, erreicht eine Länge von über 1½ Metern, eine Höhe von fast einem Meter und ein Gewicht von über 200 kg. Über die Art des Fanges vgl. Agatharchides, GGM I 139 und Diodoros III 21, 3 ff. Plinius, nat. hist. 6, 91 berichtet über den Fang von Riesenschildkröten auf Taprobane, h. Ceylon = Sri Lanka, und nat. hist. 6, 109 von den Chelonophagen Karmaniens, die mit den Schalen der Schildkröten ihre Häuser bedekken; vgl. Aelian, nat. anim. XVI 14 und 17. – *Rotes Meer:* In der Antike fallen das heutige Rote Meer sowie der Persische Meerbusen und noch andere Gewässer unter diese Bezeichnung. – *ihre Schale durch die Sonnenhitze ausgetrocknet ist;* vgl. Aristoteles, hist. anim. VIII 2, 590 b 7–9. – *phönizisches Meer:* Gemeint ist der vor der Küste Phoinikiens (= syrische Landschaft im Süden von Karmel, im Norden von Nahr el-Kelb begrenzt) liegende Teil des Mittelmeeres. – *Fluß Eleutheros,* h. Nahr el-Kebir in Nordsyrien, nördlich von Sidon und Tyros; vgl. Strabo, Geogr. XVI 2, 753; Plinius, nat. hist. 5, 78.

37 *die Ränder des Maules*; vgl. Aristoteles, hist. anim. VIII 2, 590 b 3–4. Es ist richtig, daß die Schildkröten *keine Zähne* haben. Auch die Angaben über ihre Ernährung sind zutreffend. – *Eier;* vgl. Aristoteles, hist. anim. V 33, 558 a 4–7. 11–14; Aelian, var. hist. I 6. – *Begattung;* vgl. Aristoteles, hist. anim. V 3, 540 a 28, ferner Plutarch, soll. anim. 33, 982 B; Aelian, nat. anim. XV 19.

38 *Troglodyten* = ›Höhlenbewohner‹, vor allem an der Westküste des arabischen Meerbusens in Aithiopien; vgl. Plinius, nat. hist. 5, 45; 6, 167 ff. – *gehörnte Schildkröten:* Wahrscheinlich ist hier die Karettschildkröte, Chelonica imbricata = Eretmochelys imbricata, gemeint. Die

wie eine Leier breiten, aber beweglichen Auswüchse sind wahrscheinlich die platten Vorderfüße einer Seeschildkröte, s. Leitner 233 f. Sie liefert in ihrem Rückenpanzer das echte Schildpatt, das für kunstgewerbliche Arbeiten, für Kämme, Dosen usw. vielfach verwendet wird und auch *chelium* (von griech. chélys = Schildkröte) heißt; vgl. Plinius, nat. hist. 6, 173. – *»Schildkrötenesser«* (= Chelonophagen). Sie bewohnen einen Winkel Karmaniens an der Nordküste des Persischen Golfs; vgl. Plinius, nat. hist. 6, 109. – *Landschildkröten* (griech. chérsinai = auf dem festen Land lebend) kommen in zahlreichen Arten in Afrika vor (Fam. Testudinidae); sie lassen sich aber hier im einzelnen nicht bestimmen; s. Leitner, l. c.

39 *Carvilius Pollio*: Ein römischer Ritter, der kurz vor dem Bürgerkrieg des Sulla (83/82 v. Chr.) den Gebrauch verschiedener Luxusmöbel in Rom einführte; s. auch Plinius, nat. hist. 33, 144. 146. Über die Verarbeitung von Schildpatt vgl. Plinius, nat. hist. 16, 233. – Zur Quellenfrage s. F. Münzer, S. 346 f.

40 *Robbe* (vitulus marinus): Wohl die Mönchsrobbe, Phoca monachus = Monachus albiventer = Stenorhynchus albiventer = Monachus monachus; De Saint-Denis, Voc. 86. 117; Jones 595; Leitner 198. – *Flußpferd* (hippopotamus) = das Nilpferd, Hippopotamus amphibius; Leitner 138. – *Delphin* s. § 20. – *Schildkröte* s. § 38. – *Auster* (ostreum): Die Eßbare Auster, Ostrea edulis; De Saint-Denis, Voc. 79 f.; Thompson 190 ff.; Jones 592; Leitner 186; A. Steier, RE XVI Sp. 778 ff. s. v. »Muscheln« a. – *Muscheln:* Entweder echte Muscheln (Klasse Bivalvia = Lamellibranchiata) oder auch Schnecken (Klasse Gastropoda). – *Languste* (locusta), auch Stachelhummer genannt, Palinurus vulgaris = Palinurus elephas, s. § 4. – *Seeigel* (echinus): in mehreren Arten bekannt, z. B. der eßbare Steinseeigel, Paracentrotus lividus = Strongylocentrotus lividus; De

Saint-Denis, Voc. 34 f.; Thompson 70–73; Jones 588; Leitner 115. – *Engelhai* (squatina), auch Meerengel genannt, Squatina angelus = Squalus squatina = Rhina squatina = Squatina squatina; s. auch §§ 78. 161; De Saint-Denis, Voc. 108; Thompson 221 f.; Jones 594; Leitner 211 s.v. »Rhine«. Die Haut des Engelhais wurde zum Glätten von *Holz, Elfenbein* usw. verwendet; vgl. Plinius, nat. hist. 32, 108. – *Muräne* (murena): Muraena helena; De Saint-Denis, Voc. 69–72; Thompson 162–165; Jones 591; Leitner 172 f. – *Polyp* (polypus): Vielleicht der im Mittelmeer häufige Oktopus oder die Gemeine Krake, Octopus vulgaris, Lam. = Sepia octopodia; De Saint-Denis, Voc. 89; Thompson 204–208; Jones 593; Leitner 204.

41–42 *Sägefisch* s. § 3 f. Der Sägefisch bringt keine lebenden Jungen zur Welt, er ist ovovivipar, d. h. es bilden sich im Mutterleib bereits geschlüpfte Junge; Leitner 205 s. v. »Pristis«. – *Walfisch* s. § 4. Es trifft nicht zu, daß *Sägefisch* und *Walfisch mit Haar bedeckt sind.* – *Robbe* s. § 40. – Vgl. Aristoteles, hist. anim. I 5, 489 a 34–489 b 4; II 1, 498 a 31; VI 12, 566 b 27. 31 und 567 a 1–12; Plutarch, soll. anim. 34, 982 D; Aelian, nat. anim. IX 9. Die Lebensgewohnheiten der Robbe werden von Plinius richtig beschrieben. Daß sich die *Haare* bei *Ebbe* aufrichten, ist allerdings ebenso unwahrscheinlich wie die *einschläfernde Wirkung* der *rechten Flosse.*

43 *Delphin*; vgl. Aristoteles, hist. anim. I 5, 489 b 2; VI 12, 566 b 3. – *Viper;* vgl. Aristoteles, hist. anim. I 6, 490 b 25. – *74 Fischarten* und *30 mit Krusten bedeckte Seetiere* (Krustazeen): Plinius führt nat. hist. 32, 142 ff. insgesamt 144 Wassertiere an. Man schätzt die Zahl der heute lebenden Fischarten auf etwa 25 000.

44 *Thunfisch* (thynnus): Der Gewöhnliche Thunfisch, Thynnus vulgaris = Thynnus thynnus, war für das Altertum wirtschaftlich von großer Bedeutung. Durch ein be-

sonderes Blutgefäßsystem, das für den Thunfisch charakteristisch ist, hat das Tier eine Bluttemperatur, die bis zu 9° C über der Wassertemperatur liegen kann; vgl. W.-H. Smolik Bd. IV S. 175; ferner De Saint-Denis, Voc. 113 f.; Thompson 79–90; Jones 595; Leitner 237. Das Gewicht des Thunfischs kann bis zu 400 kg betragen (Plinius: *15 Talente* = 393 kg, 1 Talent zu 26,2 kg gerechnet), die Länge bis zu 3 m (Plinius: *sein Schwanz eine Breite von zwei Ellen und einer Hand* = etwa 1 m (1 Elle [cubitus] = 0,444 m, 1 palma [= Handbreite] etwa 10 cm); vgl. Aristoteles, hist. anim. VIII 30, 607 b 32. – *Wels* (silurus) *im Nil:* Der Europäische Flußwels, Silurus glanis, kommt nicht im Nil vor. Vielleicht handelt es sich um den im tropischen Afrika beheimateten Zitterwels, Malapterurus electricus, der allerdings nur etwa 1 m lang wird. Die Bestimmung ist ungewiß; De Saint-Denis, Voc. 104–106; Thompson 43–48; Jones 594; Leitner 222; M. Schuster, RE VIII A p. 661–665 s. v. »Wels«. – *Lachs im Rhein:* Dieser Fisch ist nicht genau bestimmbar; es dürfte sich um einen Lachs (oder Hecht) handeln; De Saint-Denis, Voc. 37; Thompson 95; Jones 589; Leitner 119 s. v. »Esox«. – *attilus im Po:* Vielleicht der Große Stör oder Hausen, Acipenser huso = Huso huso, der das Adriatische, Schwarze und Kaspische Meer bewohnt und auch die Zuflüsse hinaufzieht. Er erreicht heute eine Länge bis zu 6 m; De Saint-Denis, Voc. 12; Thompson 19 f.; Jones 586; Leitner 47 f. – *tausend Pfund* = 327,45 kg. – *Neunauge* (clupea): Das Flußneunauge oder die Kleine Lamprete, Petromyzon branchialis, L. = Petromyzon fluviatilis = Lampreta fluviatilis, gehört zu den Rundmäulern (Agnatha). Das schlangenförmige Tier saugt sich an die Bauchwand anderer Fische an und reißt ihnen Löcher in den Leib. Das Neunauge besitzt nur zwei Augen – der Name rührt daher, daß man früher die sieben Kiemen

und die Nasenlöcher fälschlich für Augen hielt; De Saint-Denis, Voc. 24; Thompson 19 f. 117 f.; Jones 587; Leitner 90 f.

45 *Wels*: Hier ist wohl der Europäische Flußwels, Silurus glanis, gemeint (s. § 44). Die Technik des Fanges beschreibt auch Aelian, nat. anim. XIV 25. – *Meerschwein:* Wohl der Tümmler, Tursiops tursio, der die Größe vom Wels erreicht; De Saint-Denis, Voc. 79. 90; Thompson 185; Jones 593; Leitner 185. – *Borysthenes* = Dnjepr. – *Fisch von besonderer Größe:* wahrscheinlich der Hausen, Huso huso; Leitner 202; vgl. ferner Pomponius Mela II 6; Solinus 15, 1.

46 *Ganges* s. § 4; vgl. Plinius, nat. hist. 6, 65. – *platanistae:* Der Ganges-Delphin oder Schnabeldelphin, Platanista gangetica, Cuv., von den Eingeborenen Susu genannt, mit schnabelartiger Schnauze und sehr kleinem Auge, so daß man ihn fast als blind bezeichnen muß. Er lebt hauptsächlich von Muscheln und Krebsen; De Saint-Denis, Voc. 88 f.; Thompson 203; Jones 593; Leitner 204. – *16 Ellen* = 7,1 m. Diese Zahl trifft nicht zu, da das Tier höchstens 2,60 m lang wird. – *Statius Sebosus* s. Verzeichnis der Quellenschriftsteller. – *Würmer* im Ganges: nicht näher bestimmbar. – *6 Ellen* = 2,66 m. Aelian, nat. anim. V 3 berichtet (nach Ktesias aus Knidos) von einem riesenhaften Wurm im Indus; vielleicht handelt es sich um eine Wasserschlange, Muräne oder dgl.? Während Plinius von *zwei Kiemen* (branchiis binis) spricht, heißt es bei Solinus 52, 41, daß sie zwei Arme (bina brachia) von nicht weniger als sechs Ellen Länge aufweisen.

47 Die Bemerkung, daß *die männlichen Thunfische am Bauch keine Flosse haben*, geht auf Aristoteles, hist. anim. V 9, 543 a 12 zurück, entspricht aber nicht der Wirklichkeit. – *Pontos* = das Schwarze Meer. – *Kordylen* (griech. kordýlai oder skordýlai): Die jungen Thunfische, die im

Herbst aus dem Schwarzen Meer ins Mittelmeer zurückkehren; vgl. Aristoteles, hist. anim. VIII 13, 598 a 26 f.; V 10, 543 b 2; VI 17, 571 a 16–19; De Saint-Denis, Voc. 29; Thompson 245; Jones 587; Leitner 100. – *Limosen oder Pelamyden* (griech. pelamýdes von pelós – Schlamm): Ebenfalls Bezeichnungen für den jungen Thunfisch; vgl. Plinius, nat. hist. 32, 146: »der pelamýs, der nach 40 Tagen vom Schwarzen Meer in die Maeotis zurückkehrt«; De Saint-Denis, Voc. 83 f. 98; Thompson 197 ff.; Jones 592; Leitner 193 f. Zum Ganzen s. A. Steier, RE VI A Sp. 720 bis 734 s. v. »Thynnos«.

48 Über die verschiedenen Körperteile des Thunfisches und seine Verwendung als Speise vgl. Athenaios, Deipnosoph. III 118 A; VII 315 DE; VIII 356 F.; Xenokrates, alim. aq. 35. – *»Schwarzeichen«* (griech. meländrya von mélas – schwarz und drýs – Eiche); vgl. Varro, ling. Lat. V 77. Man bezeichnete damit Stücke von *eingesalzenem* Thunfisch; De Saint-Denis, Voc. 63; Jones 590; Leitner 163. – *Pelamyden* s. § 47. – *ausgewählte Stücke* (griech. apólektos – auserlesen, vorzüglich): Plinius, nat. hist. 32, 150 nennt apolectum einen ausgewachsenen jungen Thunfisch. Die mannigfachen Bezeichnungen, die Plinius für den Thunfisch verwendet, seien hier nochmals zusammengestellt: *amías* = ein dem Thunfisch ähnlicher Fisch, s. § 49; *cordyla* (griech. (s)kordýle) = ein junger Thunfisch, s. § 47; *cybium* (griech. kýbion) = ein in Stücke geschnittener Thunfisch, nach nat. hist. 32, 146 auch die daraus hergestellte Speise; *melandryum* s. oben; *orcynus* (griech. órkynos) = der Gewöhnliche Thunfisch, Thunnus thynnus, s. nat. hist. 32, 149; *pelamys* = der junge, aber auch bereits ausgewachsene Thunfisch, s. § 47; er wird nat. hist. 32, 149. 151, auch als *sarda* bezeichnet.

49 Über das rasche Wachstum der Fische vgl. Aristoteles, hist. anim. VI 17, 571 a 11–22. – *Pontos* s. § 47; vgl. Ari-

stoteles, hist. anim. VIII 19, 601 b 18; VIII 13, 598 a 27 ff. – *amías* s. § 48. Dieser dem Thunfisch ähnliche Fisch ist nicht mit Sicherheit bestimmbar; wahrscheinlich handelt es sich um den im Mittelmeer und Schwarzen Meer häufig vorkommenden Bonito, Scomber sarda = Pelamys sarda, C. et V. = Thynnus pelamys, Br. = Sarda sarda = Sarda mediterranea, Jord. et Gilb.; De Saint-Denis, Voc. 4; Thompson 13 f.; Jones 585; Leitner 16; vgl. ferner Aristoteles, hist. anim. VI 17, 571 a 11; IX 37, 621 a 17. – *Pelamyden* s. § 47; vgl. Aelian, nat. anim. XV 3; Plutarch, soll. anim. 30, 980 A. – *Makrele* (scomber): Die Makrele, Scomber scomber = Scomber scombrus, hat im Wasser, von der Seite gesehen, tatsächlich eine gelbliche (Plinius: *schwefelgelb*) Färbung; De Saint-Denis, Voc. 102 f.; Thompson 243 ff.; Jones 594; Leitner 219. Der Fisch wird bis zu 60 cm groß, ist schuppenlos und kommt im Schwarzen Meer, Mittelmeer und Atlantik in riesigen Schwärmen vor. Auf der Oberseite ist er grünblau gefärbt. – *nicht so weit wandern:* Diese Bemerkung über die Thunfische ist nicht zutreffend, da diese Fische gerade auch vor der spanischen und portugiesischen Küste gefangen werden.

–51 *Pontos* s. § 47. – *Seehund* (Robbe) s. § 40. – *Delphin* s. § 20. – *Thunfische im Pontos;* vgl. Aristoteles, hist. anim. VIII 13, 598 b 1; *am rechten Ufer:* ibid. 19–21; Aelian, nat. anim. IX 42; Plutarch, soll. anim. 29, 979 FD; Solinus 12, 13. – *Thrakischer Bosporos* = Straße von Konstantinopel; vgl. Strabo, Geogr. VII 6, 320; sie verbindet die *Propontis* (= Marmarameer) mit dem Schwarzen Meer *(Pontos Euxinos).* – *Kalchedon,* h. Kadiköy, Stadt am *thrakischen Bosporos* auf der kleinasiatischen Seite; vgl. Plinius, nat. hist. 5, 149. Tacitus, Ann. XII 63 erwähnt die gegenüberliegende Stadt *Byzantium* (Konstantinopel), die sich – im Gegensatz zur »Stadt der Blinden«

(= Kalchedon) – auf fruchtbarem Boden befindet und große Vorteile vom Fisch*fang* hat. – *Goldenes Horn* = Hafenbucht von Istanbul (= Konstantinopel = Byzanz). – *1000 Schritte* = 1,48 km. – *Nordostwind* (aquilo); vgl. Plinius, nat. hist. 2, 119. 126. – *Strömung aus dem Pontos;* vgl. Plinius, nat. hist. 4, 93; Seneca, nat. quaest. IV a 2, 29; Strabo, Geogr. I 3, 55. – *Winter;* vgl. Aristoteles, hist. anim. VIII 15, 599 b 3 ff. – *pompíloi:* Hier liegt eine Verwechslung vor, denn der pompílos ist der die Schiffe begleitende Pilotfisch, Scomber ductor = Naucrates ductor, aus der Familie der Stachelmakrelen; vgl. Leitner 179 f. Plinius meint jedoch den Thunfisch, der die Schiffe nicht zu begleiten pflegt.

52–53 *bleiben im Sommer in der Propontis* (s. § 50); vgl. Aristoteles, hist. anim. VIII 13, 598 a 24. – *Seezunge* (solea): Der Name kommt von der Ähnlichkeit des Fisches mit einer Sandale = solea. Die Seezunge gehört zu den Plattfischen; Solea vulgaris = Pleoronectes solea = Solea solea ist im Mittelmeer am weitesten verbreitet. Der Fisch erreicht eine Länge bis zu 50 cm; De Saint-Denis, Voc. 81. 95. 106 f.; Thompson 226; Jones 594; Leitner 191; H. Gossen – A. Steier, RE II A Sp. 709 s. v. »Schollen«. – *Butten* (rhombi): Sie gehören ebenfalls zur Familie der Plattfische (Bothidae). Es kommen der Steinbutt, Rhombus maximus = Bothus maximus, oder auch der Glattbutt, Rhombus laevis = Bothus rhombus, in Betracht; De Saint-Denis 95; Thompson 223; Jones 593; Leitner 190, s. v. »Passer 2«; H. Gossen – A. Steier, l. c., Sp. 707 f. – Der *Tintenfisch* (sepia) gehört zu den Kopffüßlern (Cephalopoda). Der Gemeine Tintenfisch, Sepia officinalis, L., wird etwa 30–35 cm groß und bewohnt fast alle europäischen Meere. Sein Tintensekret, das ihn bei Gefahr in eine dunkle Wolke hüllt, liefert die wertvolle Malerfarbe Sepia (s. § 84). – *Kalmar* (lolligo): Der

Gemeine Kalmar, Loligo vulgaris, ist etwas kleiner als der Tintenfisch und karminrot gefärbt. Tintenfisch und Kalmar haben zehn Arme, von denen zwei verlängert sind; s. auch §§ 83. 93. In § 84 erwähnt Plinius noch einen fliegenden Kalmar. De Saint-Denis, Voc. 56–59; Thompson 260 f.; Jones 590. 594; Leitner 155 f.; zum Ganzen: A. Steier, RE VI A Sp. 1402–1406 s. v. »Tintenfische«. – *Meerdrossel* (turdus) und *Meeramsel* (merula): Eine genaue Bestimmung ist nicht möglich; vielleicht gehören die beiden Fische zu den sogenannten Lippfischen (Labridae), die im Mittelmeer in mehreren Arten vorkommen; De Saint-Denis, Voc. 64. 116; Thompson 128; Jones 590; Leitner 166 f. s. v. »Merula 1«. – *Muscheln* (conchylia) wird hier als Sammelbezeichnung verwendet. – *Auster* (ostreum): Es handelt sich wohl um die Eßbare Auster, Ostrea edulis; vgl. Plinius, nat. hist. 32, 59–65. – *Heringe* (trichiae): Eine genaue Bestimmung ist auch hier nicht möglich. Es kann sich um Sardinen oder Sprotten handeln. Als Quelle diente wiederum Aristoteles, hist. anim. VIII 13, 598 b 12; De Saint-Denis, Voc. 115 f.; Thompson 268 ff.; Jones 595; Leitner 240 f. – *Fluß Hister* = Unterlauf der Donau; vgl. Aristoteles, hist. anim. VIII 13, 598 b 13. Plinius, nat. hist. 3, 128 berichtet vom sagenhaften Schiff Argo, das vom Schwarzen Meer ins *Adriatische Meer* gekommen sein soll; vgl. Apollonios Rhodios IV 327; Strabo, Geogr. VII 5, 317. – *Aufgang des Siebengestirns* (s. § 69) *bis zum Untergang des Arcturus* = vom Mai bis November. – *aufplatzen ... zwei Jahre;* vgl. Aristoteles, hist. anim. VI 17, 571 a 7 f. Beide Bemerkungen sind unzutreffend. Der Thunfisch kann älter als zwei Jahre werden.

54 *ein kleines Tier*: Dieser Parasit des *Thunfisches* und des *Schwertfisches*, Xiphias gladius, gehört wahrscheinlich zur Reihe der Fischasseln (Isopada) oder der Ruderfußkrebse (Unterklasse Copepoda); Leitner 20 f.; vgl. Aristo-

teles, hist. anim. V 31, 557 a 28 f.; VIII 19, 602 a 27. – *Meeräsche* s. § 31. Dieser Fisch springt tatsächlich gerne aus dem Wasser, weshalb er auch den Namen Springmeeräsche, Mugil saliens, erhalten hat; Leitner 171.

55 *Sextus Pompeius* = der jüngere Sohn Pompeius' d. Gr., ca. 69–35 v. Chr.; er hatte sich aus Übermut als Sohn des Meergottes *Neptun* bezeichnet (vgl. Appian, bell. civ. V 100), da er in einigen Gefechten gegen *Augustus* siegreich gewesen war. Im *sizilischen Krieg* (36 v. Chr.) unterlag er aber gegen Agrippa in der Seeschlacht vor Naulochos und fand ein Jahr später seinen Tod in Asien. Die Anekdote mit dem *Fisch* berichtet auch Sueton, Augustus 96, 2. – Zur Quellenfrage s. F. Münzer, S. 249.

56 *die Weibchen größer*; vgl. Aristoteles, hist. anim. V 5, 540 b 16. – *keine Männchen;* vgl. Aristoteles, hist. anim. IV 11, 538 a 20; VI 13, 567 a 27. – *Meerbrassen und Zackenbarsche* (erythini und channes): Zu den Sparidae bzw. Serranidae gehörende Fische, die als Zwitter bekannt sind, sich aber infolge ungenauer Angaben bei Plinius einer exakten Bestimmung entziehen; s. auch § 166; zur Meerbrasse: De Saint-Denis, Voc. 36 f.; Thompson 65 ff.; Jones 588; Leitner 118 f.; zum Zackenbarsch: De Saint-Denis, Voc. 21 f.; Thompson 283 f.; Jones 587; Leitner 82 f.; M. Wellmann, RE III Sp. 2110 s. v. »Channe«; vgl. ferner Aristoteles, gen. anim. III 5, 755 b 20 f.; Plinius, nat. hist. 32, 153. – *in Schwärmen;* vgl. Aristoteles, hist. anim. IX 2, 610 b 1. – *für den Fischfang nützlich;* vgl. Aristoteles, hist. anim. VIII 19, 602 b 5 und 15, 600 a 7. – *Regenschauer;* vgl. Aristoteles, hist. anim. VIII 19, 601 b 9 f. – *Schilf;* vgl. Aristoteles, hist. anim. VIII 19, 601 b 14. Vielleicht denkt Plinius an das Pfahlrohr, Arundo donax L. (Gramineae).

57 *Winter*; vgl. Aristoteles, hist. anim. VIII 19, 601 b 29 f. – *Stein im Kopfe:* Wahrscheinlich meint Plinius das

sogenannte Gehörknöchelchen, das sich auch bei den Fischen findet. Diese verfügen, wie auch die Säugetiere, über ein Labyrinthsystem, das nicht nur als statisches Organ dient, sondern auch Gehörfunktionen zu erfüllen hat. Im Labyrinth befinden sich steinähnliche Konkremente (Statolithen) in einer gelartigen Flüssigkeit suspendiert. Vielleicht sind aber auch nur Knochen des Hirnschädels gemeint, z. B. die Otica in der Ohrregion der Knochenfische; vgl. Aelian, nat. anim. IX 7. – *Seebarsch* (lupus): Labrax lupus, Cuv. = Perca labrax, L. = Roccus labrax = Morone labrax = Dicentrarchus labrax. Der Fisch bevorzugt das Brackwasser der Flußmündungen und wird bis zu 1 m lang; De Saint-Denis, Voc. 59–61; Thompson 140 ff.; Jones 590; Leitner 158 s. v. »Lupus 2«. – *Umberfisch* (chromis, sciaena): Die Umberfische (Sciaenidae) verfügen über besonders große Gehörsteine. Es gibt mehrere Arten dieser Fische, die sich aber auf Grund der mangelhaften Angaben bei Plinius nicht genauer bestimmen lassen; De Saint-Denis, Voc. 22 f. 117 f.; Thompson 291 f.; Jones 587; Leitner 86–88 s. v. »Chromis«. – *Meerbrassen* (phagri oder pagri); s. auch § 56. Auch von diesen Fischen aus der Familie Sparidae sind mehrere Arten bekannt; De Saint-Denis, Voc. 80 f.; Thompson 273 ff.; Jones 592; Leitner 187 f. – *blind;* vgl. Aristoteles, hist. anim. VIII 19, 608 a 9. – *in Höhlen verborgen;* vgl. Aristoteles, hist. anim. VIII 15, 599 b 2. 26. – *Goldmakrele* (hippurus): Dieser sehr schnelle Raubfisch, Coryphaena hippurus, besitzt keine Schwimmblase und hat seinen Namen von der goldgelben Färbung seines Rückens; De Saint-Denis, Voc. 48 f.; Thompson 94 f.; Jones 589; Leitner 139. – *Rabenfisch* (coracinus): Plinius unterscheidet zwei Arten: 1. einen nur im Nil lebenden Fisch, den Bolti, s. § 68; 2. den Raben- oder Mönchsfisch, Sparus chromis, L. = Chromis chromis = Heliases chromis, Gthr. =

Chromis castanea, der vielleicht hier gemeint ist. Es kann sich aber auch um einen Umberfisch (z. B. den Seeraben, Corvina nigra) handeln. Die Bestimmung ist unsicher; De Saint-Denis, Voc. 27 ff.; Thompson 122–125; Jones 587; Leitner 99 f. – *Muräne* s. § 40. – *Zackenbarsch* (orphus): Vielleicht der Große Sägebarsch oder Zackenbarsch, Cerna gigas = Serranus gigas. Man kennt heute mehr als 500 Arten der Zackenbarsche (Serranidae), die durch die bunten Flecken ihrer Schuppenbedeckung auffallen; De Saint-Denis, Voc. 78 f.; Thompson 187 f.; Jones 592; Leitner 184. – *Meeraal* (conger): Conger vulgaris, Cuv. = Conger conger. Dieser Knochenfisch erreicht eine Länge bis zu 3 m und hat ein sehr scharfes Gebiß, mit dem er Muscheln leicht zerbeißen kann; De Saint-Denis, Voc. 27; Thompson 49 f.; Jones 587; Leitner 98 f. – *Meeresbarsch* (perca): Eine genaue Bestimmung ist nicht möglich, jedenfalls ist eine Art der Serranidae gemeint; De Saint-Denis, Voc. 84 f.; Thompson 195 ff.; Jones 592; Leitner 194 f. – *Zitterrochen* (torpedo); s. auch § 143. Von diesem Knorpelfisch leben im Mittelmeer 15 Arten, z. B. der Gefleckte Zitterrochen, Torpedo narce. Das Tier besitzt ein elektrisches Organ, mit dem es Schläge bis zu 70–80 Volt austeilen kann, um damit kleinere Fische zu betäuben; vgl. Aristoteles, hist. anim. IX 37, 620 b 21. 30. Das Weibchen bringt lebende Junge zur Welt; De Saint-Denis, Voc. 115; Thompson 169 ff.; Jones 595; Leitner 238 f.; H. Gossen, RE Suppl. VIII Sp. 644 ff. s. v. »Rochen« Nr. 20. – *Scholle* (psetta): Die Bestimmung ist nicht sicher, da auch ein Butt gemeint sein kann; De Saint-Denis, Voc. 91 f.; Thompson 294 f.; Jones 593; Leitner 206 f. – *Zungenfisch* (solea): Gemeint ist ein Plattfisch aus der Familie der Seezungen (Soleidae), s. auch § 52.

58 *verbergen sich in der Mitte des Sommers*; vgl. Aristoteles, hist. anim. VIII 15, 599 b 31. – *glaucus* (griech. glaú-

kos): Ein nicht eindeutig bestimmbarer Fisch; vgl. Aristoteles, hist. anim. VIII 15, 599 b 32; De Saint-Denis, Voc. 42 f.; Thompson 48; Jones 589; Leitner 127 f. – *Dorsch* (asellus) s. § 61. Der von Plinius mit asellus bezeichnete Fisch gehört zu den Dorscharten (Fam. Gadidae), wobei aber wiederum eine genauere Bestimmung nicht möglich ist; De Saint-Denis, Voc. 10 f. 13. 16; Thompson 24. 97; Jones 586; Leitner 41 ff. – *Goldbrasse* (aurata): Die Bestimmung ist gesichert für Sparus auratus = Chrysophrys aurata, Cuv. (Fam. Sparidae). Es handelt sich um einen bei den Römern sehr beliebten Speisefisch mit einem goldgelben Streifen am Kopf und bläulichen Flossen; De Saint-Denis, Voc. 12 f.; Jones 587; Leitner 50. – *Wels* (silurus): Hier ist nicht der Europäische Flußwels, Silurus glanis L. (vgl. § 44 f.), sondern der in Griechenland vorkommende Parasilurus aristotelis gemeint; De Saint-Denis,, Voc. 42; Thompson 43–48; Jones 589; Leitner 127. – *Aufgang des Hundssterns:* 18. Juli. – *Karpfen* (cyprinus), Cyprinus carpio, oder eine andere Karpfenart, s. § 162. Allerdings ist der Karpfen ein Süßwasserfisch, weshalb De Saint-Denis, Voc. 30 f. und Jones 588 cyprinus hier als unbestimmbar bezeichnen; Thompson 136 f.; Leitner 109; vgl. Aristoteles, hist. anim. VIII 20, 602 b 24.

59 *Meeräsche* s. § 31. – *Furcht*; vgl. Aristoteles, hist. anim. VIII 2, 591 b 3. – *Phönikien:* die Küstenlandschaft Syriens; vgl. Plinius, nat. hist. 5, 66. – *Narbonensische Provinz* s. § 29. – *Geilheit;* vgl. Aristoteles, hist. anim. V 5, 541 a 19; Aelian, nat. anim. I 12.

60 *Stör* (acipenser): Plinius erwähnt den Gemeinen Stör, Acipenser sturio, einen Bewohner der europiäschen Meere. Er erreicht eine Länge von durchschnittlich 4 m und war auch schon im Altertum ein geschätzter Speisefisch; vgl. Macrobius, Sat. III 16. Daß *die Schuppen nach dem Maule zu* liegen, ist nicht richtig. Das Mißverständnis be-

ruht wohl darauf, daß die Haut des Fisches mit kleinen Knochenkörnchen bedeckt ist, die den falschen Eindruck erwecken, daß die Schuppen nach dem Kopf gerichtet sind. Der Stör gehört zur Unterklasse der Weichknochenfische (Chondrostei). Seinem altertümlichen Aussehen nach gehört er zu den wenigen überlebenden Fischen früherer Erdperioden; De Saint-Denis, Voc. 1–3; Thompson 7 f.; Jones 585; Leitner 7 f.– Die Gleichsetzung mit dem *élops* findet sich auch bei Athenaios, Deipnosoph. VII 294 F, war aber schon von Plinius, nat. hist. 32, 153 richtiggestellt worden; vgl. A. Marx, RE I Sp. 260 s. v. »Acipenser«. Élops, auch die Lesart hélops findet sich, bezeichnet nicht den Gemeinen Stör, sondern den kleineren Sterlet, Acipenser ruthenus L., der im Schwarzen Meer vorkommt und weit in die Flüsse vordringt. Er wird bis zu 1 m lang, gehört aber zur Ordnung der Störe (Acipenseroidei); De Saint-Denis, Voc. 45–47; Jones 588; Leitner 135 s. v. »Helops 1«; vgl. M. Wellmann, RE V Sp. 2438 f. s. v. »Elops 2«. Trotz großer Fruchtbarkeit – das Weibchen des Störs legt bis zu 6 Millionen Eier – sind beide Tierarten heute durch rücksichtslosen Fang vom Aussterben bedroht.

61 *Cornelius Nepos* (HRR frg. 10) *und der Mimendichter Laberius* s. Verzeichnis der Quellenschriftsteller. Zur Quellenfrage s. F. Münzer, S. 197. – *Seebarsch* s. § 57. – *Dorsch* s. § 58. Die beiden Dorscharten *callariae* (es gibt verschiedene Lesarten: callyris, collyris – vielleicht der Zwergdorsch, Gadus minutus?) und *bacchi* lassen sich nicht einwandfrei bestimmen; vgl. Leitner 41–43 s. v. »Asellus«.

62 *Papageifisch* (scarus): Scarus cretensis = Sparisoma cretense, ein farbenprächtiger Fisch, der bis zu 40 cm lang wird und vor allem in den warmen tropischen Meeren vorkommt. Er nährt sich vorwiegend von Pflanzen. Seine

Zähne sind zu einer Art Kauplatte verwachsen, so daß der Eindruck entstehen konnte, der Fisch würde beim Mahlen seiner Nahrung *wiederkauen*. Aristoteles, hist. anim. II 13, 505 a 15; VIII 2, 591 b 22; 591 a 14; part. anim. III 14, 675 a 4; Aelian, nat. anim. II 54; vgl. auch Plinius, nat. hist. 11, 162; De Saint-Denis, Voc. 100 ff.; Thompson 238 ff.; Jones 594; Leitner 217 f.; H. Gossen – A. Steier, RE II A Sp. 363 ff. s. v. »Scarus«. – *Karpathisches Meer:* im östlichen Mittelmeer zwischen Rhodos, Kreta und Kleinasien, benannt nach der Insel Karpathos, h. Scarpanto; vgl. Plinius, nat. hist. 2, 243; 4, 71; 5, 102. – *Das Vorgebirge Lekton,* h. Bababouroun, in Kleinasien trennt die Aeolis von der *Troas*; vgl. Plinius, nat. hist. 5, 123; s. auch Columella, de re rust. VIII 16, 9. – *Kaiser Tiberius Claudius* s. § 14. – *Flottenbefehlshaber Optatus;* vgl. Macrobius, Sat. III 16, 10; dazu Ch. S. Rayment. Auch zwei Inschriften (CILX 6318 und XVI 1) berichten über diesen kaiserlichen *Freigelassenen,* dessen voller Name Tiberius Iulius Optatus Pontianus lautete und der als Befehlshaber der Flotte von Misenum einer der Vorgänger des Plinius war.

63 *mustela*: Eine Art vom Dorschfisch (Gadidae) und zwar der einzige im Süßwasser lebende Vertreter, die Quappe oder auch Aalraupe, Lota vulgaris, Cuv. = Lota lota. Dieser Knochenfisch wird bis zu 60 cm lang und ist außerordentlich gefräßig. Seine Leber gilt als sehr schmackhaft, ist aber oft von Bandwürmern befallen; vgl. H.-W. Smolik Bd. IV S.136; De Saint-Denis, Voc. 73 f.; Thompson 38 f.; Jones 591; Leitner 177 f. s. v. »Mustela 2«; A. Steier, RE XVI Sp. 907 f. s. v. »Mustela«. – *Rätische Alpen* = ein Teil der Zentralalpen. – *Brigantinischer See* = der Bodensee.

64 *Meerbarbe* oder Seebarbe (mullus): Im Mittelmeer kommen vor allem vor die Rote Meerbarbe, Mullus bar-

batus, und die Streifenbarbe, Mullus surmuletus. Beide Fische werden etwa 40 cm lang, so daß die Gewichtsangabe *zwei Pfund* (= 654,9 g) zutreffen dürfte. Die Streifenbarbe kommt außerdem an den atlantischen Küsten *West*europas bis nach Skandinavien (Plinius: *nördlicher Ozean*) vor. Die Angaben über die Ernährung der Meerbarben sind richtig, vgl. Aristoteles, hist. anim. VIII 2, 591 a 12. – *einen doppelten Bart:* auch dieses Merkmal trifft zu. – *Schlammbarbe:* Wahrscheinlich ist die Streifenbarbe gemeint. Die Meerbarben ernähren sich von Würmern, Krebsen u. dgl., die sie im Schlamm aufstöbern; De Saint-Denis 68 f.; Thompson 264 ff.; Jones 591; Leitner 172. Zum Ganzen s. A. Steier, RE XVI Sp. 496 bis 503 s. v. »Mullus«.

65 *Brachse* (sargus): Eine Art der Meeresbrassen (Sparidae). Sie sind in allen Weltmeeren verbreitet und haben eine lange, stachelige Rückenflosse in einer Furche. Man kennt heute etwa 200 Arten; De Saint-Denis, Voc. 99; Thompson 227 f.; Jones 594; Leitner 215. – *frißt ... das ... Futter weg;* vgl. Aristoteles, hist. anim. VIII 2, 591 b 19. – *Fenestella* s. Verzeichnis der Quellenschriftsteller. – *Purpurschuhe* (calcei [Plinius: calciamenta] mullei) = Schuhe von rotem Leder, das aus Parthien kam; vgl. F. Münzer, S. 345. – *dreimal ... laichen sie* s. auch § 162; vgl. Aristoteles, hist. anim. V 9, 543 a 7; Aelian, nat. anim. X 2. Nach heutiger Kenntnis laicht der Fisch jedoch nur im Mai/Juni.

66 *die sterbende Meerbarbe*: Eine ähnliche Beschreibung des seltsamen Farbenspiels findet sich bei Seneca, nat. quaest. III 18, 1. 5. – *M. Gavius Apicius:* ein berüchtigter Feinschmecker, wohl Zeitgenosse des Tiberius; von Plinius mehrfach erwähnt: nat. hist. 8, 209; 10, 133; 19, 137. 143. Er wird auch als Verfasser eines erhaltenen lateinischen Kochbuches, De re coquinaria, in 10 Büchern ge-

nannt, das aber erst im 3./4. Jh. n. Chr. verfaßt ist. Folgende Stellen beziehen sich auf die Meerbarbe IV 142. 160; X 455. – *Prasserei;* vgl. Seneca, nat. quaest. III 17, 2. – *Brühe* (garum): Diese Fischbrühe wurde aus verschiedenen Fischen bereitet, indem man ihr Eingeweide, mit Salz vermengt, in einem Topf an der Sonne stehen und gären ließ und anschließend siebte; vgl. Plinius, nat. hist. 31, 93 f. Seneca, Epist. 95, 25 hielt den Genuß des garum nicht für unschädlich. Zum Ganzen vgl. R. Zahn, RE VII Sp. 841–849 s. v. »Garum«; W. Fröhner. – *Sauce* (allec, auch allex) = der nicht durchgeseihte Bodensatz des garum; vgl. Plinius, nat. hist. 31, 95.

67 Ser. *Asinius Celer,* cos. suff. 38 n. Chr. Ursprünglich mit Kaiser Claudius befreundet, wurde er später auf dessen Befehl hingerichtet; vgl. Seneca, lud. 13, 5. Unter Kaiser *Gaius* (37–41 n. Chr.) kaufte er diesen teuren Fisch um *8000 Sesterzen* = etwa 1600 Goldmark; vgl. Tertullian, de pallio V 6; Macrobius, Sat. III 16, 9. (Über hohe Preise von Fischen vgl. auch Martial X 31; Iuvenal IV 15; Sueton, Tib. 34, 1.) – *ein Koch teurer sei als Pferde;* vgl. Cato bei Gellius, Noct. Att. XI 2, 5.

68 *Rotes Meer* s. § 35. – *80 Pfund* = 26,2 kg. – *C. Licinius Mucianus* (frg. 31 Brunn) s. Verzeichnis der Quellenschriftsteller. – *Bolti* (coracinus) s. § 57. Der Fisch gehört zur Familie der Buntbarsche (Cichlidae) und wird als Speise geschätzt. Vgl. Strabo, Geogr. XVII 2, 823; Plinius, nat. hist. 32, 56; Athenaios, Deipnosoph. VII 309 A; Martial XIII 85. – *Gades,* h. Cadiz. – *Petersfisch* (zaeus), *auch »Schmied« (lat. faber) genannt:* Dieser Fisch, den man auch als Heringskönig, Zeus faber, bezeichnet, wird bis zu 1 m lang und hat über dem Ende der Brustflossen einen runden, tiefschwarzen Flecken, sowie zahlreiche Stacheln auf dem Rücken. Er lebt von kleinen Fischen, Krebsen

u. dgl. Er bewohnt das Mittelmeer und den Atlantik; vgl. Columella, de re rust. VIII 16, 9; Plinius, nat. hist. 32, 148; De Saint-Denis, Voc. 38. 120; Thompson 281; Jones 596; Leitner 120. – *Ebusos*, h. Ibiza, Hauptinsel der zu den Balearen gehörenden Gruppe der Pityusen; vgl. Plinius, nat. hist. 3, 76. – *Goldstriemen* (salpa) = Sparus salpa = Box salpa = Sarpa salpa = Boops salpa. Nach Aristoteles, hist. anim. VIII 2, 591 a 15 soll sich dieser Fisch, der nicht besonders geschätzt wird, von Seetang nähren; vgl. Athenaios, Deipnosoph. VII 321 E; VIII 356 A; De Saint-Denis, Voc. 97; Thompson 229 f.; Jones 594; Leitner 214 f. – *Aquitanien:* das Land zwischen der Garonne und den Pyrenäen; vgl. Plinius, nat. hist. 4, 105. – *Flußlachs* (salmo) = der Europäische Lachs, Salmo salar, ein außerordentlich geschätzter Speisefisch, der zur Laichzeit in den Flüssen emporwandert. Im Mittelmeer kommt er nicht vor; s. auch § 44 (isox im Rhein). Zum Ganzen vgl. H. Gossen, RE XII Sp. 343 f. s. v. »Lachs«.

69 *Kiemen*; vgl. Aristoteles, hist. anim. II 13, 505 a 7; 504 b 29. – *Schuppen;* vgl. Aristoteles, hist. anim. III 11, 518 b 30. – *Larischer See,* h. Lago di Como = Comersee; vgl. Plinius, nat. hist. 2, 224. – *Verbanischer See,* h. Lago Maggiore = Langensee; vgl. Plinius, ibid. – *Aufgang des Siebengestirns* (=Plejaden): 22. April–10. Mai; vgl. Plinius, nat. hist. 2, 123. – *Fische* mit *spitzen, Schuhnägeln vergleichbaren Schuppen:* Sehr wahrscheinlich handelt es sich hier um Karpfen, die zur Laichzeit an den Schuppen kleine Knötchen haben. Es kämen in Betracht: das Rotauge, Cyprinus rutilus = Leuciscus rutilus = Rutilus rutilus, der Nerfling, Idus idus und der Brachsen, Cyprinus brama = Abramis brama; s. Leitner 202, 2.

70 *Arkadien*: die gebirgige Mitte der Peloponnes; vgl. Plinius, nat. hist. 4, 20. – *»Auswärtsschläfer«* [griech. exókoitos]: Dieser Fisch, der *zum Schlafen an Land geht,*

auch *Adonis* genannt, läßt sich nicht näher bestimmen. Man hat an eine Art der Meergrundeln (Fam. Gobiidae), den Schleimfisch (Fam. Blenniidae) oder eine Meeräsche (Fam. Mugilidae) gedacht, da sich diese Fische einige Stunden außerhalb des Wassers aufhalten können. De Saint-Denis (»Quelques bévues...«) hat dargelegt, daß die irrige Angabe des Plinius, der Fisch sei *ohne Kiemen*, auf eine Verwechslung der griechischen Worte für Kehle (griech. brónchos) und Kiemen (griech. bránchos) zurückzuführen ist; vgl. dazu Athenaios, Deipnosoph. VIII 332 F; De Saint-Denis, Voc. 37 f.; Thompson 63 f.; Jones 588; Leitner 10 f. s. v. »Adonis«. – *Kleitor* (lat. Clitorium), h. Klituras, Stadt in Arkadien; vgl. Plinius, nat. hist. 4, 20. – Aelian, nat. anim. IX 36 gibt eine Erklärung zum Namen *Adonis*, weil der Fisch sowohl Land als auch das Meer liebt, ähnlich jenem gleichnamigen schönen Götterjüngling, der sein Leben der Sage nach teils auf der Erde, teils in der Unterwelt zubringen muß; vgl. auch Macrobius, Sat. I 21, 1.

71 *Meermäuse* s. auch § 166. Plinius versteht darunter eine Seeschildkröte, vielleicht die Lederschildkröte, Sphargis coriacea, die gewaltige Ausmaße – Länge über 2 m, Gewicht bis zu 600 kg – erreichen kann. Quellenschriftsteller ist wieder Aristoteles, hist. anim. V 33, 558 a 8, der jedoch von der Süßwasserschildkröte spricht. – *Polypen* s. § 40. – *Muräne* s. § 76. – *Fischgattung in den indischen Flüssen:* Durch eine Notiz bei Theophrastos, Mir. ausc. 71 bzw. frg. 171, 3. 5 Wimmer und Athenaios, Deipnosoph. VIII 332 B sind wir über diese Fische orientiert. Es handelt sich um einen Vertreter der Labyrinthfische (Fam. Anabantidae), die, mit einem Hilfsatmungsapparat ausgestattet, auch außerhalb des Wassers bestehen und sich bewegen können. Sie kommen vor allem in Südostasien, Westafrika usw. vor. Ähnlich auch die Schlangenkopf-

fische (Ophicephalidae), die in *Indien* weit verbreitet sind; Jones 589; Leitner 202, 3 f. – *Zeichen der Fische:* das 12. Tierkreiszeichen (19. Februar bis 20. März).

72 Die *Glattbutten* (rhombi) gehören zur Familie der asymmetrisch gebauten Plattfische, z. B. der Glattbutt, Scophthalmus rhombus = Rhombus laevis = Bothus rhombus und der Steinbutt, Rhombus maximus = Bothus maximus = Pleuronectes maximus = Scophthalmus maximus. Charakteristisch ist für diese Fische die Linksäugigkeit, während die rechte Seite zusammengedrückt ist. – *Seezunge* (solea) s. § 52. – *Flundern:* Von Plinius als passer (»Sperling«) bezeichnet, gehört auch dieser Fisch zur Familie der Plattfische und führt den zoologischen Namen Pleuronectes flesus = Platichthys flesus. Nahe verwandt, in der Antike jedoch kaum von ihm unterschieden, ist die Scholle, Pleuronectes platessa L. = Pleuronectes passer = Platessa passer. Beide Fische erreichen eine Länge von etwa 50 cm. – *Stellung des Körpers:* Diese Beobachtung ist durchaus zutreffend: bei den Flundern und Schollen liegen die Augen auf der *rechten* Körper*seite*, während die *linke* zusammengedrückt ist; bei den Glattbutten liegen die Verhältnisse umgekehrt; De Saint-Denis, Voc. 81. 95. 107; Jones 592; Leitner 190 f. s. v. »Passer 2«. Zum Ganzen s. H. Gossen – A. Steier, RE II A Sp. 705–709 s. v. »Schollen Nr. 1–3«. – *Muräne* s. § 76. – *Meeraal* s. § 57.

73 *Flossen*; vgl. Aristoteles, hist. anim. I 5, 489 b 24–35. – *Fucinersee*, h. Lago di Celano in Mittelitalien, seit 1875 trockengelegt; vgl. Plinius, nat. hist. 2, 224. – *Der Fisch ... mit acht Flossen* ist nicht bestimmbar. Wahrscheinlich handelt es sich um einen Vertreter der Weichtiere (Mollusca). – *Fluß- und Meeraale:* Die Aale haben paarige *Flossen*, die aber nur schwach ausgebildet sind oder ganz fehlen. Die *Muränen* haben keine paarigen Flossen und Schwanzflossen, dafür ist die Rücken- und Afterflosse

stark verlängert. An der spitzen Schnauze befinden sich zwei Nasenöffnungen. Vielleicht ist aber hier ein Neunauge (s. § 76) gemeint. Vgl. Aristoteles, part. anim. IV 13, 696 a 4 ff.; hist. anim. II 13, 504 b 30. – *Stachelrochen* (pastinaca): Im Mittelmeer kommt nur der Gewöhnliche Stech- oder Stachelrochen, Trygon pastinaca, Cuv. = Dasybatus pastinachus = Dasyatis pastinaca, vor, der zu den platten Knorpelfischen gehört. Seine stark verbreiterten Brustflossen und der peitschenartige mit einem Stachel versehene Schwanz können, da die Rückenflosse fehlt, den Eindruck erwecken, das Tier habe *keine Flossen*; De Saint-Denis, Voc. 82; Thompson 270 f.; Jones 592; Leitner 191; zum Ganzen s. H. Gossen, RE Suppl. VIII Sp. 646 f. s. v. »Rochen« Nr. 23. – *Polyp* s. § 40. Die achtarmigen Kraken (Octobrachia) kommen fast in allen Meeren vor.

74 *Aale*; vgl. Aristoteles, hist. anim. VIII 2, 592 a 5–26 und Athenaios, Deipnosoph. VII 312 B. Der Flußaal, Anguilla vulgaris = Muraena anguilla L. = Anguilla anguilla, bewohnt die europäischen und nordafrikanischen Süßgewässer etwa 5–7 Jahre lang und verschwindet dann (Plinius: *acht Jahre*). Seine seltsame Art der Fortpflanzung – Wanderung von den Laichplätzen im Sargassomeer, östlich der Westindischen Inseln – ist erst im letzten Jahrhundert entdeckt worden. – *Aufgang des Siebengestirns* s. § 69.

75 *See Benacus*, h. Gardasee; vgl. Plinius, nat. hist. 2, 224. – *Mincius*, h. Mincio. – *Herbstgestirn:* etwa vom 28. Oktober bis 9. November; vgl. Plinius, nat. hist. 2, 124 f.; De Saint-Denis, Voc. 5; Jones 585; Leitner 18 f.; zum Ganzen s. E. Oder, RE I Sp. 1–4 s. v. »Aal«.

76 Die *Muräne* laicht gewöhnlich im Frühjahr an den Küsten; vgl. Aristoteles, hist. anim. V 9, 542 b 32; 10, 543 a 19–27. – *Begattung mit Schlangen;* vgl. Athenaios, Deipnosoph. VII 312 DE; Aelian, nat. anim. I 50; IX 66;

Plinius, nat. hist. 32, 14. – *smýros* (lat. zmyrus); vgl. Aristoteles, hist. anim. V 9, 543 a 24. Die Bemerkung über *das zeugende Männchen* bezieht sich auf eine zweite Muränenart, die im Mittelmeer vorkommt: Muraena christini. Sie wird größer als die gewöhnliche Muräne, Muraena helena; De Saint-Denis, Voc. 69–71. 106; Thompson 162 ff.; Jones 591; Leitner 172 f.; zum Ganzen s. A. Steier, RE XVI Sp. 652–657 s. v. »Muraene«. – *Im nördlichen Gallien:* Bei den hier beschriebenen *Muränen* handelt es sich um Neunaugen (Petromypontidae), deren *sieben* goldfarbene *Flecken* Kiemenöffnungen darstellen. Außer dem in § 44 erwähnten Flußneunauge kommt noch das Meerneunauge, Petromyzon marinus, in Betracht. Plinius hat demnach beide Tierarten nicht auseinandergehalten: die ähnliche schlangenförmige Gestalt hat zu dieser Verwechslung geführt. – *Großer Bär* (oder Wagen): Das charakteristische, aus 7 Sternen bestehende Sternbild am nördlichen Himmel.

77 P. *Vedius Pollio*, ein Freund und Günstling des Augustus, gest. 15 v. Chr., gelangte zu größtem Reichtum, wurde in den *Ritter*stand erhoben, war aber durch seinen maßlosen Luxus berüchtigt. Daß er seinen *Muränen Sklaven* vorwerfen ließ, wird auch von anderen Autoren berichtet; vgl. Seneca, de ira III 40, 2; de clem. I 18, 2; Cassius Dio LIV 23, 2; Tertullian, de pallio V 6; Columella, de re rust. VIII 17, 2. – Q. *Verrius Flaccus* (frg. 4 Egger) s. Verzeichnis der Quellenschriftsteller; vgl. F. Münzer, S. 129. Aus der *Haut* des Aales (s. § 74) wurde offenbar eine Art Peitsche gefertigt, mit der man *Knaben* züchtigte; vgl. Isidorus, Orig. V 27, 15; s. dazu F. Münzer, S. 318.

78 Plinius nennt folgende *platten Knorpelfische*: *Rochen* (raia): Hier kommen vor allem der Dorn- oder Nagelrochen, Raja clavata, und der Glattrochen, Raja batis, in Betracht. Beide Fische kommen im Atlantik und Mittel-

meer, im Schwarzen Meer, ja sogar in der Nord- und Ostsee vor; zum Ganzen s. H. Gossen, RE Suppl. VIII Sp. 642 f. s. v. »Rochen« Nr. 6 und 7; ferner De Saint-Denis 93; Thompson 222 f.; Jones 593; Leitner 209 f. – *Stachelrochen* s. § 73. – *Engelhai* (squatina) s. § 40. – *Zitterrochen* s. § 57. – *»Rind«* (bos): vielleicht der Horn- oder Teufelsrochen, Cephaloptera giorna, Cuv. = Mobula giorna = Dicerobatis giorna, Lac.; vgl. Aristoteles, hist. anim. V 5, 540 b 17 und VI 12, 566 b 4; De Saint-Denis, Voc. 15; Thompson 34 f.; Jones 586; Leitner 60 f. s. v. »Bos 2«. – *»Hexe«* (lamia): vielleicht der Menschenhai, Carcharodon rondeleti = Carcharodon lamia, Bp. = Carcharodon carcharias (Fam. Lamnidae); vgl. Aristoteles, l. c.; De Saint-Denis, Voc. 53; Thompson 144; Jones 590; Leitner 149 f. – *»Adler«* (aquila): wahrscheinlich der Adlerrochen, Raia aquila, L. = Myliobatis aquila, Cuv. = Aetobatus aquila; vgl. Aristoteles, l. c.; De Saint-Denis, Voc. 8 f.; Thompson 3; Jones 585; Leitner 30 f. s. v. »Aquila 1«. – *»Frosch«* (rana): vielleicht der Seeteufel, Lophius piscatorius L., der im Aussehen dem Rochen gleicht, aber zu den Knochenfischen gehört; De Saint-Denis, Voc. 93 f.; Thompson 28 f.; Jones 586; Leitner 54 f. s. v. »Batrachus«. – *Haifische* (squali): Hier meint Plinius wohl die Echten Haifische, Selachoidae; De Saint-Denis, Voc. 108 f.; Thompson 221 f.; Jones 594; Leitner 225; vgl. Aristoteles, l. c. – *seláche ... wie bei den Delphinen* (s. § 20) *angegeben;* vgl. Aristoteles, hist. anim. VIII 2, 591 a 9; 3, 592 b 8. 25; part. anim. IV 13, 696 b 26. – *lebende Junge;* vgl. Aristoteles, hist. anim. I 11, 492 a 27; III 1, 511 a 4; II 13, 505 b 2 und VI 10, 564 b 15; gen. anim. III 3, 754 a 21. – *Walfische* (cete): hier als Sammelbezeichnung für Fischsäugetiere, wie Wal, Delphin usw.; De Saint-Denis, Voc. 20; Thompson 114; Jones 587; Leitner 79. – *»Frosch«* s. oben.

79 *Schiffshalter* (echeneis): Dieser Fisch besitzt am Kopf eine Saugscheibe, mit der er sich an Schiffe, aber auch an größere Meerestiere anhaften kann. Obwohl er selbst kein allzu guter Schwimmer ist, vermag er auf diese Weise als »blinder Passagier« weite Meeresgebiete zu durchschweifen. Er lebt hauptsächlich von den Abfällen seiner Träger, macht aber auch Jagd auf Muscheln usw. Im Mittelmeer kommen vor allem zwei Arten vor: der Kleine Schiffshalter, Echeneis remora, mit einer Länge bis zu 25 cm, und der Große Schiffshalter, Echeneis naucrates, der bis zu 90 cm lang wird. Vgl. Aristoteles, hist. anim. II 14, 505 b 19; Lucanus VI 674 f.; Aelian, nat. anim. II 17; Isidorus, Orig. XII 6, 34; s. auch Plinius, nat. hist. 32, 2 ff.; De Saint-Denis, Voc. 34. 94; Thompson 67 ff.; Jones 588; Leitner 114 f. Zum Namen vgl. L. J. D. Richardson. Über die medizinische Verwendung des Fisches ist nichts Näheres bekannt.

80 C. Licinius *Mucianus* (frg. 20 Brunn) s. Verzeichnis der Quellenschriftsteller. – *Schnecke* (murex); vgl. F. Münzer, S. 395. Es ist nicht mit Sicherheit zu sagen, welche Schnecke hier gemeint ist. Unter murex können bei Plinius verstanden werden: Purpurschnecken (Muricacea), Kreiselschnekken (Trochidae) und Wellhornschnecken (Buccinidae); vgl. Leitner 174. Im vorliegenden Fall scheint es sich, wie auch Jones vermutet, um eine Porzellanschnecke (Cypreacea) zu handeln; De Saint-Denis, Voc. 116 f.; Thompson 173; Jones 595; Leitner 246 f. – *Periandros*, Tyrann von Korinth. Herodot, III 48 berichtet: »Periandros, der Sohn des Kypselos, sandte dreihundert Söhne vornehmer Männer von der Insel Kerkyra zu Alyattes nach Sardes, um sie kastrieren zu lassen« (J. Feix). In § 103 erwähnt Plinius die Venusmuscheln, bei denen es sich aber um eine Nautilus-Art handelt, die der Venus gewidmet war. Die *Muscheln*, die bei der *Venus zu Knidos* – einer dorischen Stadt

an der Südwestspitze Kleinasiens – verehrt wurden, sind wahrscheinlich die oben erwähnten Porzellanschnecken, von denen es mehrere Arten im Mittelmeer gibt. – *Trebius Niger* s. Verzeichnis der Quellenschriftsteller. – *ein Fuß* = 29,6 cm; *5 Finger* = 9,2 cm (1 Fingerbreite = 1/16 Fuß = 1,85 cm). – Daß sie *Schiffe behindern* und *Gold* aus den *Brunnen* ziehen, gehört in das Reich der Fabel.

81 *maínai* (menae); vgl. Aristoteles, hist. anim. VIII 30, 607 b 9. Gemeint sind die Laxierfische, die tatsächlich ihre *Farbe ändern* (Maenidae); für kleine Laxierfische kennt man in Italien noch heute die Bezeichnung menola, menella; auch in Spanien hat sich der Name ›mena‹ noch erhalten; De Saint-Denis, Voc. 61 f.; Thompson 153 ff.; Jones 590; Leitner 161. – Der Fisch *phykís* ist nicht mit Sicherheit bestimmbar. Die Bemerkung über die *Farbe* und den *Nest*bau läßt entweder auf einen Lippfisch (Labridae) oder eine Meeresgrundel (Gobiidae) schließen; vgl. Aristoteles, hist. anim. VIII 30, 607 b 18; Aelian, nat. anim. XII 28; Plutarch, soll. anim. 33, 981 F; De Saint-Denis, Voc. 86 f.; Thompson 278; Jones 593; Leitner 199 f.

82 Der *Schwalbenfisch* (hirundo) wird auch Flugfisch, Exocoetus volitans = Exonautes rondeleti, Cuv. = Exocoetus rondeleti, genannt; vgl. Aristoteles, hist. anim. IV 9, 535 b 27; Aelian, nat. anim. IX 52. Dieser fliegende Fisch kommt vor allem im Mittelmeer vor und wird bis zu 50 cm lang. Das gleiche gilt auch für den *milvus*, der in der Antike oft mit dem Schwalbenfisch verwechselt wurde, z. B. Aelian, nat. anim. II 50. Sehr wahrscheinlich handelt es sich um den Flughahn, Dactylopterus volitans, Cuv. = Trigla volitans; De Saint-Denis, Voc. 49 f.; Thompson 285 ff.; Jones 589; Leitner 140 s. v. »Hirundo 1«. – *»Leuchte«* (lucerna): Dieser *in ruhigen Nächten* leuchtende Fisch ist mangels genauerer Angaben nicht bestimmbar. Man hat an die zu den Manteltieren (Tunicata) gehören-

den Feuerwalzen (Pyrosomida), z. B. Pyrosoma atlanticum, gedacht. Viele Einzeltiere bilden in einer gallertartigen Masse einen zylinderförmigen Körper, der infolge der Anwesenheit von Leuchtbakterien grünblau leuchtet und deshalb zum Namen »Feuerwalze« geführt hat. Auch die Salpen (Thaliacea), kleine durchscheinende Manteltiere, z. B. Salpa democratica, finden sich in den Oberflächenschichten der warmen Meere in riesigen Kolonien und vermögen ebenfalls zu leuchten. Der Dichter Adelbert von Chamisso hat 1819 während seiner Weltumsegelung den Generationswechsel der Salpen entdeckt; vgl. F. Dannemann Bd. IV S. 275; De Saint-Denis, Voc. 59; Thompson 152; Jones 590; Leitner 157; zum Ganzen s. A. Steier, RE II A Sp. 1042 ff. s. v. »Seescheiden«. – *Ein anderer Fisch mit 1 1/2 Fuß* (= 44,4 cm) *langen Hörnern* ist mit großer Wahrscheinlichkeit der Teufels- oder Hornrochen, s. § 78. – Der *Meerdrache* (draco marinus) ist wohl ein Drachenfisch (Trachinidae), und zwar das Zwergpetermännchen, Trachinus vipera, das sich gerne im Sande *ein Loch* ausgräbt; vgl. Plinius, nat. hist. 32, 148; Isidorus, Orig. XII 6, 42; De Saint-Denis, Voc. 33; Jones 588; Leitner 112.

83 Von den *Weichtieren* kennt man heute etwa 112 000 Arten mit den Klassen der Kopffüßer oder Tintenfische (Cephalopoda), der Muscheln (Lamellibranchiata), der Grabfüßer (Scaphopoda), der Schnecken (Gastropoda), der Käferschnecken (Placophora) und der Wurmmollusken (Solenogastres); s. H.-W. Smolik Bd. V S. 156. Vgl. Aristoteles, hist. anim. IV 1, 523 b 1–11. 26 – 524 a 1. – *Kalmar, Tintenfisch* s. § 52; *Polyp* s. § 40. – Die kurzen Angaben über Bau und Lebensweise der Cephalopoden sind zutreffend.

84 *Der Kalmar fliegt* s. auch § 52. Wahrscheinlich meint Plinius eine fliegende Kalmar-Art, vielleicht den Pfeil-

kalmar, Loligo sagittatus = Ommatostrephes sagittatus = Todarodes sagittatus, der bis zu 10 Meter weit fliegen kann; vgl. Aelian, nat. anim. IX 52; Varro, ling. lat. V 79; Plinius, nat. hist. 18, 361; 32, 15. 149. – *Kammmuscheln* (pectunculi) s. oben § 103. Welche Art von Kammuscheln (Pectinidae), die tatsächlich im Wasser springen können, gemeint ist, läßt sich nicht sagen; vgl. Aristoteles, hist. anim. IV 4, 528 a 31; 9, 535 b 27; IX 37, 621 b 10; De Saint-Denis, Voc. 83; Thompson 134; Jones 592; Leitner 191 f.; A. Steier, RE XVI Sp. 783 f. s. v. »Muscheln« b. – *Tintenfische* s. § 52; vgl. Aristoteles, hist. anim. IV 1, 525 a 11; 524 b 16; IX 1, 608 b 17; 37, 621 b 29 ff. – *schwarze Flüssigkeit;* vgl. Plutarch, soll. anim. 26, 978 A; Aelian, nat. anim. I 34; Plinius, nat. hist. 11, 8; zur Quelle vgl. F. Münzer, S. 41. Aus dem Tintenbeutel des Tintenfisches wird die geschätzte Aquarellfarbe unbekannter Konstitution, die Sepia, gewonnen, indem man den Farbstoff mit Ätzkali extrahiert und dann mit Salzsäure ausfällt. Zum Text vgl. S. J. Bastomsky. – *statt des Blutes:* Diese Bemerkung ist nicht zutreffend, da auch die Tintenfische über Blut verfügen. Dieses enthält kupferhaltige Atmungspigmente, Hämocyanine genannt, die für die Sauerstoffaufnahme die gleiche Funktion wie das eisenhaltige Hämoglobin bei den Wirbeltieren haben.

85 *Polyp* s. §§ 40. 83; vgl. Aristoteles, hist. anim. IV 1, 525 a 15; 524 a 2 ff.; IX 37, 622 a 29 f. – *Schwanz* (cauda): gemeint ist das Kopulationstentakel.

6–87 Vgl. Aristoteles, hist. anim. VIII 2, 591 a 1; IX 37, 622 a 3 ff.; Solinus 30, 26; Aelian, nat. anim. I 27; Plutarch, soll. anim. 27, 978 F. Es ist richtig, daß die Kopffüßer im Kampf lieber einen Arm opfern als das Beutetier loszulassen. – *Meeraal* (conger) s. §§ 57. 72. – *Gecko* (colotes): ein eidechsenartiges Tier, vielleicht der Mauergecko, Tarentola mauritanica, oder der Scheibenfinger,

Hemidactylus turcicus; Leitner 40 f. s. v. »Ascalabotes«. – *Eidechse* (lacertus): vielleicht die Smaragdeidechse, Lacerta viridis. Über das Nachwachsen der *Schwänze* vgl. Aristoteles, hist. anim. II 17, 508 b 7; Plinius, nat. hist. 29, 90. – Die Bemerkung über die Anpassung der *Farbe* bei den Kopffüßern, wenn sich das Tier *in gefährlicher Lage befindet,* ist zutreffend. Das seltsame Farbenspiel wird durch Zusammenballen und Ausbreitung des Pigmentes in den Pigmentzellen (Chromatophoren) hervorgerufen.

88 *nautílos ... pompílos;* vgl. Aristoteles, hist. anim. IX 37, 622 b 1–15; IV 1, 525 a 15 f.; Aelian, nat. anim. IX 34. Die Gleichsetzung der Namen nautílos und pompílos ist unrichtig; vgl. Leitner 179 f. Der nautílos, auf den sich hier die Beschreibung bezieht, ist das Papierboot, Argonauta argo, das etwa 20–30 cm groß wird und zur Gruppe der achtarmigen Tintenfische gehört. Das Weibchen ist von einer papierdünnen Schale umgeben, die als Brutraum dient. Dieses Papierboot darf nicht mit dem Perlboot, Nautilus pompilius, verwechselt werden, das vor allem den Indischen und Pazifischen Ozean bewohnt. – Der pompílos hingegen ist der Pilotfisch s. § 51 f.; De Saint-Denis, Voc. 75. 89 f.; Thompson 172 ff.; Jones 591; Leitner, l. c. – *liburnische Fahrzeuge* s. § 13.

89 *ózaina*: Es handelt sich wahrscheinlich um den durch *starken Geruch* auffallenden Moschuspolypen, Eledone moschata = Ozaena moschata, der vor allem im Mittelmeer auf schlammigem Grund vorkommt; De Saint-Denis, Voc. 80; Thompson 180; Jones 592; Leitner 187. – *Muräne* s. §§ 40. 76. – *Polypen;* vgl. Aristoteles, hist. anim. V 12, 544 a 8; IX 37, 622 a 15. 17; Aelian, nat. anim. VI 28. – *L.* Licinius *Lucullus,* kaum der Cos. 151 v. Chr., der im Jahre 150 v. Chr. in Spanien diente, sondern eher ein sonst unbekannter *Prokonsul* (= Statthal-

ter) *der Baetica* (= Südwestspanien, h. Andalusien und Granada) der frühen Kaiserzeit; etwas anders jedoch G. Alföldy, Fasti Hispanienses. Wiesbaden 1969, 175. – *Trebius Niger* s. Verzeichnis der Quellenschriftsteller.

90 *Muscheln*, Schnecken und Krebse dienen den Kopffüßern als hauptsächliche Nahrung.

91 *Wendet man es* ...: auch diese Bemerkung ist zutreffend; vgl. E. De Saint-Denis, Komm. S. 127.

92 *Carteia*, Stadt an der Südküste Spaniens in der Baetica (s. § 89) in der Nähe der »Säulen des Herkules«, h. Straße von Gibraltar. – Die folgende Erzählung von der Riesenkrake ist zweifellos etwas übertrieben, beruht aber sicher auf einer wahren Begebenheit. – *gehen alle Seetiere dem Salzgeruch nach;* vgl. Plinius, nat. hist. 10, 194.

93 *Lucullus* s. § 89. – *15 Amphoren* = 393 Liter (eine Amphora = 26, 196 Liter). – *Trebius* s. § 89. – *30 Fuß* = 8,9 m. – *700 Pfund* = 229,2 kg. Das Tier – sofern die Zahlenangaben richtig sind – muß also gewaltige Dimensionen gehabt haben. Immerhin berichtet E. De Saint-Denis, Komm. S. 128 von einer 1947 bei Hongkong gefangenen Krake, die über 5 m lang war und über 1000 kg wog. Es besteht demnach kein Grund, die Zahlenangaben von Plinius anzuzweifeln; auch Aelian, nat. anim. XIII 6 berichtet von einer Riesenkrake. – *Tintenfische* s. § 81. – *Kalmare* s. § 52. – *5 Ellen* = 2,2 m; *2 Ellen* = 88,8 cm; vgl. Aristoteles, hist.anim. IV 1, 524 a 26. – *nicht länger als zwei Jahre;* vgl. Aristoteles, hist. anim. V 18, 550 b 14.

94 *Propontis* s. § 50. – *Mucianus* (frg. 5 Brunn) s. § 33. – *naúplios* = nautílos s. § 88. – *kleines Fahrzeug* (acatium): Es handelt sich um kleine, schnellsegelnde Schiffe, wie sie von den Seeräubern benutzt wurden.

95 *Languste* s. § 4; vgl. Aristoteles, hist. anim. IV 2, 525 a 30. – *fünf Monate;* vgl. Aristoteles, hist. anim. VIII 17, 601 a 16. – *streifen ... ihre alte Schale ab;* vgl. Aristote-

les, hist. anim. V 17, 549 b 25. – *bewegen sich ...;* vgl. Aristoteles, hist. anim. VIII 2, 590 b 25; Aelian, nat. anim. IX 25.

96 *leben an steinigen Stellen*; vgl. Aristoteles, hist. anim. V 17, 549 b 13. – *im Winter ...:* ibid. 20–22. – Einfluß des *Mondes*: vgl. Plinius, nat. hist. 2, 109. – Die in den §§ 95 f. gemachten Angaben über die Languste sind im wesentlichen zutreffend.

97 Die Einteilung der *Krebse* (Crustacea) geht wieder auf Aristoteles, hist. anim. IV 2, 525 b 30 ff. zurück, wird aber von Plinius nur ungenau wiedergegeben; vgl. Leitner 68 f. – *káraboi* (carabi) = Langusten s. § 4. – *astakoí* (astaci) = Hummer, Homarus vulgaris = Homarus gammarus = Astacus gammarus; vgl. Aristoteles, hist. anim. IV 2, 526 a 11 – 526 b 33; De Saint-Denis, Voc. 11 f.; Thompson 18 f.; Jones 586; Leitner 45 f.; H. Gossen, RE VIII Sp. 2538 ff. s. v. »Hummer«. – *maíai* (meae): Eine Krabbenart, vielleicht die Teufelskrabbe oder Seespinne, Maia squinado, Latr.; eine genaue Bestimmung ist nicht möglich; De Saint-Denis, Voc. 61; Thompson 153; Jones 590; Leitner 160 f.; H. Gossen – A. Steier, RE XI Sp. 1674 s. v. »Krebs« Nr. 12. – *págouroi* (paguri): Eine genauere Bestimmung auch dieser Krabbe ist unsicher; vielleicht der Taschenkrebs, Cancer pagurus L., oder der Italienische Taschenkrebs, Eriphia spinifrons, oder auch der Bernhardskrebs, Eupagurus bernhardus; De Saint-Denis, Voc. 81; Thompson 193 f.; Jones 592; Leitner 188; H. Gossen – A. Steier, a.a.O. Sp. 1675 f. s. v. »Krebs« Nr. 15. – die *herakleotischen Krebse:* vielleicht der schon oben genannte Taschenkrebs; De Saint-Denis, Voc. 47; Thompson 105 f.; Leitner 136; H. Gossen – A. Steier, a.a.O. Sp. 1674 s. v. »Krebs« Nr. 10. – *leo:* wahrscheinlich eine Hummerart; vgl. Athenaios, Deipnosoph. III 106 C; Aelian, nat. anim. XIV 9; De Saint-Denis, Voc. 54; Jones 590; Leitner 152

s. v. »Leo 2«; H. Gossen – A. Steier, a.a.O. Sp. 1683 s. v. »Krebs« Nr. 26. – *Phönikien* s. § 59. – *híppoi:* Wohl die Sand- oder Reiterkrabbe, Ocypoda hippeus = Ocypoda cursor = Cancer cursor L.; sie kann sehr schnell laufen und sich rasch im Sand verkriechen; De Saint-Denis, Voc. 48; Thompson 92 f.; Jones 589; Leitner 138 f.; H. Gossen – A. Steier, a.a.O. Sp. 1670 s. v. »Krebs« Nr. 1. – Die Beschreibung der *Krebse* geht wieder auf Aristoteles, hist. anim. V 17, 549 b 25; IV 2, 525 b 15 ff. – 526 a 22; part. anim. IV 8, 683 b 27; 684 a 2. 8. 27 zurück. – Es sind heute etwa 20 000 Krebsarten bekannt. Man teilt sie in sechs Klassen ein: Heuschreckenkrebse (Hoplocarida), Höhere Krebse (Eucarida), Höhlenkrebse (Syncarida), Asselartige Krebse (Peracarida), Urkrebse (Archaeostraca) und Kleinkrebse (Entomostraca). Charakteristisch für den Bau der Krebse ist es, daß sie stets mehr als vier Beinpaare haben (Plinius: *acht Füße*), die sich in zwei Äste *gabeln.* Meist haben sie zwei Fühler- oder Antennenpaare und mindestens drei Kieferpaare. Einige Beine enden in einer *Schere.*

98 *in Scharen;* vgl. Aristoteles, hist. anim. VIII 2, 590 b 30. – *Pontos* s. § 47; vgl. Aelian, nat. anim. VII 24. – Der *Einsiedlerkrebs* (pinotéres), Eupagurus bernhardus, gehört zur Familie der Paguridae. Er verbirgt sich gerne in leeren *Schneckenschalen,* die er, *wenn er heranwächst,* gegen größere vertauscht; vgl. Aristoteles, hist. anim. V 15, 548 a 14–20; Aelian, nat. anim. VII 31; De Saint-Denis, Voc. 88; Jones 593; Leitner 201 f. s. v. »Pinophylax«; H. Gossen – A. Steier, RE XI 1677 f. s. v. »Krebs« Nr. 18. Sehr oft bildet der Einsiedlerkrebs mit der Seerose, die sich auf seinem Wohngehäuse ansiedelt, eine Lebensgemeinschaft (Symbiose).

99 *kämpfen ... wie Widder*; vgl. Aristoteles, hist. anim. VIII 2, 590 b 28. – Über die Verwendung der Krebse als

Heilmittel gegen Schlangenbisse: vgl. Plinius, nat. hist. 32, 55: »Thrasyllos berichtet, daß den Schlangen nichts so widerwärtig sei als die Krebse.« – *Die Sonne ... im Zeichen des Krebses:* 22. Juni bis 22. Juli. – Zur Fabel der Verwandlung der Krebse in *Skorpione* vgl. Ovid, Met. XV 369 ff.:

Concava litoreo si demas bracchia cancro,
cetera supponas terrae, de parte sepulta
scorpius exibit caudaque minabitur unca.

Nimmst du am Ufer dem Krebs die hohlen Scheren und
[birgst du
dann in der Erde den Rest, so wird aus dem, was begraben,
kriechen bald der Skorpion und dräun mit gebogenem
[Stachel.
(E. Rösch)

100 *Seeigel* s. auch § 40. Der Seeigel gehört zum Tierstamm der Stachelhäuter (Echinodermata), von denen heute etwa 4500 Arten bekannt sind. Seine *Stacheln*, auf der unteren Mundseite, dienen als *Füße*, mit denen er sich fortbewegen kann; vgl. Aristoteles, hist. anim. IV 5, 530 a 32 (auch I 6, 490 b 30). – *echinométrai:* Aristoteles, hist. anim. IV 5, 530 b 6 hält diese Seeigelart für die größte, während Plinius nur von den *längsten Stacheln* und *kleinsten Schalen* spricht. Es handelt sich um den Lanzenseeigel, Echinus cidaris = Cidaris cidaris; De Saint-Denis, Voc. 34 f.; Thompson 72; Jones 588; Leitner 115; R. Delbrück, RE V Sp. 1921 f. s. v. »Echinos« Nr. 7. – *Torone:* Stadt an der Westküste der mittleren der drei Halbinseln der Chalkidike = Sithonia in Makedonien; vgl. Plinius, nat. hist. 4, 37. – Die Bemerkung über *die weißen Seeigel mit kleinen Stacheln* bezieht sich wahrscheinlich auf den Dunkelvioletten Seeigel, Sphaerechinus granularis, Lam., dessen Stacheln weiß sind und der sich gerne mit Muschelschalen

tarnt. – *bittere Eier:* Gemeint sind wohl die Keimdrüsen, die auch gegessen werden. Die Fortpflanzung des Seeigels geschieht auf geschlechtlichem Wege, indem Eier und Samen ins Wasser ausgestoßen werden; s. H.-W. Smolik Bd. V S. 18. – *den heftigen Wogengang des Meeres vorausfühlen;* vgl. Plutarch, Soll. anim. 28, 979 B; Aelian, nat. anim. VII 33.

101 *Wasser- und Landschnecken ... zwei Hörner*; vgl. Aristoteles, hist. anim. IV 4, 528 b 24; Plinius, nat. hist. 11, 140: »Bei den Schnecken vertreten die beiden Hörnchen, die sie hervorstrecken, die Stelle des Auges.« – *Kammmuscheln* (pectines): Im Mittelmeer kommen vor allem vor: die Jakobsmuschel, Pecten jacobaeus, die Pilger- oder Kammuschel, Pecten maximus, und die Klappmuschel, Spondylus gaederopus; vgl. Aristoteles, hist. anim. VIII 13, 599 a 16. – *Bohrmuscheln* (ungues): Die Gemeine Bohr- oder Dattelmuschel, Pholas dactylus, L., kommt im Mittelmeer, an der atlantischen Küste Europas und in der Nordsee vor. Sie bohrt sich ins Gestein und zeigt bei Gefahr einen phosphoreszierenden Schimmer (Plinius: *wie Feuer leuchten*); vgl. § 184; Plinius, nat. hist. 32, 151; Varro, ling. lat. V 77; De Saint-Denis, Voc. 31. 118; Jones 591; Leitner 49 s. v. »Aulos«; zum Ganzen s. A. Steier, RE XVI Sp. 795 s. v. »Muscheln« k.

102 Über die *Vielfalt der Schnecken- und Muschelarten*; vgl. Aristoteles, hist. anim. IV 4, 527 b 35 ff.

103 *Waldhorn* (bucinum) s. auch § 130. – *Venusmuschel* s. § 80. Hier denkt Plinius an eine Nautilosart, wie sie in § 88 bereits erwähnt ist. K. Tumpel. – Die *aus dem Wasser* springenden *Kammuscheln* s. §§ 84. 101; vgl. Aristoteles, hist. anim. IV 4, 528 a 31; IV 9, 535 b 26; IX 37, 621 b 10; De Saint-Denis 82 f.; Jones 593; Leitner 48; A. Steier, a.a.O. Sp. 783 ff. s. v. »Muscheln« b.

104–105 Plinius nimmt hier Gelegenheit, gegen den *Luxus* zu

eifern, wie er das gerne tut; vgl. §§ 67. 112. 114. 117 ff. 129. 139, ferner nat. hist. 11, 136; 12, 84 usw.

106 *Indischer Ozean ... Seeungeheuer* s. § 4. – *Taprobane*, h. Ceylon = Sri Lanka; vgl. Plinius, nat. hist. 6, 79 ff.; Solinus 53, 23. – *Stoidis*, h. Saih Abu Su'aib, Insel im Persischen Golf in der Nähe von Kaikandros, h. Hindaraba; vgl. Plinius, nat. hist. 6, 110. – *Perimula*, h. Kap Birmul, Vorgebirge in Indien an der Straße von Malakka; vgl. Plinius, nat. hist. 6, 72; Solinus 53, 28; Aelian, nat. anim. XV 8. – *Rotes Meer* s. § 35; vgl. Aelian, nat. anim. X 13.

107 Die *Perle* ist nicht eine *Frucht der Muschel*, wie Plinius schreibt, sondern eine krankhafte Entartungserscheinung. In der Muschel befindet sich ein Hautlappen, der Mantel genannt. Dieser scheidet einen schleimigen Saft ab, der vor allem kohlensauren Kalk, $CaCO_3$, enthält und für das Wachstum der Schale maßgebend ist. Gelangt nun ein Fremdkörper, z. B. ein Sandkorn oder auch ein Schmarotzer, in das Mantelgewebe, so stülpt sich der Mantel sackartig aus. Der Fremdkörper führt zu einer vermehrten Ausscheidung des Schleimes, der sich schichtweise um ihn legt und schließlich die Perle ergibt. Sie besteht zu etwa 90 % aus Calciumcarbonat, $CaCO_3$. Durch künstliches Einbringen von Fremdkörpern werden heute in großem Ausmaß die sogenannten Zuchtperlen hergestellt. Die Perlbildung nimmt etwa 5–10 Jahre in Anspruch. – Die von Plinius angegebene Theorie der Entstehung der Perle findet sich noch bei Isidoros aus Charax, bei Athenaios, Deipnosoph. III 93 E – 94 A (s. auch Aelian, nat. anim. X 13); Solinus 53, 23–26; Ammianus Marcellinus XXIII 6, 85 f.; s. ferner den ausführlichen Artikel von H. Rommel, RE XIV Sp. 1682–1702 s. v. »Margaritai«.

108 *physémata* (griech.) = »Blasen«, das sind mißgebildete, hohle Perlen.

109 Über den Einfluß des *Himmels* auf die Beschaffenheit der Perle s. Solinus, l. c.; Ammianus Marcellinus, l. c. (§ 107). – *Paukenperlen* (tympania von griech. týmpanon = Handpauke): Gemeint sind an einer Seite abgeplattete Perlen. – Daß *die Perle* (unio s. § 112) *im Wasser weich* ist, trifft nicht zu; die einzelnen Perlschichten werden im Wasser sofort hart.

110 Es ist gut denkbar, daß große Muscheln, z. B. die Riesenmuscheln (Tridacnidae) beim Zusammenklappen *mit ihrem scharfen Rand* eine *Hand* abschneiden können; vgl. Athenaios, Deipnosoph. III 94 B; Aelian, nat. anim. X 20; Ammianus Marcellinus XXIII 6, 88; Solinus 53, 27. – *Haifisch* (canis marinus = canicula) s. §§ 151–155.

111 Vgl. Megasthenes bei Arrian, Ind. 8, 11. – *Schwärme der Muscheln;* vgl. Solinus, 53, 27; Aelian, nat. anim. XV 8.

112 *›Einmalige‹* (uniones): Das lat. Wort *unio* bezeichnet eine Sache, die nur einmal vorkommt (Plinius: *nie zwei völlig gleiche*); vgl. Solinus 53, 27; s. auch § 123. – *margaritae:* Das Wort wurde aus dem Griechischen (margarítes u. ä.) übernommen (Theophrastos, de lapid. 36), scheint aber aus dem Sanskritwort mañjara-m oder mañjari-h = Blütenknöpfchen = Perlen entstanden zu sein.

113 *Rotes Meer* s. § 35. – *Spiegelstein* (lapis specularis; vgl. Plinius, nat. hist. 36, 160 ff.): Entweder ein blättriger Gips (Fraueneis, Marienglas) oder – wahrscheinlicher – eine Glimmerart (Muskovit). – *alaunfarbig* (exaluminatus): Unter Alaun versteht man heute meist den Kalialaun, $KAl(SO_4)_2 \cdot 12 H_2O$, womit wahrscheinlich auch der Begriff in der Antike umfaßt wird. Der im Altertum gewonnene Alaun war ein Verwitterungsprodukt der Lava in vulkanischen Gegenden (Alaunschiefer) und hatte durch Verunreinigungen mit Eisenvitriol eine gewisse Färbung. Reiner Alaun ist farblos-weiß. – *»Beweise«* (griech. élen-

choi) ist die Bezeichnung für besonders geformte große Perlen, die als Zeichen des Reichtums ihrer Besitzer getragen wurden; vgl. Iuvenal, Sat. VI 459.

114 Über den *Luxus* mit Perlen vgl. Seneca, de benef. VII 9, 4; Petronius, satyricon 67, 9. – *»Klappern«* (griech. krotália): Die klappernden Ohrgehänge werden als *Liktor der Frau* bezeichnet. Der Liktor, mit Rutenbündel und Richtbeil als Zeichen der Amtsgewalt ausgestattet, begleitete die höheren Beamten in der Öffentlichkeit, um ihnen Platz zu schaffen. Offenbar wollten auch ärmere Frauen mit Perlen prunken. Perlen gehörten auch zur Aussteuer einer Frau; vgl. Plinius minor, Epist. V 16, 7. Manche hängten sich sogar zum Schlafen Säckchen mit Perlen um den Hals; vgl. Plinius, nat. hist. 33, 40.

115 *unser Meer* = Mittelmeer. – *Thrakischer Bosporos* s. § 50; vgl. Aelian, nat. anim. XV 8. – *»Mäuse«* (griech. mýes) = Perlen aus einer Art der Miesmuschel (mytilus), z. B. der Eßbaren Miesmuschel, Mytilus edulis; s. § 160. – *Akarnanien,* westlichste Landschaft Mittelgriechenlands am Ionischen Meer. – *Steckmuschel* (pina): Im Mittelmeer ist sehr häufig die Steckmuschel, Pinna nobilis, oder die schuppige Steckmuschel, Pinna squamosa, die bis zu 1 m lang wird und mit ihrer Spitze im sandigen Meeresgrund steht; De Saint-Denis, Voc. 85. 87; Thompson 200 ff.; Jones 592; Leitner 196 s. v. »Perna«; A. Steier, RE XVI Sp. 787 ff. s. v. »Muscheln« d. – *Juba,* FGH 275 frg. 71; vgl. Androsthenes bei Athenaios, Deipnosoph. III 93 C. – Die *Muschel in den arabischen Gewässern* ist nicht genau bestimmbar, sicherlich aber mit der Echten Seeperlmuschel, Meleagrina margaritifera, verwandt, wenn auch Perlen von geringerem Wert liefernd. – *Actium* (Aktion): Das nordwestliche Vorgebirge von Akarnanien (s. oben) am Ausgang des Golfs von Ambrakia = Arta; vgl. Plinius, nat. hist. 4, 5. Hier fand 31 v. Chr. die entscheidende

Seeschlacht zwischen Octavianus und Marcus Antonius statt (s. § 119). – *Mauretanien*, h. Marokko und Westalgerien, Landschaft in Nordafrika; vgl. Plinius, nat. hist. 5, 2. – *Alexander Polyhistor*, FGH 273 frg. 105; vgl. Münzer, S. 325 Anm. 1. – *Sudines* s. Verzeichnis der Quellenschriftsteller. Parallelen zu Origenes und Ambrosius zeigt W. Jaeger auf.

116 Über das Gewicht von Perlen vgl. Solinus 53, 27. – $^1/_2$ *Unze* = 13,644 g; 1 Skrupel (scripulum) = $^1/_{24}$ Unze = 1,137 g. – *Venus Genetrix:* Die mythische Ahnfrau des *göttlichen Iulius* (Caesar) und des iulisch-claudischen Hauses; ihr *Tempel* befand sich auf dem Caesar-Forum in Rom. Über die *Perlen* von *Britannien* sagt Aelian, nat. anim. XV 8, daß sie ein goldenes Aussehen hätten, aber trüber und dunkler als die aus Indien und dem Roten Meer seien; s. auch Ammianus Marcellinus XXIII 6, 88; Tacitus, Agric. 12. Caesar wurde angeklagt, er habe Britannien angegriffen, um dort Perlen zu finden; vgl. Sueton, Caes. 47. Über das Weihgeschenk vgl. Solinus 53, 28. Zu Einzelheiten vgl. W. Clausen.

117 *Lollia Paulina*, eine Enkelin des berüchtigten M. Lollius (s. § 118), seit 38 n. Chr. mit *Kaiser Gaius* (Caligula) verheiratet, der sie aber bald wieder verstieß. Als sie später Kaiser Claudius heiraten wollte, wurde sie von ihrer Nebenbuhlerin Agrippina d. J. verdrängt und schließlich in deren Auftrag ermordet; vgl. Tacitus, Ann. XII 22, 1 f. Über ihren ungeheueren Reichtum vgl. Solinus 53, 29. – *Smaragd*, ein grüner Edelstein, eine Varietät des Berylls; vgl. Plinius, nat. hist. 37, 62 f. – *40 000 000 Sesterzen* = etwa 8 Millionen Goldmark.

118 *M. Lollius* war 21 v. Chr. Konsul und wurde i. J. 1 v. Chr. von Augustus als Begleiter für *Gaius Caesar*, der als Prokonsul in den Orient reiste, mitgegeben; vgl. Tacitus, Ann. III 48, 2. M. Lollius fiel aber in Ungnade, da man

ihn beschuldigte, von den Königen des Orients reiche Geschenke angenommen zu haben. Die Umstände seines Todes sind nicht geklärt, wahrscheinlich endete er durch Selbstmord (Plinius: durch *Gift*). – M'. *Curius* Dentatus, Konsul 290 und 275 v. Chr., siegreicher Feldherr im Samniten-Krieg und gegen Pyrrhos; vgl. Plinius, nat. hist. 7, 68. – C. *Fabricius* Luscinus, Konsul 282 und 278 v. Chr., ebenfalls erfolgreicher Feldherr; die dankbaren Thurier stifteten ihm für ihre Befreiung von den Bruttiern eine Statue in Rom (Plinius, nat. hist. 34, 32). Er war es auch, der nach der Fabel König Pyrrhos vor einem Giftmörder warnen ließ. Beide Männer wurden oft zusammen als Beispiele römischer Tugend und Sittenstrenge genannt.

119 *Kleopatra*, die berühmt-berüchtigte Königin von Ägypten, geb. 69 v. Chr. Nach dem Tode Caesars, dessen Geliebte sie war, trat sie in nähere Verbindung zu *Antonius*, dem sie drei Kinder gebar. Nach der Niederlage bei Actium (s. § 115) beging sie Selbstmord durch einen Schlangenbiß. – *10 000 000 Sesterzen* = etwa 2 Millionen Goldmark.

120 *Beigabe* (corollarium), eigentlich ein Kränzchen, dann ein Geschenk, das man beliebten Schauspielern und Künstlern gab. – Zur Erzählung über die *Perle* vgl. F. Münzer, S. 406 f.; ferner Macrobius, Sat. III 17, 15–18. Daß *Essig* Perlen auflösen kann, schreibt auch Vitruv, de arch. VIII 3, 19.

121 *L.* Munatius *Plancus*, Konsul 42 v. Chr., Gründer der Colonia Augusta Raurica, h. Augst bei Basel. Erst auf der Seite des Antonius, ging er noch vor dessen Niederlage zu Oktavian-Augustus über. Sein Grabmal zu Gaëta ist noch erhalten. – Die *Vorbedeutung* bezieht sich auf die Schlacht bei Actium (s. § 119). – *Venus:* Auch Macrobius, l. c. berichtet von der zerschnittenen Perle in den Ohren der Statute der *Venus im Pantheon* (= dem noch heute fast

vollkommen erhaltenen Rundbau auf dem einstigen Marsfeld in Rom).

122 M. *Clodius* Aesopus, Sohn eines berühmten tragischen Schauspielers zur Zeit Ciceros, war berüchtigt durch seine maßlose Schwelgerei und Üppigkeit; vgl. Plinius, nat. hist. 10, 142; Horaz, Sat. II 3, 239 ff.; Valerius Maximus IX 1, 2. – Zur Quelle s. F. Münzer, S. 362.

123 *Unterjochung Alexandriens*: Gemeint ist wohl Caesars Sieg i. J. 48 v. Chr. – *L.* Cornelius *Sulla* Felix (138–78 v. Chr., Konsul 88 und 80; Diktator 82–79 v. Chr.), bedeutender römischer Feldherr und Politiker; vgl. Solinus 53, 30. – *Fenestella* (HRR frg. 14) s. Verzeichnis der Quellenschriftsteller; vgl. F. Münzer, S. 346 f. – *Aelius Stilo* (frg. 33 van Heusde) s. Verzeichnis der Quellenschriftsteller. – *Jugurthinischer Krieg* = Krieg mit dem Numiderkönig Jugurtha (112–104 v. Chr.). – *»Einmalige«* s. § 112.

125 *Purpurschnecken* (purpurae): Es sind bei Plinius im wesentlichen drei Arten der Purpurschnecken (Muricacea) zu verstehen: Murex trunculus, Murex haemastoma = Purpura haemastoma und das Brandhorn, Murex brandaris. Unter *purpura* und *murex* versteht man im antiken Schrifttum die Purpurschnecke. Plinius hält jedoch beide nicht für identisch. Unter *murices* sind bei ihm zu verstehen: *Purpurschnecken* = *Stachelschnecken* (Muricacea), Kreiselschnecken (Trochidae) und Wellhornschnecken (Buccinidae); De Saint-Denis, Voc. 71 f.; Jones 593; Leitner 173 f. Zum Ganzen s. H. Gossen – A. Steier, RE II A Sp. 599 ff. s. v. »Schnecke« Nr. 43 und 48, sowie G. Fester; vgl. Aristoteles, hist. anim. V 15, 547 b 9. – *Aufgang des Hundssterns* s. § 58. – *dreißig Tage;* vgl. Aristoteles, hist. anim. VIII 13, 599 a 15. – *wachsartige Flüssigkeit;* vgl. Aristoteles, hist. anim. V 15, 546 b 18 und 547 a 15 f. 21 ff.

126 *weiße Ader*: Plinius ist also die purpurbildende Drüse der Purpurschnecken sehr wohl bekannt. Sie befindet sich

aber nicht im *Schlund* des Tieres, sondern in der Decke der Atemhöhle neben dem Mastdarm und bildet beim After eine kleine Pore. Der bei Gefahr abgeschiedene schleimige *Saft* ist zunächst gelblich, wird im Sonnenlicht erst grün, dann blau, schließlich purpurrot. Die Konstitution des antiken Purpurs ist geklärt: der aus Murex brandaris gewonnene Purpur ist ein 6,6'-Dibromindigo (P. Friedländer, 1909). Aus 12 000 Purpurschnecken gewinnt man nur 1,5 g Farbstoff, woraus sich die Kostbarkeit der Purpurfärbungen erklärt (s. § 127). Zum Ganzen s. K. Schneider, RE XXIII Sp. 2000–2020 s. v. »purpura«, ferner H. Gossen – A. Steier, RE II A, Sp. 585–614 s. v. »Schnecke«.

127 *Tyros in Asien,* h. Sūr, phönikische Inselstadt, 75 km von Beirut; vgl. Plinius, nat. hist. 5, 76. – *Meninx in Afrika,* h. Bordj el-Kantara, Stadt auf der Insel Djerba (Kleine Syrte), auch Lothophagitis genannt; vgl. Plinius, nat. hist. 5, 41. – *Gätulische Küste des Ozeans:* Die Gätuler waren ein berberischer Volksstamm, ein Nomadenvolk, das südlich von Numidien und Mauretanien in Nordafrika zwischen Kleiner Syrte und dem Atlantischen Ozean lebte; vgl. Plinius, nat. hist. 5, 12; 6, 201; Pomponius Mela III 104. – *in Europa in Lakonien* = die vom Eurotas durchflossene Beckenlandschaft in der südlichen Peloponnes in Griechenland; vgl. Plinius, nat. hist. 4, 16; Pausanias III 21, 6; Horaz, Od. II 18, 7. – Zur Purpurfärberei vgl. Plinius, nat. hist. 35, 45. – *halten ... den Weg offen:* Schon in frühester Zeit galt der Purpur als Auszeichnung des Herrschers. Die mit Purpur verbrämte Toga (toga praetexta) wurde von hohen Amtspersonen (Konsuln, Praetoren usw.), von Priestern, auch von freigeborenen Söhnen bis zum Erreichen des Mannesalters getragen; vgl. Livius XXXIV 7. – *am Triumphkleid ... durchwirkt,* vgl. Juvenal, Sat. 10, 36 ff. – *Konchylienfarbe* s.

§ 138. – *mit ihrem widrigen Geruch:* Der von den Purpurschnecken ausgeschiedene Saft hat einen unangenehmen, lange anhaltenden Geruch.

128 *Zunge;* vgl. Aristoteles, hist. anim. V 15, 547 b 6 f. – *im süßen Wasser;* vgl. Aristoteles, hist. anim. VIII 20, 603 a 13–16.

130 *Purpur- und Konchylienfarben*: Über die einzelnen Schneckenarten s. § 125. – *Trompetenschnecke* (bucinum): Gemeint ist hier die als Purpura haemostoma bezeichnete Art der Purpurschnecke. Sie hat eine am Rand eingeschnittene Mündung und sieht einer Trompete ähnlich. Die heute als Buccinidae bezeichneten Schnecken liefern keine Purpurfarbe; De Saint-Denis, Voc. 15; Jones 586; Leitner 63; H. Gossen – A. Steier, a.a.O. Sp. 586 s. v. »Schnecke« Nr. 5. – *die andere heißt Purpurschnecke:* Hier ist auf Grund der Beschreibung das Brandhorn, Murex brandaris, gemeint. – *so viele Windungen als Jahre;* vgl. Aristoteles, hist. anim. V 15, 547 b 9 f. – *hängt nur an den Felsen;* vgl. Aristoteles, hist. anim. IV 4, 530 a 20.

131 *Pelagien* (von griech. pelágios = zum Meer gehörig): Die von Plinius gegebenen Unterschiede der Arten (Schlammschnecken, Seegrasschnecken usw.) stimmen nicht mit den von Aristoteles, hist. anim. V 15, 546 b 17 ff. gegebenen überein. Hier lag Plinius offenbar eine andere Quelle vor.

132 Über den Fang der *Purpurschnecken*; vgl. K. Schneider, RE XXIII Sp. 2002 ff. s. v. »purpura«. Es wird mit Recht darauf hingewiesen, daß die *Reusen* wohl so gebaut waren, daß *die gierigen Purpurschnecken* nicht mehr heraus konnten – also nicht so, wie Plinius schreibt, daß die Muscheln – wohl in erster Linie Miesmuscheln (s. § 160) – die Purpurschnecken festhielten.

133 *Aufgang des Hundssterns* s. § 58; vgl. Aristoteles, hist. anim. V 15, 547 a 13. – *Schleim;* vgl. Aristoteles, hist.

anim. V 15, 546 b 25. – *Ader* s. § 126. – *ein Sextarius* = 0,546 Liter; *100 Pfund* = 32,745 kg; *100 Amphoren* = 2619,6 Liter; *500 Pfund* = 163,725 kg. Es bestehen über die Richtigkeit dieser Zahlenangaben gewisse Zweifel. Auch Vitruv, de arch. VII 13 macht keine quantitativen Angaben; es geht ihm allerdings vor allem um die Herstellung der Malerfarbe purpurissum; s. auch Plinius, nat. hist. 35, 44. Immerhin erwähnt er vier Nuancen des Purpurs, je nach dem Vorkommen der Purpurschnecken in verschiedenen Gegenden: schwärzlich, bläulich, violett, leuchtend rot. Durch entsprechende *Mischung* (§ 134) hat man es in der Antike verstanden, verschiedene Farbtöne zu erzielen. – Literatur zur Purpurfärbung: Neben dem ausführlichen Artikel in RE, a.a.O. (s. § 126 u. 132), s. vor allem H. Blümmer Bd. I S. 233–248 (mit vielen, meist älteren Literaturangaben); C. L. Angst; H. Roosen-Runge.

134 *Krempeln* (carminare) = auflockern der Faserbüschel. – *Trompetenschnecke* s. § 130. Zusammen mit dem *Purpurrot* (pelagium) aus Murex trunculus L. oder Murex brandaris erhält man eine prächtige *Scharlach*färbung. Der *Scharlach* (coccum) wird aus der Kermesschildlaus, Coccus (Lecanium) ilicis L., die auf der Kermes- oder Scharlacheiche, Quercus cocifera L. (Fagaceae), lebt, gewonnen. Einzelheiten s. Plinius, nat. hist. 35, 45.

135 *200 Pfund bucinum* = 65,49 kg; 111 *Pfund Purpurfarbe* = 36,3 kg. – *Amethystfarbe:* der Amethyst (griech. améthystos = »dem Rausch widerstehend«), s. auch Plinius, nat. hist. 37, 121, ist ein violett gefärbter Quarz, SiO_2. Zur Amethystfarbe vgl. Plinius, nat. hist. 21, 45. – *Tyrische Farbe* vgl. Tyros § 127. – Homer, Il. 17, 360: »Mit *purpurnem Blute* floß der Boden umher.«

136 *Romulus*, der sagenhafte Gründer Roms. – *Trabea* = Staatskleid, vgl. Plinius, nat. hist. 8, 195 ff., wo auch von

der *verbrämten Toga* (s. § 127) gesprochen wird. – *Tullus Hostilius,* der sagenhafte dritte König Roms, der die *Etrusker,* aber auch die Albaner und Sabiner unterworfen haben soll. Zur Quellenfrage (Verrius Flaccus?) s. F. Münzer, S. 316.

137 *Cornelius Nepos* s. Verzeichnis der Quellenschriftsteller. Die zitierte Stelle stammt wohl aus den verloren gegangenen ›Exempla‹, einer Materialsammlung von Merkwürdigkeiten und Wundern aus Natur und Geschichte (HRR frg. 8); s. auch F. Münzer, S. 328. 333. 346. – *der violette Purpur* = Amethystfarbe s. § 135. – *100 Denare/Pfund* = 245 Goldmark/kg. – *der tarentinische:* Aus Tarentum, h. Taranto, s. § 28; vgl. Horaz, Epist. II 1, 207: lana Tarentino violas imitata veneno (mit tarentinischem Purpur violett gefärbte Wolle). – *doppelt gefärbte tyrische* (dibapha Tyria) s. § 127. Sie wird im antiken Schrifttum mehrfach erwähnt, z. B. Horaz, Od. II 16, 36; Epod. 12, 21; Ovid, Ars amat. III 171. – *1000 Denare* = 800 Goldmark; *1000 Denare/Pfund* = 2450 Goldmark/kg. – Der *kurulische Aedil* war eine hohe römische Amtsperson, der die Aufsicht über die Tempel, öffentlichen Gebäude, über die Getreidezufuhr usw. zu führen hatte. *P.* Cornelius *Lentulus Spinther;* vgl. Plinius, nat. hist. 7, 54. Im Jahre 63 v. Chr. unterstützte er den *Konsul Cicero* bei der Unterdrückung der catilinarischen Verschwörung. Als Konsul setzte er 57 v. Chr. sich für die Rückberufung Ciceros aus dem Exil ein.

138 *Konchylienfarbenes Kleid* = ein mit Purpur gefärbtes Kleid, jedoch *ohne* die Verwendung von *bucinum.* Der von Plinius bereits erwähnte Gestank der Purpurfarbe (§ 127) kann zusätzlich durch die Verwendung von *menschlichem Harn* bedingt sein. – *50 Sesterzen* = 10 Goldmark für *100 Pfund Pelagien* (= 32,745 kg) = 0,30 Goldmark/kg; *100 Sesterzen* = 20 Goldmark.

139 Über das Färben von *Schildkrötenschalen* vgl. Plinius, nat. hist. 16, 233; Seneca, de benef. VII 9, 2. – *Elektron* = eine Legierung von 3–4 Teilen Gold und einem Teil Silber; vgl. Plinius, nat. hist. 33, 80. – *korinthisches Erz;* vgl. Plinius, nat. hist. 34, 6 f. Es bestand aus verschiedenen Legierungen von Kupfer und Zinn, wahrscheinlich unter Beimengung von Gold und Silber. Mengenangaben über die Zusammensetzung sind nicht überliefert; mannigfache Analysen antiker Bronzegegenstände ergaben kein einheitliches Bild; vgl. H. Blümner Bd. IV S. 183 ff.; R. J. Forbes. – *Amethyst* s. § 135. Martial I 53, 5 spricht von purpurvioletten Kleidern, Tyrianthina genannt, die Plinius hier zweifellos im Auge hat. – *Konchylienfarbe* s. § 138. – *tyrische Farbe* s. § 137.

140 *Kermes* s. § 134. – *Karmesin* (hysginum); vgl. Plinius, nat. hist. 35, 45.

141 *Der Kermes* ist kein *rötliches Korn,* wie Plinius schreibt, sondern eine Schildlaus; vgl. Plinius, nat. hist. 16, 32. – *Galatien,* Landschaft im zentralen Hochland von Kleinasien; vgl. Plinius, nat. hist. 5, 146 f. – *Emerita in Lusitanien,* h. Mérida, Hauptstadt der römischen Provinz Lusitania im Südwesten Spaniens; vgl. Plinius, nat. hist. 3, 6; vgl. auch Dioskurides, mat. med. IV 48: »Die beste ist die galatische, dann kommt die in Asien ..., zuletzt von allen die in Spanien« (J. Berendes); ferner Plinius, nat. hist. 22, 3; Solinus 23, 4.

142 *Steckmuschel* (pina) s. § 115. – *Muschelhüter ... Muschelwächter* (griech. pinotéres ... pinophýlax), *Krabbe* (squilla), *Krebs* (cancer) vgl. Aristoteles, hist. anim. V 15, 547 b 16. 28. Pinophýlax im Sinne von squilla ist eine Art Garnele (Fam. Pontoniidae), die sich in der Steckmuschel befindet: Pontonia pinnophylax = Pontonia tyrrhena, Latr. = Pontonia custos, Fors. Hingegen ist

pinophýlax = pinotéres im Sinne von *Krebs* der *Muschelwächter*, Pinnot(h)eres veterum, Bosc. = Pinnoteres pinnophylax = Pinnoteres pinnoteres, der stets in den Schalen der Steckmuschel vorkommt. In § 98 bezeichnet pinotéres den Einsiedlerkrebs; De Saint-Denis, Voc. 87 f.; Thompson 202; Jones 593; Leitner 201 f.; H. Gossen – A. Steier, RE XI Sp. 1672 f. s. v. »Krebs« Nr. 6; vgl. auch Chrysippos bei Athenaios, Deipnosoph. III 89 DE; Plutarch, sol. anim. 30, 980 B; Aelian, nat. anim. III 29; Cicero, nat. deor. II 123.

143 *Zitterrochen* (torpedo) s. §§ 57. 78; vgl. Aristoteles, hist. anim. IX 37, 620 b 19–23; Plutarch, soll. anim. 27, 878 B–D. – *Frosch* (rana): Gemeint ist der Seeteufel oder Angler, Lophius piscatorius L., zu den Knochenfischen gehörend; vgl. Aristoteles, hist. anim. IX 37, 620 b 11 ff.; Cicero, nat. deor. II 125; Aelian, nat. anim. IX 24. Plinius sagt, daß die *Hörner unter den Augen* hervortreten, während es bei Aristoteles, l. c., heißt »vor den Augen«. In Wirklichkeit lockt der Fisch »seine Beute mit einem bewegten Flossenhautläppchen an, das sich am Ende des sehr verlängerten Fadenstachels der ersten Rückenflosse befindet« (H. Leitner 55); De Saint-Denis, Voc. 93 f.; Thompson 28 f.; Jones 593; Leitner 54 f. s. v. »Batrachus«.

144 *Meerengel* (squatina) s. § 40. – *Butt* (rhombus) s. § 72. – *Rochen* (raia) s. § 78. – *Stachelrochen* (pastinaca) s. § 73; vgl. Aristoteles, hist. anim. IX 37, 620 b 24–26. 30–32. – *Meeräsche* (mugil) s. § 31.

145 *Gliederwürmer* (scolopendra marina) = Ringelwürmer der Klasse der Vielborster (Polychaeta); vgl. Aristoteles, hist. anim. IX 37, 621 a 6–9; s. auch II 14, 505 b 13 ff.; Aelian, nat. anim. VII 35; De Saint-Denis, Voc. 102; Jones 594; Leitner 218 f. – *Fuchshai* (vulpes marina =

griech. alópex) der sehr gefräßige Fuchshai, Squalus vulpes, L. = Alopias vulpes, Gm = Alopecias vulpes, Bonap. = Vulpecula vulpes, erreicht eine Länge von 4–5 m und bewohnt alle Meere der Welt. Seine stark entwickelte Schwanzflosse hat ihm wohl den Namen gegeben; vgl. Aristoteles, hist. anim. IX 37, 621 a 12–15; s. auch VI 10, 565 b 1; IX 37, 621 b 1–2; De Saint-Denis, Voc. 119 f.; Thompson 12 f.; Jones 585; Leitner 16. – *Wels* (glanis) s. § 44 f. – *Schwertwal* (aries) s. § 10.

146–147 *Quallen* (urticae) und *Schwämme* (s. § 148 ff.): Urtica heißt auch die Brennessel und man glaubte lange Zeit, daß die Quallen ins Pflanzenreich gehören, während wir heute wissen, daß es sich um echte Tiere handelt. Plinius versteht unter urtica marina die Seerose oder Seeanemone, die zu den Nesseltieren (Cnidaria) gehören. Sie sitzen meist am Untergrund fest, können sich aber auch langsam fortbewegen; vgl. Aristoteles, hist. anim. VIII 1, 588 b 11. 17–21; part. anim. IV 5, 681 a 35 f.; Aelian, nat. anim. VII 35. Nun sagt aber auch Plinius, daß sie *nachts* umherziehen, so daß man eher an schwimmende Quallen (Scyphozoa) zu denken hat; s. auch Aristoteles, hist. anim. I 1, 487 b 9–13; V 16, 548 a 22 f.; IV 6, 531 a 33; VIII 2, 590 a 28. – *Mund an der Unterseite:* Dieser Hinweis läßt auf die im Mittelmeer häufigen Wurzelmundquallen (Rhizostoma) schließen. Die Wurzel- oder Lungenqualle, Rhizostoma pulmo, hat einen im Durchmesser etwa 60–80 cm großen Schirm mit blaugefärbten Randlappen; sie hat acht Mundarme von eigenartiger gekräuselter Form, mit denen sie die Nahrung (Algen, kleine Krebse, Würmer usw.) aufnimmt; De Saint-Denis, Voc. 119; Thompson 118; Jones 595; Leitner 91 f. s. v. »Cnide«; H. Gossen – A. Steier, RE II A Sp. 1032–1034 s. v. »Seeanemone«. – *Kammuschel* s. § 84. – *Seeigel* s. §§ 40. 100. – *Brennen;* vgl. Diphilos bei Athenaios, Deipnosoph. III 90 A.

148 *Schwämme* (spongea): Vor allem sind hier die Hornschwämme (Keratosa) gemeint. Plinius gibt, im Anschluß an Aristoteles, hist. anim. V 16, 548 a 32 ff.; 548 b 1 f., wenn auch in anderer Anordnung, drei Arten an; s. auch Plinius, nat. hist. 31, 123–125; 1. *»Bock«* (griech. trágos), ein *sehr harter und rauher* Schwamm, könnte vielleicht eine Hircinia sein. 2. Der *»Dünne«* (griech. manós) wird mit dem Gemeinen Pferdeschwamm, Spongia equina = Hippospongia equina, Schulze = Hippospongia communis, Lam. identifiziert. Er hat einen fußgroßen, flachen Körper mit großen Löchern an der Oberfläche. 3. *Achillium* ist der feinste von allen Schwämmen. Es kann sich um den Zimokkaschwamm oder den Levantiner Badeschwamm, Euspongia officinalis mollissima handeln. Beide sind unter der Bezeichnung *Badeschwämme* bekannt; De Saint-Denis, Voc. 1. 62. 115; Thompson 23 f.; Jones 585; Leitner 3–5 s. v. »Achillium«; H. Gossen – A. Steier, II A Sp. 777–782 s. v. »Schwamm«.

149 *Torone* s. § 100. – *Syrten*: Die beiden Golfe an der Nordküste Afrikas zwischen der Kyrenaika und Tunesien; vgl. Plinius, nat. hist. 5, 25 ff. Zur Schwammfischerei in den Syrten s. Ch. H. Coster. – »dünne« Art s. § 148; vgl. Aristoteles, hist. anim. V 16, 548 b 19 ff. – *Lykien*, Landschaft im Südwesten Kleinasiens; vgl. Plinius, nat. hist. 5, 100 f. – *Hellespont*, h. Dardanellen. – *Malea*, südöstliches Kap der Peloponnes; vgl. Plinius, nat. hist. 4, 16.

150 Der Inhalt dieses § geht wieder auf Aristoteles, hist. anim. V 16, 548 b 30–549 a 6 zurück. Die festsitzenden Schwämme (Porifera) bilden meist Kolonien. Sinnesorgane fehlen ihnen. Ihr Körper besitzt ein umfangreiches Hohlraum- und Kanalystem. Heftig schlagende Geißelzellen der inneren Zellschicht saugen die Nahrung mit dem Wasser ein. Das innere Skelett besteht aus koh-

lensaurem Kalk, Kieselsäure oder einer hornigen Masse (Spongin). Die Schwämme vermehren sich sowohl ungeschlechtlich durch Knospung, als auch geschlechtlich durch Eier und Samen, die teils im gleichen Individuum, teils in getrenntgeschlechtlichen Tieren gebildet werden. – *»Unwaschbare«* (griech. aplysíai): Als schlechteste Schwammart handelt es sich wahrscheinlich um die Gattung Sarcotragus; De Saint-Denis, Voc. 7; Thompson 17; Jones 585; Leitner 27 f.

151 *Haifische* s. §§ 78. 110. – *Wolke*: Hier ist wahrscheinlich ein großer Haifisch gemeint.

152 *zu erschrecken*: Diese Bemerkung ist zutreffend; auch heute noch versuchen die Schwammtaucher sich dadurch zu schützen.

153 Aristoteles, hist. anim. IX 37, 620 b 33 sagt vom Fisch anthías (s. § 180), daß in seinem Aufenthaltsbereich kein Raubfisch vorkommt, weshalb er von den *Tauchern* als *heilig* bezeichnet wird; vgl. auch Aelian, nat. anim. VIII 28. Plinius spricht allerdings hier von *Plattfischen*, deren genaue Bestimmung mangels näherer Angaben nicht möglich ist.

154 *Auster* (ostreum) s. § 40. – *Holothurien*: Plinius meint hier wohl die Seewalzen und Seegurken (Holothurioidea), auch als Gurke (cucumis, s. § 3) bezeichnet; vgl. Aristoteles, hist. anim. I 1, 487 b 14 f.; part. anim. IV 5, 681 a 17 ff. – *Qualle* (pulmo): Vielleicht die im Mittelmeer vorkommende Lungenqualle, Rhizostoma pulmo; De Saint-Denis, Voc. 44 f.; Thompson 203; Jones 589; Leitner 134 s. v. »Halipleumon«. – *Seestern* (stella) s. § 183. – *nachts den Fischen ... den Schlaf stört:* Plinius erwähnt hier Parasiten, die er auch als phthir, griech. phtheir (nat. hist. 32, 150) und pediculus in mari (nat. hist. 32, 77; 32, 89) bezeichnet; vgl. Aristoteles, hist. anim. IV 10, 537 a 3 ff.; V 31, 557 a 23 f. Bei diesen Parasiten handelt es

sich um Krustazeen aus der Ordnung der Fischasseln, Ichthyophthira und Cymothoidae; De Saint-Denis, Voc. 86; Thompson 276; Leitner 21. – *chalkís:* Ein Fisch aus der Familie der Sardinen (Clupeidae), wahrscheinlich die Alse, Clupea alosa = Alausa vulgaris, Br. = Alosa alosa, die tatsächlich von Parasiten stark befallen wird; vgl. Aristoteles, hist. anim. VIII 20, 602 b 28; De Saint-Denis, Voc. 20 f.; Thompson 282 f.; Jones 587; Leitner 79 f.

155 *Seehase* (lepus): Gemeint ist eine Meeresnacktschnecke; vgl. Aelian, nat. anim. II 45; XVI 19; Plinius, nat. hist. 32, 8. Bei dem im *Indischen Meer* vorkommenden Seehasen ist vielleicht ein Vertreter der Fadenschnecken (Aeolidiacea) gemeint; auch an verschiedene Arten von Schuppenwürmern (Aphroditidae) hat man gedacht; *in unserem Meer* (= Mittelmeer) kommt eine Nacktschnecke vor, die durch ihre ohrenartigen Fühler einem Hasen ähnlich sieht und auch den Namen Seehase, Aplysia depilans L., führt. Bei Gefahr scheidet er einen gelben Saft aus, der giftig ist; vgl. Dioskurides, mat. med. II 20; De Saint-Denis, Voc. 54 f.; Thompson 142 f.; Jones 590; Leitner 153 f.; H. Gossen – A. Steier, RE II A Sp. 596 f. s. v. »Schnecke« Nr. 39. – *Drachenfisch* (araneus): Der zur Familie der Trachinidae gehörende Drachenfisch hat an der Rückenflosse Stacheln, die mit Giftdrüsen in Verbindung stehen, die sehr schmerzhafte Stiche und Entzündungen hervorrufen können. Erwähnt sei das Petermännchen, Trachinus draco L., das nicht nur im Mittelmeer vorkommt und bis zu 40 cm lang wird; De Saint-Denis, Voc. 9; Jones 585; Leitner 32 f. – *fünf Zoll* = $^5/_{12}$ Fuß = 12,3 cm. – *Stachelrochen* (trygón), *genannt »Pastinake«* (pastinaca) s. §§ 73. 144. Das *Gift* enthält freie Aminosäuren, Serotonin, 5-Nukleotidase und Phosphodiesterase, außerdem drei Proteinfraktionen ho-

her Toxizität (Einzelheiten: G. Habermehl, S. 51 ff.); vgl. Aelian, nat. anim. I 56; II 36. 50; VIII 26; Dioskurides, mat. med. II 22.

156 Zu den *Krankheiten der Fische* vgl. Aristoteles, hist. anim. VIII 20, 602 b 12–31.

157 *Art ihrer Fortpflanzung*: Als Quelle kommt wieder Aristoteles in Betracht: hist. anim. V 4, 540 b 6 f. 22; V 5, 541 a 15. 18. 32; VI 13, 567 a 32 f.; VI 14, 568 b 30; gen. anim. I 6, 718 a 1; III 5, 756 b 1 ff. – *Delphin* s. § 20. – *Walfisch* s. § 16.

158 *Eier der Fische* ...; vgl. Aristoteles, hist. anim. VI 14, 568 b 3. – *Muräne* s. § 76; vgl. Aristoteles, hist. anim. V 10, 543 a 20. – *Plattfische;* vgl. Aristoteles, hist. anim. V 5, 540 b 8 ff.; part. anim. IV 13, 695 b 7 f. – *Schildkröte;* vgl. Aristoteles, hist. anim. V 3, 540 a 27 f. – *Polypen, Tintenfische, Kalmare* s. § 52; vgl. Aristoteles, hist. anim. V 6, 541 b 1 ff. – *Langusten, Krabben* s. §§ 4. 97; vgl. Aristoteles, hist. anim. V 7, 541 b 19 ff.

159 *Frösche*; vgl. Aristoteles, hist. anim. V 3. – *Kaulquappe* (gyrinus); vgl. Aristoteles, hist. anim. VI 13, 568 a 1. Die Kaulquappen schlüpfen aus den befruchteten Eiern, haben einen dicken Kopf und deutlich erkennbaren *Schwanz.* Allmählich erfolgt die Metamorphose zum jungen Frosch, der meist erst im vierten Jahr fortpflanzungsfähig wird. Die sog. echten Frösche (Ranidae) wühlen sich im Winter tief in den Schlamm, um die Kältezeit zu überstehen. ... *im Schlamm auflösen* ist natürlich nicht zutreffend.

160 *Miesmuschel* s. § 115; die Eßbare Miesmuschel, Mytilus edulis; De Saint-Denis, Voc. 75; Thompson 167; Jones 590; Leitner 178; A. Steier, RE XVI Sp. 785 ff. s. v. »Muscheln« c. – *Kammuschel* s. § 84. – *kommen von selbst ... hervor;* vgl. Aristoteles, hist. anim. V 15, 547 b 11–15. – *Schnecken und Purpurschnecken* s. § 80 f. – *speichelartiger Schleim;* vgl. Aristoteles, hist. anim. V 15,

546 b 23 f. – *Mücken aus einer sauer werdenden Flüssigkeit;* vgl. Plinius, nat. hist. 11, 118: alia genera culicum acescens natura gignit (andere Arten von Mücken entstehen in sauer werdenden Stoffen). Es könnte sich hier um eine Art der Essigfliegen handeln, deren Larven in gärenden pflanzlichen Stoffen vorkommen; Leitner 106. – *Sardelle* (apua): Die Behauptung, dieser kleine Fisch entstehe aus dem Meerschaum, geht wieder auf Aristoteles, hist. anim. VI 15, 569 a 29 und 569 b 14 f., zurück; nochmals erwähnt von Plinius, nat. hist. 31, 95; De Saint-Denis, Voc. 8; Thompson 21–23; Jones 585; A. Steier, RE Suppl. VI Sp. 648 ff. s. v. »Sardelle«. – *Auster* s. §§ 40. 154; vgl. Aristoteles, hist. anim. V 15, 547 b 18. – *milchartige Flüssigkeit* s. Plinius, nat. hist. 32, 59. – *Aale:* Über ihre Fortpflanzung s. § 74; vgl. Aristoteles, hist. anim. VI 16, 570 a 3 ff.; VI 14, 569 a 6; gen. anim. II 5, 741 b 1; III 11, 762 b 26 ff.

161 *Engelhai* s. §§ 40. 78. – *Rochen* s. § 78. – *einen Fisch hervorbringen;* vgl. Aristoteles, hist. anim. VI 11, 566 a 26 ff. nennt diesen Fisch rhinóbatos. Es handelt sich wohl um den Geigenrochen, Raia rhinobatus = Rhinobatos rhinobatos, der wie ein Rochen aussieht, aber einen Schwanz wie der Meerengel hat. Er ist vor allem im Mittelmeer heimisch; De Saint-Denis, Voc. 93; Thompson 222; Jones 593 f.; Leitner 209 f. s. v. »Raia«; H. Gossen, RE Suppl. VIII Sp. 641 ff. s. v. »Rochen«.

162 *Kammuschel* s. § 84. – *Nacktschnecke* (limax): Wahrscheinlich meint Plinius verschiedene Wegschnecken Landlungenschnecken); Jones 590; Leitner 155; H. Gossen – A. Steier, RE II A Sp. 612 s. v. »Schnecken« Nr. 49. – *Blutegel* (hirudo, auch sanguisuga genannt) s. Plinius, nat. hist. 8, 29. Hirudo medicinalis s. Plinius, nat. hist. 32, 123; Leitner 139 f. – *Von den Fischen . . .;* vgl. Aristoteles, hist. anim. V 9, 542 b 32–543 a 11. – *Seebarsch* s.

§ 57. – *Heringsfisch* s. § 52. – *Meerbarbe* s. § 64. – *chalkís* s. § 154. – *Karpfen* s. § 58. – *Drachenkopf* (scorpaena): Wohl der Kleine Drachenkopf, Scorpaena porcus, mit bräunlicher Färbung; De Saint-Denis, Voc. 103; Thompson 245 f.; Jones 594; Leitner 219 f.; H. Gossen, RE Suppl. VIII Sp. 250 ff. s. v. »Knurrhahn«. – *Meerbrasse* s. § 65. – *Engelhai* s. § 78. – *Untergang des Siebengestirns* (= Plejaden): 11. November. – *Goldstriemen* s. § 68. – *Zitterrochen* s. § 57. – *Engelhai:* Im Text sind überliefert: squali = Haifische und squati = Engelhaie. Nach Aristoteles, hist. anim. V 11, 543 b 9 dürfte jedoch der zuletzt genannte Fisch gemeint sein; vgl. Leitner 211 f. s. v. »Rhine«; s. Zur Textgestaltung. – *Tintenfisch* s. § 52. – *traubenförmig* s. § 3; vgl. Aristoteles, hist. anim. V 12, 544 a 1 ff.

163 *Polypen* s. § 40; vgl. Aristoteles, hist. anim. V 12, 544 a 6. – *am fünfzigsten Tage;* vgl. Aristoteles, hist. anim. V 18, 550 a 1 ff. – *große Zahl der Eier;* vgl. Aristoteles, hist. anim. IV 1, 525 a 5 und V 12, 544 a 10.

164 Auch in diesem § diente Aristoteles als Quelle: hist. anim. V 18, 550 b 1 ff.; 550 a 26; V 12, 544 a 1 ff. – *Languste* s. § 4. – *Polypen* s. §§ 40. 163. – *Tintenfisch* s. §§ 52. 162. – *Kalmar* s. § 52. – *Purpurschnecken und Schnecken* s. § 80. – *Seeigel* s. § 40. – Zum Ganzen s. E. Teichmann.

165 *Zitterrochen* s. § 57. – *Knorpelfische* s. § 78. – Zum Ganzen vgl. Aristoteles, hist. anim. VI 10, 565 b 24; VI 11, 566 b 1; III 1, 511 a 9 f. – *Wels* s. § 45; vgl. Aristoteles, hist. anim. VI 14, 568 b 15 ff.; IX 37, 621 a 21 f.

166 *Hornhecht* (acus) *oder Belone*: Sehr wahrscheinlich handelt es sich um den Hornhecht oder Grünknochen Belone acus = Belone belone = Esox belone L. Der Bericht über die seltsame Art der Fortpflanzung stammt aus Aristoteles, hist. anim. VI 13, 567 b 22 ff.; VI 17, 571 a 2

und bezieht sich vielleicht auf die Bruttasche der männlichen Seenadelfische (Syngnathidae), in die das Weibchen ihre Eier legt; De Saint-Denis, Voc. 3 f.; Thompson 29 ff.; Jones 585; Leitner 8 f.; H. Gossen, RE II A Sp. 1034 f. s. v. »Seenadel«. – *Meermaus* (mus marinus) s. § 71; vgl. Aristoteles, hist. anim. V 33, 558 a 8 ff. – *Meerbrassen und Zackenbarsche* s. § 56; vgl. Aristoteles, hist. anim. IV 11, 538 a 20; gen. anim. III 5, 755 b 21. – *»Kreisel«* (trochoí): Dieser Fisch, der *sich selbst begattet*, ist nicht bestimmbar. Die Vermutung liegt nahe, daß es sich um einen hermaphroditischen Fisch, ähnlich den vorher genannten, handelt; vgl. Aristoteles, gen. anim. III 6, 757 a 6; Jones 595; Leitner 242.

167 *Pausilypum*, h. Posilipo, Ort zwischen Neapel und Pozzuoli; vgl. Plinius, nat. hist. 3, 82. – L. *Annaeus Seneca* s. Verzeichnis der Quellenschriftsteller. In seinen noch erhaltenen Schriften findet sich die Stelle nicht (frg. 8 Haase). – P. *Vedius Pollio* s. § 77. Er setzte Augustus zum Erben seines Landgutes mit den *Fischteichen* ein; vgl. Cassius Dio LIV 23, 2.

168 C. *Sergius Orata*: Ein unternehmender Geschäftsmann aus der Zeit von Ciceros Jugend im 1. Jahrzehnt des letzten Jh. v. Chr. – *Baiae* s. § 25. Über die *Austernbehälter* vgl. Varro, res rust. III 3, 10; Columella, de re rust. VIII 16, 5; Macrobius, Sat. III 15, 3; Valerius Maximus IX 1, 1. Zur Quellenfrage s. F. Münzer, S. 97. – *L.* Licinius *Crassus*, bedeutender Redner, 140–91 v. Chr.; Konsul 95, Zensor 92 v. Chr. – *Marsischer Krieg* = Bundesgenossenkrieg, Aufstand der Italiker gegen Rom, 91–89 v. Chr. – *hängende Bäder;* vgl. Cicero, Hortensius bei Nonius 194, 13. Technische Einzelheiten bei L. Sprague de Camp. – *Lukrinersee* s. § 25.

169 *Seebarsch* s. § 57. Der schmackhafte Fisch wurde mehrfach gerühmt z. B. Horaz, Sat. II 2, 31; Columella, de re

rust. VIII 16; Macrobius, Sat. III 16, 13 ff. – *im Tiber zwischen den beiden Brücken:* Hier sind wahrscheinlich folgende Brücken gemeint: Pons Sublicius – Pons Cestius und Fabricius. – *Butte* s. § 72; vgl. Iuvenal, Sat. IV 39. – *Ravenna,* Stadt in der Gallia Cisalpina, seit dem 3. Jh. mit Rom verbündet; vgl. Plinius, nat. hist. 3, 115. – *Muräne* s. §§ 40. 76; vgl. Macrobius, Sat. III 15, 7. – *Sterlet* s. § 60; vgl. Varro, res rust. II 6, 2; Columella, l. c. 9. – *Rhodos,* südlichste Insel der Sporaden an der Südwestküste Kleinasiens. – C. Sergius *Orata* s. § 168. – *lukrinische Austern* = Austern aus dem Lukrinersee (s. § 25); vgl. Plinius, nat. hist. 32, 62 f.; Iuvenal, Sat. IV 141. – *Brundisium,* h. Brindisi in Süd*italien.*

170 *Zuchtteiche* des *Licinius Murena*; vgl. Varro, res rust. III 3, 10; Columella, de re rust. VIII 16, 5; Macrobius, Sat. III 15, 2. L. Licinius Murena war Praetor i. J. 100 v. Chr. – *Familie des Philippus und Hortensius:* Bedeutende Vertreter dieser Familien waren L. Marcius Philippus (geb. ca. 136 v. Chr.) und sein gleichnamiger Sohn (geb. ca. 102 v. Chr.), sowie der berühmte Redner Q. Hortensius Hortalus (geb. 114 v. Chr.), der Konkurrent Ciceros; vgl. Varro, res rust. III 17, 5–9. – L. Licinius *Lucullus,* römischer Feldherr im 3. Mithridatischen Krieg (74 bis 64 v. Chr.), Konsul 74 v. Chr., Freund eines raffinierten Lebensgenusses; vgl. Varro, res rust. III 2, 17; Macrobius, Sat. III 15, 6. – *Pompeius der Große,* berühmter römischer Feldherr, 106–48 v. Chr., als Politiker weniger erfolgreich; er unterlag Caesar 48 v. Chr. bei Pharsalos im Kampf um die Alleinherrschaft. – *Xerxes* (I.), König der Perser, regierte 485–465 v. Chr. und baute, 480 v. Chr., einen Kanal, der den Berg Athos in Makedonien vom Festland trennte; vgl. Plinius, nat. hist. 4, 37. Auf diese Begebenheit bezieht sich offenbar die Äußerung Pompeius' d. Gr.; vgl. Velleius II 33, 4; Plutarch, Lucul. 39,

3. Zur Quellenfrage s. F. Münzer, S. 139. 361. – *40 000 Sesterzen* = etwa 8000 Goldmark. Die Zahl ist durch Varro, l. c., und Macrobius, l. c., gesichert.

171 C. Lucilius *Hirrus*: Ein Großunternehmer, Volkstribun 53 v. Chr.; vgl. Varro, res rust. III 17, 3; Macrobius, Sat. III 15, 6. Zur Quellen- und Zeitfrage vgl. F. Münzer, S. 139. – *Triumphmäler des Diktators Caesar:* nach dem Sieg über Pompeius und seine Anhänger (45 v. Chr.). – *4 000 000 Sesterzen* = etwa 800 000 Goldmark.

172 *Bauli*, h. Bacoli, Stadt in Kampanien, *im Gebiet von Baiae* (s. § 25). – *Redner Hortensius* s. § 170; vgl. Varro, res rust. III 17, 5–7. Nach Macrobius, Sat. III 15, 4 soll der Zensor Crassus den Tod einer Muräne wie den einer Tochter betrauert haben. – *Antonia,* die jüngere Tochter des Triumvirn M. Antonius und der Octavia, 36 v. – 37 n. Chr., verheiratet mit Nero Claudius *Drusus,* dem Stiefsohn des Augustus und Bruder des späteren Kaisers Tiberius; vgl. Plinius, nat. hist. 7, 80.

173 Q. *Fulvius Lippinus,* Großgrundbesitzer und Tierzüchter, Zeitgenosse Ciceros, unterhielt in der Gegend von *Tarquinii,* h. Tarquinia, der alten Etruskerstadt, ausgedehnte Tiergehege; vgl. Plinius, nat. hist. 8, 211. – *Pompeius d. Gr.* s. § 170. – *Bürgerkrieg:* 49–45 v. Chr. (Kämpfe zwischen Caesar und Pompeius). – verschiedene *Arten von Schnecken*: die *weißen ... im Reatinerland* (Reate, h. Rieti, alte Stadt der Sabiner): Es könnte sich um Helix carsoliana, Férrusac, oder um Helix pisana Lam. handeln; Thompson 129; Leitner 94 f.; H. Gossen – A. Steier, RE II A Sp. 594 s. v. »Schnecke« Nr. 29. – *die illyrischen* (Illyrien = gebirgige Landschaft an der Ostküste der Adria, nördlich von Epirus): vielleicht Helix secernenda L.; Leitner 95; H. Gossen – A. Steier, a.a.O. Sp. 593 Nr. 19. – *die afrikanischen:* vielleicht Helix desertorum L.; H. Gossen – A. Steier, a.a.O. Sp. 594 Nr. 22. – *die solitanischen:*

vielleicht von einem Vorgebirge in Mauretanien (Solis promunturium; vgl. Plinius, nat. hist. 5, 9) oder die von Plinius, nat. hist. 30, 45 genannten cocleae Iolitanae (Iol = Stadt an der Küste Mauretaniens, auch Caesarea Mauretaniae genannt; vgl. Plinius, nat. hist. 5, 19): Es könnte sich um die Achatschnecke, Achatina perdix Lam., handeln; De Saint-Denis, Voc. 25; Leitner 95; H. Gossen – A. Steier, a.a.O. Sp. 593 Nr. 20. Zur Quellenfrage (Varro vgl. das Zitat § 174) s. F. Münzer, S. 129. 137 Anm. 1. 139 f.

174 Zur *Mästung* der Schnecken vgl. Varro, res rust. III 14, 4 f. – *80 Quadranten:* ein quadrans = 1/4 sextarius, somit 80 quadrantes = 20 sextarii = 10,92 Liter, für ein Schneckengehäuse eine kaum glaubliche Größe. Die gleiche Zahl wird jedoch auch von Varro, l. c. angegeben.

175 *Theophrastos* s. Verzeichnis der Quellenschriftsteller (frg. 171, 2; vgl. Aelian, nat. anim. V 27). – Die in der Umgebung *Babylons* (s. § 27) vorkommenden Fische sind vielleicht die sog. Schlammspringer, Periophthalmidae, die auch außerhalb des Wassers leben können. Nahe verwandt mit ihnen sind die Glotzaugen, Boleophthalmi, die ebenfalls in Betracht kommen; Leitner 203 Nr. 4. – *Seeteufel* s. §§ 78. 143. – *Grundel* (gobio oder cobio, Plinius, nat. hist. 32, 146) bezeichnet sowohl einen Süßwasser- als auch einen Meeresfisch. Gemeint sind aber hier weniger die Meergrundeln (Gobiidae), als der oben erwähnte Schlammspringer, der auch zu den Grundeln gehört; De Saint-Denis, Voc. 43 f.; Thompson 137 ff.; Jones 589; Leitner 130; H. Gossen, RE II A Sp. 794–796 s. v. »Schwarzgrundel«.

176 *Herakleia* (Pontica), h. Ereglisi, Stadt in Kleinasien, an der Küste Bithyniens; vgl. Plinius, nat. hist. 6, 4. – *Kromna,* Stadt in Kleinasien, an der Küste von Paphlagonien; vgl. Plinius, nat. hist. 6, 5. – *Pontos:* Hier ist die Landschaft Pontos am Südufer des Schwarzen Meeres (Pontos Euxei-

nos s. § 47) in Kleinasien gemeint. – Der genannte Fisch ist nicht genau bestimmbar, vielleicht der Schlammpeitzger, Cobitis fossilis, L. = Misgurnus fossilis, der auch im *ausgetrockneten* Schlamm existieren kann; Jones 592; Leitner 203, 5. – Als Quelle kommt wieder Theophrastos (frg. 171, 7) in Frage.

177 *Lykos,* h. Gülünc-Su, kleiner Fluß in Kleinasien, der sich bei *Herakleia* (s. § 176) ins Schwarze Meer ergießt; vgl. Plinius, nat. hist. 6, 4. Bei den aus *im Schlamm zurückgebliebenen Eiern* sich bildenden *Fischen* ist wohl wieder der in § 176 genannte Schlammpeitzger gemeint. – *Aale* s. § 74. – *Schildkröte* s. § 35 f. – *Pontos* s. § 176. – *im Eis gefangen;* vgl. Athenaios, Deipnosoph. VIII 331 C; Theophrastos, frg. 171, 8. – *Grundel* s. § 175. Viele Fische in nördlichen Gegenden überwintern im Schlamm oder auf dem Grund geschützter Buchten, auch wenn die Gewässer stark vereisen. Ihre Körperfunktionen sind in dieser Zeit stark reduziert, wobei sie von dem gespeicherten Fett leben.

178 Die Angaben über die Fische in *Paphlagonien* (an der Nordküste Kleinasiens) beziehen sich offenbar auch wieder auf den § 176 genannten Schlammpeitzger. Über den zum Vergleich herangezogenen *Maulwurf* (talpa) spricht Plinius öfter (s. § 17), ferner nat. hist. 30, 19. – *Regenwürmer* (vermis terrenus), vielleicht der Gewöhnliche Regenwurm, Lumbricus terrestris. – Zu den *Fischen*: vgl. Theophrastos, frg. 171, 11; Athenaios, Deipnosoph. VIII 331 D. Strabo, Geogr. XII 3, 563 berichtet von Eudoxos, der ebenfalls Fische, die in Paphlagonien an trockenen Stellen ausgegraben wurden, erwähnt; vgl. Seneca, nat. quaest. III 16, 5.

179 Über diese rätselhaften *Mäuse* aus dem *Nil* berichten auch Diodoros I 10, 2; Pomponius Mela I 52 und Ovid, Met. I 422–429.

Sic ubi deseruit madidos septemfluus agros
Nilus et antiquo sua flumina reddidit alveo,
aetherioque recens exarsit sidere limus,
plurima cultores versis animalia glaebis
inveniunt, et in his quaedam modo coepta per ipsum
nascendi spatium, quaedam inperfecta suisque
trunca vident numeris; et eodem in corpore saepe
altera pars vivit, rudis est pars altera tellus.

Wie, wenn die nassen Äcker der siebenarmige Nil ver-
läßt und dem alten Bett seine Fluten zurückgibt und frischer
Schlamm in der Hitze des Äthergestirnes erglüht und die Bauern
finden beim Wenden der Schollen unzählige Tiere und sehen
manche darunter, die eben zu werden beginnen, die eben
sind im Begriff zu entstehn, unfertig manche, der vollen,
Zahl ihrer Glieder noch bar; und oftmals lebt in dem selben
Körper ein Teil und ist noch rohes Erdreich der andre.

(E. Rösch)

180 *anthías*: Dieser Fisch ist nicht mit Sicherheit bestimmbar. Er wird von Aristoteles, hist. anim. VI 17, 570 b 19 und IX 2, 610 b 5 zwar erwähnt, aber nicht genau beschrieben. Man hat eine Verwechslung mit dem von Aristoteles, hist. anim. IX 37, 621 b 17 erwähnten akanthías in Betracht gezogen; hiernach würde es sich um den Dornhai, Squalus acanthias, handeln; De Saint-Denis, Voc. 5–7. Nach Tompson 14–16 könnte man auch an den Großen Sägebarsch, Serranus gigas, oder den Riesenbarsch, Polyprion cernium, denken. Jones 585 vermutet u. a. den Rötling, Anthias anthias, hält aber auch den Dornhai für

möglich. Die Frage muß offen bleiben; zum Ganzen s. Leitner 23 ff. – *Chelidonische Inseln,* h. Khelidonia, die sog. »Schwalbeninseln« an der Küste Lykiens in Kleinasien; vgl. Plinius, nat. hist. 2, 227; 5, 131; Pomponius Mela II 102.

182 C. Licinius *Mucianus* (frg. 18 Brunn) s. Verzeichnis der Quellenschriftsteller. – *die Leine durchschneiden:* Plinius, nat. hist. 32, 13 wiederholt diese Bemerkung; s. auch Plutarch, soll. anim. 25, 977 C; Aelian, nat. anim. I 4. – *Brachse* § 65.

183 *Seestern* (stella): Es gibt im Mittelmeer drei Ordnungen von Seesternen: Großplattenseesterne (Phanerozonia), Stachelseesterne (Spinulosa) und Zangenseesterne (Forcipulata). Die Angaben bei Plinius und Aristoteles, hist. anim. V 15, 548a 7 ff. reichen aber nicht aus, um eine genaue Bestimmung durchzuführen. Die *feurige Hitze* des Tieres ist wahrscheinlich so zu erklären, daß der Seestern Muscheln zu öffnen vermag, ein Verdauungssekret in sie abscheidet und das »vor*verdaute*« Muschelgewebe als Nahrung einsaugt. Der Seestern nährt sich aber auch von Schnecken, Krebsen und Fischen, die er in ähnlicher Weise überwältigt. Kleinere Tiere verschlingt er im Ganzen und scheidet Unverdauliches, wie Panzer, Schalen u. dgl., wieder aus; De Saint-Denis, Voc. 109 f.; Jones 594; Leitner 226; H. Gossen, RE II A Sp. 1045 s. v. »Seestern«.

184 *Daktylen* (von griech. dáktylos – Finger): Plinius hat § 101 bereits die ebenfalls im Dunklen leuchtenden Muscheln erwähnt, die *nach ihrer Ähnlichkeit mit den menschlichen Nägeln* als ungues bezeichnet werden. Gemeint ist sehr wahrscheinlich die Seedattel oder Bohrmuschel, Pholas dactylus L. Das Tier erreicht eine Größe von 9–12 cm; s. auch Plinius, nat. hist. 32, 151; De Saint-Denis, Voc. 31; Thompson 51; Jones 588; Leitner 49 s. v. »Aulos«.

185 *Feindschaften und Freundschaften*; vgl. Aristoteles, hist. anim. IX 2, 610 b 10; Aelian, nat. anim. I 32; V 48. – *Meeräsche* s. § 31; *Seebarsch* s. § 57. – *Meeraal* s. § 57; *Muräne* s. §§ 40. 76; s. auch Aristoteles, hist. anim. IX 2, 610 b 17. – *Polypen* s. § 40; *Languste* s. § 4; vgl. Aristoteles, hist. anim. VIII 2, 590 b 14–18; Aelian, nat. anim. IX 25; X 38. – *Nigidius* Figulus (frg. 118 Swoboda); vgl. F. Münzer, S. 356; s. Verzeichnis der Quellenschriftsteller.

186 *Walfisch* (ballanea) s. § 4. – *musculus* (marinus): Der Lotsen- oder Pilotfisch, Naucrates ductor, welcher eine Größe bis zu 70 cm erreicht und sich meist in größerer Zahl in der Nähe von Haifischen aufhält. Plinius sagt ihm Freundschaft mit dem *Walfisch* nach; s. auch nat. hist. 11, 165, wo allerdings Bartenwale, Mystacoceti, gemeint sein können; s. ferner Plutarch, soll. anim. 31, 980 Bf.; Aelian, nat. anim. II 13. Der Lotsenfisch ist außerordentlich schnell und wendig und vermag dem Haifisch Teile seiner Beute wegzuschnappen, ohne dessen Zähne fürchten zu müssen; s. H.-W. Smolik Bd. IV S. 157. Bei dem von Plinius, nat. hist. 32, 144 im Fischkatalog genannten musculus liegt eine Verwechslung vor, da dort wahrscheinlich ein Wal gemeint ist; De Saint-Denis, Voc. 73; Thompson 75; Jones 591; Leitner 176 f.

Verzeichnis der Parallelstellen
zwischen *Plinius,* Naturalis historia 9, und *Solinus,* Collectanea rerum memorabilium, bzw. *Aelian,* de natura animalium:

Plinius	Solinus	Aelian
§ 4	52, 41f.	(XVI 12. XVII 16)
§ 5	–	(XVI 18)
§ 8	52, 42	XIII 20
§ 9	–	XIII 21
§ 10	–	XV 2
§ 11	34, 2f.	–
§ 19	(12, 5)	V 4. IX 50
§ 20	12, 3f.	XII 12
§ 21f.	12, 3ff.	V 4. X 8
§ 23	12, 4f.	–
§ 24	12, 6	II 6
§ 25	12, 7f.	(VI 15)
§ 26	12, 9	–
§ 27	12, 10f.	VI 15
§ 28	12, 12	II 6. XII 45
§ 29	–	(II 8)
§ 30	12, 6	–
§ 33	12, 12	V 6
§ 35f.	–	(XVI 14. 17)
§ 37	–	(XV 18)
§ 41	–	IX 9
§ 44	–	(XII 29)
§ 45	15, 1	(XIV 25)
§ 46	52, 41	V 3
§ 47	12, 12	–
§ 49	12, 13	(XV 3)
§ 50f.	12, 13	(IX 42)
§ 51	–	II 15
§ 57	–	IX 7. XIV 3
§ 58	–	(IX 38)
§ 59	–	I 12
§ 62	–	II 54
§ 65	–	X 2
§ 70	–	(IX 36)
§ 76	–	I 50. IX 66
§ 79	–	II 17

§ 81	–	XII 28
§ 82	–	IX 52
§ 84	–	IX 52. I 34
§ 86f.	(30, 25)	I 27
§ 88	–	IX 34
§ 89	–	(V 44. IX 45) VI 28
§ 92	–	XIII 6
§ 95	–	IX 25
§ 97	–	XIV 9
§ 98	–	VII 24. 31
§ 100	–	VII 33
§ 106	53, 23	X 13
§ 107ff.	53, 23–26	–
§ 110	53, 27	X 20
§ 111	53, 27	XV 8
§ 112	53, 27	X 13
§ 116	53, 27f.	X 13. XV 8
§ 117f.	52, 29	–
§ 123	53, 30	–
§ 141	(23, 4)	–
§ 142	–	III 29
§ 143	–	IX 24
§ 144	–	VII 35
§ 146f.	–	VII 35
§ 155		II 45. XVI 19, I 56. II 36. 50. VIII 26
§ 166	–	IX 60
§ 168f.	–	VIII 28
§ 175	–	V 27
§ 185	–	X 38
§ 186	–	II 13

Zusammenstellung der Sachbezüge zwischen dem 9. Buch der Naturalis historia des Plinius und den Schriften des Aristoteles (Historia animalium = H, de generatione animalium = G, de partibus animalium = P):

Plinius	Aristoteles	Plinius	Aristoteles
§ 16	H I 5, 489a 34; VIII 2, 589b 1	§ 18	H VIII 2, 589a 9ff.

Plinius	Aristoteles
§ 19	H I 5, 489 b 2–6;
	VI 12, 566 b 27
§ 20	H IX 48, 631 a 21–30;
	VIII 2, 591 b 25
§ 21	H IX 48, 631 a 7 ff.;
	VI 12, 566 b 16–26
§ 22	H VI 12, 566 b 21 ff.
§ 23	H II 10, 503 a 2;
	IV 9, 535 b 32 ff.;
	VIII 2, 589 b 9
§ 33	H IX 48, 631 a 10
§ 35 f.	H VIII 2, 590 b 7–9
§ 37	H VIII 2, 590 b 3–4;
	V 33, 558 a 4–7. 11–14;
	V 3, 540 a 28
§ 41 f.	H I 5, 489 a 34–
	489 b 4;
	II 1, 498 a 31;
	VI 12, 566 b 27. 31 und
	567 a 1–12
§ 43	H I 5, 489 b 2;
	VI 12, 566 b 3;
	I 6, 490 b 25
§ 44	H VIII 30, 607 b 32
§ 47	H V 9, 543 a 12;
	VI 17, 571 a 16 ff.;
	VIII 13, 598 a 26 f.;
	V 10, 543 b 2;
§ 49	H VIII 19, 601 b 18;
	VIII 13, 598 a 27 ff.;
	VI 17, 571 a 11;
	IX 37, 621 a 17
§ 50 f.	H VIII 13, 598 b 1. 19–21;
	VIII 15, 599 b 3 ff.
§ 52 f.	H VIII 13, 598 a 24;
	598 b 12 f.
	VI 17, 571 a 7 f.
§ 54	H V 31, 557 a 28 f.;
	VIII 19, 602 a 27
§ 56	H V 5, 540 b 16;
	IV 11, 538 a 20;
	VI 13, 567 a 27;
	G III 5, 755 b 20 f.;
	H IX 2, 610 b 1;
	VIII 19, 602 b 5 und
	15, 600 a 7;
	VIII 19, 601 b 9 f. 14
§ 57	H VIII 19, 601 b 29 f.;
	19, 608 a 9;
	15, 599 b 2. 26;
	IX 37, 620 b 21. 30
§ 58	H VIII 15, 599 b 31 f.;
	20, 602 b 24
§ 59	H VIII 2, 591 b 3;
	V 5, 541 a 19
§ 62	H II 13, 405 a 15;
	VIII 2, 591 b 22;
	591 a 14;
	P III 14, 675 a 4
§ 64	H VIII 2, 591 a 12
§ 65	H VIII 2, 591 b 19;
	V 9, 543 a 7
§ 68	H VIII 2, 591 a 15
§ 69	H II 13, 505 a 7;
	504 b 29;
	III 11, 518 b 30
§ 71	H V 33, 558 a 8
§ 73	H I 5, 489 b 24–35;
	P IV 13, 696 a 4 ff.;
	H II 13, 504 b 30
§ 74	H VIII 2, 592 a 5–26
§ 76	H V 9, 542 b 32;
	10, 543 a 19–27
§ 78	H V 5, 540 b 17;
	VI 12, 566 b 4;
	VIII 2, 591 a 9;
	3, 592 b 8. 25;
	P IV 13, 696 b 26;
	H I 11, 492 a 27;
	III 1, 511 a 4;
	II 13, 505 b 2;
	VI 10, 564 b 15;
	G III 3, 754 a 21
§ 79	H II 14, 505 b 19
§ 81	H VIII 30, 607 b 9, 18
§ 82	H IV 9, 535 b 27
§ 83	H IV 1, 532 b 1–11. 26
	– 524 a 1
§ 84	H IV 4, 528 a 31;
	9, 535 b 27;
	IX 37, 621 b 10
	IV 1, 525 a 11;

Plinius	Aristoteles
	524b 16;
	IX 1, 608b 17;
	37, 621b 29ff.
§ 85	H IV 1, 525a 15;
	524a 2ff.;
	IX 37, 622a 29f.
§ 86f.	H VIII 2, 591a 1;
	IX 37, 622a 3ff.
	II 17, 508b 7
§ 88	H IX 37, 622b 1–15;
	IV 1, 525a 15f.
§ 89	H V 12, 544a 8;
	IX 37, 622a 15. 17
§ 93	H IV 1, 524a 26;
	V 18, 550b 14.
§ 95	H IV 2, 525a 30;
	VIII 17, 601a 16;
	V 17, 549b 25;
	VIII 2, 590b 25
§ 96	H V 17, 549b 13. 20–22
§ 97	H IV 2, 525b 30ff.;
	526a 11–
	526b 33;
	V 17, 549b 25;
	IV 2, 525b 15ff.–
	526a 22;
	P IV 8, 683b 27;
	684a 2. 8. 27
§ 98	H VIII 2, 590b 30;
	V 15, 548a 14–20
§ 99	H VIII 2, 590b 28
§ 100	H IV 5, 530a 6. 32;
	(I 6, 490b 30)
§ 101	H IV 4, 528b 24;
	VIII 13, 599a 16
§ 102	H IV 4, 527b 35ff.
§ 103	H IV 4, 528a 31;
	9, 535b 26;
	IX 37, 621b 10
§ 125	H V 15, 547b 9;
	VIII 13, 599a 15;
	V 15, 546b 18;
	547a 15f. 21ff.
§ 128	H V 15, 547b 6f.;
	VIII 20, 603a 13–16
§ 130	H V 15, 547b 9f.;
	IV 4, 530a 20
§ 131	(H V 15, 546b 17ff.)
§ 133	H V 15, 547a 13;
	546b 25
§ 142	H V 15, 547b 16. 28
§ 143	H IX 37, 620b 11ff. 19–23
§ 144	H IX 37, 520b 24–26.
	30–32.
§ 145	H IX 37, 621a 6–9;
	II 14, 505b 13ff.;
	IX 37, 621a 12–15;
	VI 10, 565b 1;
	IX 37, 621b 1f.
§ 146f.	H VIII 1, 588b 11. 17–21;
	P IV 5, 681a 35f.;
	H I 1, 487b 9–13;
	V 16, 548a 22f.;
	IV 6, 531a 33;
	VIII 2, 590a 28
§ 148	H V 16, 548a 32ff.;
	548b 1f.
§ 149	H V 16, 548b 19ff.
§ 150	H V 16, 548b 30–
	549a 6
§ 153	H IX 37, 620b 33
§ 154	H I 1, 487b 14f.;
	P IV 5, 681a 17ff.
	H IV 10, 537a 3ff.;
	V 31, 557a 23f.;
	VIII 20, 602b 28
§ 156	H VIII 20, 602b 12–31
§ 157	H V 4, 540b 6f. 22;
	5, 541a 15. 18. 32;
	VI 13, 567a 32f.;
	14, 568b 30;
	G I 6, 718a 1;
	III 5, 756b 1ff.
§ 158	H VI 14, 568b 3;
	V 10, 543a 20;
	5, 540b 8ff.;
	P IV 13, 695b 7f.;
	H V 3, 540a 27f.;
	6, 541b 1ff.;
	7, 541b 19ff.;
§ 159	H V 3, 540a 31;
	VI 13, 568a 1

Plinius	Aristoteles
§ 160	V 15, 546b 23f.;
	VI 15, 569a 29;
	569b 14f.;
	V 15, 547b 18;
	VI 16, 570a 3ff.;
	14, 569a 6;
	G II 5, 741b 1;
	III 11, 762b 26ff.
§ 161	H VI 11, 566a 26ff
§ 162	H V 9, 542b 32–543a 11;
	11, 543b 9;
	12, 544a 1ff.
§ 163	H V 12, 544a 6. 10;
	18, 550a 1ff.;
	IV 1, 525a 5
§ 164	H V 18, 550b 1ff.;
	550a 26;
	12, 544a 1ff.
§ 165	H VI 10, 565b 24;
	11, 566b 1;
	III 1, 511a 9f.;
	VI 14, 568b 15ff.;
	IX 37, 621a 21f.
§ 166	H VI 13, 567b 22ff.;
	17, 571a 2;
	V 33, 558a 20;
	G III 5, 755b 21;
	6, 757a 6
§ 180	H VI 17, 570b 19;
	IX 2, 610b 5;
	37, 621b 17
§ 183	H V 15, 548a 7ff.
§ 185	H IX 2, 610b 10. 17;
	VIII 2, 590b 14–18

ZUR TEXTGESTALTUNG

Der vorliegende lateinische Text folgt im wesentlichen der kritischen Ausgabe von *K. Mayhoff,* Stuttgart 1909 (Nachdruck 1967), auf deren Apparat verwiesen wird. Die Textausgabe von *D. Detlefsen,* Berlin 1867, und die zweisprachigen Editionen von *H. Rackham,* London 1940, und *E. de Saint-Denis,* Paris 1955, wurden zum Vergleich herangezogen. Zur Vorbereitung seiner Ausgabe untersuchte letzterer einige von der Forschung bisher nicht gebührend gewürdigte Handschriften und legte das Ergebnis seiner Beobachtungen vor: Notes critiques sur le livre IX de Pline l'Ancien. Revue de Études Latines 16, 1948, 92–111.

Im einzelnen ergeben sich folgende Textabweichungen:

§	Detlefsen	Mayhoff	Rackham	de Saint-Denis	Tusculum
2	e sublimi	e sublimi	e sublimi	⟨e⟩ sublimi	e sublimi
3	serras	serras	serram	serras	serras
5	illuc	illic	illic	illic	illic
	et alias tanta	tanta ut alias	tanta ut alias	tanta ut alias	tanta ut alias
	thynnorum	thynnorum	thynnorum	t⟨h⟩ynnorum	thynnorum
	direxerit	derexerit	direxerit	derexerit	derexerit
	aliter sparsis	aliter sparsis	aliter [sparsis]	aliter sparsis	aliter sparsis
	non ictu, sed fragore	non ictu, sed fragore	non fragore, sed ictu	non ictu, sed fragore	non ictu, sed fragore

6	Ptolomaeo	Ptolemaeo	Ptolomaeo	Ptolemaeo	Ptolemaeo
	praecipua	praecipue	praecipue	praecipue	praecipue
8	distinctae hae	distinctae hae	distinctae hae	distinctae	distinctae
9	habent	habet	habent	habet	habent
10	ab his	ab iis	ab his	ab iis	ab his
	Gaditano Oceano	in Gaditano Oceano	in Gaditano Oceano	in Gaditano Oceano	in Gaditano Oceano
	insula Rumu	in insula simul	in insula simul	in insula simul	in insula simul
11	in Gaditano litore	in Gaditana litora	in Gaditano litore	in Gaditana litora	in Gaditana litora
	pennas	pinnas	pinnas	pinnas	pinnas
12	aestatis	statis	aestatis	statis	statis
	gaudentis	gaudentes	gaudentes	gaudentis	gaudentes
	his	iis	iis	his	his
13	toto	tuto	tuto	toto	toto
	volvant	volvant	volvant	uoluont	volvant
14	vicem	vice	vice	vice	vice
15	p. R.	populo Romano	populo Romano	p⟨opulo⟩ R⟨omano⟩	populo Romano
16	habentis	habentes	habentes	habentis	habentes
	branchis	branchiis	branchiis	branchiis	branchiis
	indaginibus	insignibus	insignibus	insignibus	insignibus
17	possint	possint	possint	possunt	possint
19	fistulis	fistula	fistula	fistula	fistulis
	pertinent	pertinet	pertinet	pertinet	pertinent
21	interim	interim	interim	interim	interdum
23	is	iis	is	his	his
	rostrum	rostrum	rostrum	⟨rostrum⟩	rostrum

§	Detlefsen	Mayhoff	Rackham	de Saint-Denis	Tusculum
24	homini	homini	homini	hominis	homini
	musicae arti	musicae arti	musicae arti	musica arte	musicae arti
	set	set	set	et	et
25	Alfii	Alfii	Alfii	Alfi	Alfii
	pennae	pinnae	pennae	pinnae	pinnae
27	causam	causam	causam se	causam	causam
29	in Nemausiense agro	in Nemausiensi agro	in Nemausiensi agro	in Nem⟨a⟩usiensi agro	in Nemausiensi agro
	Laterna	Latera	Latera	Latera	Latera
	aeque	eaque	aeque	eaque	eaque
	moles	moles	molem	moles	moles
	tollerctur	toleretur	toleratura	toleretur	toleretur
	insidietur	insidietur	insidiaretur	insidietur	insidietur
30	spectaculi in eventum	in spectaculi eventum	in spectaculi eventum	ad spectaculi eventum	ad spectaculi eventum
	sed	set	sed	sed	sed
	advolant	advolare	advolare	advolant	advolant
31	propere	properant	properant	propere	propere
	pugnae	pugnae	pugnae	pugna⟨e⟩	pugnae
	urguent	urgent	urguent	urgent	urgent
32	urguentes	urgentes	urguentes	urgentes	urgentes
	nantesve	natantesve	nantesve	natantesve	natantesve
	exitum	exitus	exitus	exitum	exitum
	is	iis	iis	iis	his
35	Indcium (!) mare	Indicum mare	Indicum mare	Indicum mare	Indicum mare

	uti	uti	uti	ut	uti
36	leniterque	tacite leniterque	leniter	… leniterque	tacite leniterque
	ex terra	e terra	e terra	e terra	e terra
	in Phoeniceo mari	in Phoenicio mari	in Phoenicio mari	in Phoenicio mari	in Phoenicio mari
37	set	set	set	sed	sed
	terra ac pavita	terra pavita hac	terra ac pavita	terra pavita	terra pavita
	ab his	ab iis	ab iis	ab his	ab his
38	celtium	chelium	chelium	chelium	chelium
	adnatant	adnant	adnatant	adnant	adnant
39	his	iis	his	his	his
40	pilis teguntur	pilo integuntur	pilo integuntur	pilo integuntur	pilo integuntur
	ut murenae	ut murenae	ut murenae	⟨ut⟩ murenae	ut murenae
41	in coitu	initu	in coitu	in coitu	in coitu
	voceque	vocemque	voceque	vocemque	vocemque
	risu	iussu	nisu	iussu	iussu
42	pennae	pinnae	pennae	pinnae	pinnae
43	intecta	intecta	intectas	intecta	intecta
44	atque	atque	atque	atqui	atqui
45	marris	marris	marris	mar⟨r⟩i⟨s⟩	marris
46	sexaginta	sex	sexaginta	sex	sex
	venientis	venientes	venientis	venientes	venientes
47	vere	vero	vere	vere	vere
49	singulis	singulis	singulus (!)	singulis	singulis
50	angustis	angustiis	angustiis	angustiis	angustiis
	Chalcedonem	Calchedonem	Chalcedonem	Calchedonem	Calchedonem

§	Detlefsen	Mayhoff	Rackham	de Saint-Denis	Tusculum
51	Chalcedonis	Calchedonis	Chalcedonis	Calchedonis	Calchedonis
	idem	iidem	idem	idem	iidem
52	saepia	saepia	sepia	sepia	sepia
	est	est	adest	est	est
53	in Histrum amnem	in Histrum [mare]	in Histrum	in Histrum amnem	in Histrum amnem
53	his	iis	his	his	his
54	in naves	in naves	in naves	⟨in⟩ naves	in naves
	superiactent	superiaciant	superiaciant	superiaciant	superiactent
55	exilivit	exilivit	exilivit	exiluit	exsilivit
56	channis	channis	channis	c⟨h⟩an⟨n⟩is	channis
	set	set	set	sed	sed
57	phagri	phagri	phagri	pagri	phagri
	isdem	isdem	isdem	isdem	iisdem
	psettan	psettam	psettam	psettam	psettam
59	isdem	isdem	isdem	isdem	iisdem
60	accipenser	acipenser	accipenser	acipenser	acipenser
	meant	meant	meat	meant	meant
	quidem	equidem	equidem	quidem	equidem
61	collyri	callariae	collyri	callari⟨ae⟩	callariae
	bacchi	bacchi	bacchi	bac⟨c⟩hi	bacchi
62	e libertis eius	e libertis eius	e libertis eius	e liberti⟨s e⟩ius	e libertis eius
63	admovetque	admovetque	admovitque	admovetque	admovetque
	inter Alpes	inter Alpis	inter Alpes	inter Alpis	inter Alpes
64	inferiori	inferiori	inferiore	inferiori	inferiori
65	litoralibus	litorariis	litoralibus	litorariis	litorariis

§	Detlefsen	Mayhoff	Rackham	de Saint-Denis	Tusculum
	his	iis	his	iis	his
66	maius	natus	natus	natus	natus
	alecem	allecem	alecem	allecem	allecem
	excogitare	excogitare	excogitari	excogitare	excogitare
67	prodigus	prodigos	prodigos	prodigos	prodigos
	HS VIII milibus	HS VIII mullum	HS VIII mullum	Romae VIII nummum	HS VIII mullum
	cocos	coquos	cocos	coquos	coquos
	triumphorum	trium horum	trium horum	trium horum	trium horum
	cocorum	coquorum	cocorum	coquorum	coquorum
68	zeus	zaeus	zaeus	zaeus	zaeus
70	aliquis	aliquis	ab aliquis	aliquis	aliquis
71					quod in terram prosilit
	ac deinde resilit	ac deinde resilit	ac deinde resilit	ac deinde resilit	ac deinde resilit *König*
	in stagna	in stagna	in stagna	⟨in⟩ stagna	in stagna
	retio (!)	ratio	ratio	ratio	ratio
	ab iis	ab iis	ab iis	ab iis	ab his
72	resupinatus	resupinatis	resupinatus	resupinatis	resupinatis
	laevos	laevus	laevos	laeuus	laevus
73	pinnarum	ideo pinnarum	ideo pinnarum	ideo pinnarum	pinnarum
	quattuor	quaternas	quattuor	quaternas	quaternas
	quibusdam ternae		quibusdam ternae		
	quibusdam binae	quibusdam binae	quibusdam binae	quibusdam binae	quibusdam binae
	nullae	aliis nullae	aliis nullae	nullae	nullae
74	senis diebus	quinis et senis diebus	quinis et senis diebus	quinis et senis diebus	quinis et senis diebus
	at hiemem	… ant hiemem	at hiemem	… ant hiemem	… ant hiemem

§	Detlefsen	Mayhoff	Rackham	de Saint-Denis	Tusculum
	eaedem	eadem	eaedem	eadem	eadem
75	emersus	emersus	emersum	emersus	emersus
76	dentesque	dentesque et	dentesque et	dentesque	dentesque
77	eques R.	eques Romanus	eques Romanus	eques Romanus	eques Romanus
	gustu	gustu	gustatu	gustu	gustu
	his	iis	his	iis	his
	his	iis	iis	iis	his
	institutum	institutum	institutum	institutam	institutam
78	primo	primus	primo	primus	primus
	eis	iis	eis	eis	iis
	cartilaginea	cartilaginea	cartilaginea	cartilagina	cartilaginea
79	Aristoteles	Aristoteles...	Aristoteles infitias	Aristoteles...	Aristoteles
	ita posita	it apposita	it apposita	it apposita	ita posita
80	simplice	sicut	sicut	simplici	simplici
	ventis	venti	venti	ventis	ventis
	portantem nuntios		portantem nuntios	portantem	
	a Periandro	Periandri	a Periandro	Periandro	Periandri
		portantem			portantem
	pueri	pueros	pueri	pueros	pueros
	conchasque, quae	conchas, quae	conchasque, quae	conchas, quae	conchas, quae
	Cnidiorum	Cnidiorum	Cnidiorum	Gnidiorum	Cnidiorum
82	volat hirundo	volat	volat	volat hirundo	volat
	volucri hirundini	volucri hirundo	volucri hirundo	volucri	volucri hirundo
	ab his	ab iis	ab his	ab iis	ab his
83	in primis	primum	primum	primum	primum

§	Detlefsen	Mayhoff	Rackham	de Saint-Denis	Tusculum
	saepia	saepia	saepia	sepia	sepia
	saepiae	saepiae	saepiae	sepiae	sepiae
	in fluctibus	in fluctu	in fluctibus	in fluctu	in fluctu
	anchoris	ancoris	anchoris	ancoris	ancoris
	cetera	cetera	ceteri	cetera	cetera
84	saepiarum	saepiarum	saepiarum	sepiarum	sepiarum
	generi	generi	generis	generi	generi
	his	iis	his	his	his
	obsconduntur	absconduntur	absconduntur	absconduntur	absconduntur
85	pelagici	pelagii	pelagici	pelagii	pelagii
	bracchis	bracchiis	bracchiis	bracchiis	bracchiis
	est polypis	et polypis	est polypis	et polypis	est polypis
	sufflatione	sufflatione	ut sufflatione	sufflatione	sufflatione
88	nautilos	nautilos	nautilos	nautilus	nautilus
	pompilos	pompilos	pompilos	pompilus	pompilus
	ludens	gaudens	ludens	gaudens	gaudens
90	praecidentis	praecidentes	praecidentes	praecidentes	praecidentes
91	trahit	trahit	distrahit	diu trahit	trahit
	urinantisve	urinantesve	urinantisve	urinantisve	urinantesve
92	cetaris	cetariis	catariis	cetariis	cetariis
	inmodici	inmodicam	inmodicam	inmodici	inmodici
	angebat	agebat	angebat	agebat	agebat
	bracchis	bracchiis	bracchiis	bracchiis	bracchiis
93	saepias	saepias	saepias	sepias	sepias
	saepiae	saepiae	saepiae	sepiae	sepiae

§	Detlefsen	Mayhoff	Rackham	de Saint-Denis	Tusculum
94	acati	acatii	acati	acati⟨i⟩	acatii
	saepiae	saepiae	saepiae	sepiae	sepiae
	dimissis	demissis	demissis	demissis	demissis
	invitent	invitet	invitent	invitet	invitet
	in usu	in usum	in usum	in usum	in usum
	concharum	buccarum	concharum	buccarum	buccarum
	id enim	id etenim	id enim	id enim	id enim
	omini	omine	omini	omine	omine
95	oblique	oblique	oblique	obliquae	obliquae
96	nocte	noctes	nocte	noctem	noctem
97	caravi	carabi	carabi	carabi	carabi
	caravi	carabi	carabi	carabi	carabi
	in obliquom	in obliquum	in obliquom	in obliquom	in obliquum
	forficibus	forcipibus	forficibus	forficibus	forficibus
98	egressi	egressi	egressi	egressi	regressi
	minumus	minimus	minumus	minimus	minimus
	ex omni eorum genere	ex omni genere	ex omni genere	ex omni genere	ex omni genere
100	his	iis	his	iis	his
	colos	color	colos	color	colos
	Toronem	Toronen	Toronem	Toronen	Toronen
	anchoris	ancoris	anchoris	ancoris	ancoris
103	in obliquum	in obliquum	in obliquum	in obliquom	in obliquum
	ad plaustrum	ad plausum	ad plausum	ad plausum	ad plausum
	ad bucinum	ad bucinum	ad bucinam	ad bucinum	ad bucinum

§	Detlefsen	Mayhoff	Rackham	de Saint-Denis	Tusculum
	ex his	ex iis	ex his	ex his	ex his
106	preti	pretii	preti	pretii	pretii
	venientes	venientes	venientes	venientis	venientes
	e tantis	et tantis	e tantis	et tantis	et tantis
107	est	sunt	sunt	est	est
	differentis	differentes	differentes	differens	differens
	eis	iis	eis	eis	iis
108	specie	specie	specie	speciem	speciem
	inflatas	inflata	inflatas	inflatam	inflatam
	expurgantur	et purgantur	expurgantur	expurgantur	expurgantur
109	rubescere	rufescere	rubescere	rufescere	rufescere
	cohaerentes	cohaerentes	cohaerentes	cohaerentis	cohaerentes
	videmus	videmus	vidimus	videmus	videmus
110	sed in alto	in alto	sed in alto	in alto	in alto
	comitantur	comitantibus	comitantibus	comitantur	comitantur
111	palantes	palantes	palantes	palantis	palantes
	obrui eas	obrutas	obrutas	obrutas	obrutas
112	nec	ne	nec	nec	nec
	eius	rei eius	rei eius	eis	rei eius
113	Indicos	in Indico	in Indico	Indicus	Indicus
	squama	squamas	squamas	squamas	squamas
	adsimulat	adsimulant	adsimulant	adsimulat	adsimulat
	praecellentes	praecellentes	praecellentes	praecellens	praecellentes
114	nomina et taedia	nomina externa	nomina externa	nomina externa	nomina externa
	carpuntque	cupiuntque	cupiuntque	cupiuntque	cupiuntque

§	Detlefsen	Mayhoff	Rackham	de Saint-Denis	Tusculum
	set	set	set	sed	sed
115	pinna	pina	pina	pina	pina
	uno	uno	in uno	uno	uno
	autem	autem	ante	autem	autem
	feri	feri	fere	feri	feri
116	eorum corpus	firmum corpus	firmum corpus	corpus solidum	firmum corpus
117	texto	textu	textu	textu	textu
	crinibus spina	crinibus [spina]	crinibus [spina]	crinibus [spina]	crinibus
	collo monilibus	collo [monilibus]	collo [monilibus]	collo [monilibus]	collo
	digitisque	digitis quae	digitis quae	digitis quae	digitis quae
	sestertium	HS	sestertium	HS	HS
	ipsam	ipsa	ipsa	ipsa	ipsa
	paratam	parata	parata	parata	parata
118	C.	Gaio	C.	Gaio	Gaio
	sestertio	HS	HS	HS	HS
	et ex altera parte	ex altera parte	et ex altera parte	ex altera parte	ex altera parte
	imperii	imperii	imperatori	imperii	imperii
119	–	centiens HS	centiens HS	centiens HS	centiens HS
120	consumpturam	consumpturam	consummaturam	consumpturam	consumpturam
	sestertium	HS	HS	HS	HS
122	filius	filius	filis(!)	filius	filius
	in gloria	in gloriam	in gloriam	in gloriam	in gloriam
123	Iugurthino bello	circa Iugurthinum bellum	circa Iugurthinum bellum	Iugurthino bello	Iugurthino bello
	inpositum	inponi cum	inponicum (!)	inponi cum	inpositum

§	Detlefsen	Mayhoff	Rackham	de Saint-Denjs	Tusculum
124	et margaritis	et margaritis	ac margaritis	et margaritis	et margaritis
126	minimum est	minimi est	minimi est	minimi est	minimi est
	in candida vena	candida vena	candida vena	candida vena	candida vena
	reliquum	reliquum	reliquum	reliquom	reliquum
129	praemia	in praemio	in praemio	⟨in⟩ praemio	in praemio
130	bucini	bucini	bucinae	bucini	bucini
	nomini	nomini	nominis	nomini	nomini
	proferatur	proseratur	proferatur	proseratur	proseratur
131	putre	putre	putre	putri	putri
	enutritum	nutritum	nutritum	enutritum	nutritum
	maris	in mari	in mari	⟨in⟩ mari	in mari
132	reviviscentes	revivescentes	reviviscentes	revivescentes	revivescentes
	ita	ita	its (!)	ita	ita
133	amphoras	amphoras [centenas]	amphoras	amphoras centenas	amphoras centenas
	aquae	aquae	aquae	atque	aquae
	quingentenas	quingentenas	quinguagenas	quingentenas	quingentenas
	aequari	aequali	aequali	aequari	aequali
	et ideo	et ideo	adducto	et ideo	et ideo
134	admodum	ad modum	ad modum	ad modum	ad modum
135	in M libras	in libras…	in M libras	in libras…	in libras…
137	cos.	consule	cos.	consule	consule
138	pelagi	pelagii	pelagii	pelagii	pelagii
139	set	set	set	sed	sed
	absolutum	absolutum	absolutus	absolutum	absolutum

§	Detlefsen	Mayhoff	Rackham	de Saint-Denis	Tusculum
140	votum quoque	votum quoque	votumque	votum quoque	votum quoque
142	pinotheren	pinoteren	pinoteren	pinoteren	pinoteren
	id	is	id	id	is
	conpresso	conpressu	conpressu	conpressu	conpressu
143	retrahens	praetrahens	retrahens	retrahens	retrahens
145	qua	qua	qua	quae	quae
	aversos	aversos	aversos	aversus	aversos
146	his	iis	iis	his	his
	noctuque	locumque	locumque	locumque	locumque
	his	iis	his	his	his
	mordax	mordax est	mordax est	mordax	mordax
147	marcentis	marcenti	marcenti	marcenti	marcenti
	scalpentis	scalpentes	scalpentes	scalpentes	scalpentes
	perquirit	per...quaerit	perquirit	perquirit	perquirit
	mittit	mittit	emittit	mittit	mittit
148	spongiarum	spongearum	spongearum	spongearum	spongearum
	tragos id vocatur	tragos [id] vocatur	tragos vocatur	tragos [id] vocatur	tragos vocatur
	his	iis	his	his	his
149	in his	in iis	in his	in his	in his
	Toronem	Toronen	Toronem	Toronen	Toronen
151	animal id	animali	animal id	animali	animali
	planorum piscium	planorum piscium	planorum piscium	[planorum piscium]	—
	similem	similem	simile	similem	similem
	ullam	ulla	ullam	ullam	ulla
152	ultroque	ultroque	ultroque	u⟨l⟩troque	ultroque

§	Detlefsen	Mayhoff	Rackham	de Saint-Denis	Tusculum
	et sors	et ita sors	et ita sors	et sors	et ita sors
153	tractatus	tractus	tractatus	tractus	tractus
	rapiunt	rapuit	eripiunt	rapuit	rapuit
	tridentis	tridentes	tridentis	tridentes	tridentes
	sed	set	sed	sed	sed
154	holothuris	holothuriis	holothuriis	⟨h⟩olothuriis	holothuriis
	et	et	ibi et	et	et
157	sub partu	sub partu	sub partum	sub partu	sub partu
158	cauda non est	cauda non est…	cauda non est	cauda non obest	cauda non est
	saepiae	saepiae	saepiae	sepiae	sepiae
	bracchia	bracchia	bracchia	bra⟨c⟩chia	bracchia
159	naturae	natae	naturae	natae	natae
160	et pectines	pectines	et pectines	pectines	pectines
	his	iis	his	iis	his
162	hirundines	hirudines	hirudines	hirudines	hirudines
	nonnulli	mulli	nonnulli	mulli	mulli
	ut chalcis	et chalcis	ut chalcis	et chalcis	et chalcis
	squali	squali	squali	squati	squali
	saepia	saepia	saepia	sepia	sepia
163	ea excludunt	excludunt	ea excludunt	excludunt	excludunt
164	ova super ova	ova supter ipsa	ova subter ipsa	ova super ova	ova super ova
	saepia	saepia	saepia	sepia	sepia
	saepiae	saepiae	saepiae	sepiae	sepiae
165	cartilaginea	cartilaginea	cartilaginea	cartilagina	cartilaginea
166	tricesimo	tricensimo	tricesimo	tricensimo	tricensimo

§	Detlefsen	Mayhoff	Rackham	de Saint-Denis	Tusculum
167	Polione	Pollione	Polione	Pollione	Pollione
170	Hortensi	Hortensi	Hortensi	Hortensi	Hortensii
	piscinae a	e piscina ea	e piscina ea	e piscina ea	e piscina ea
171	C. Hirrus	C. Hirrius	C. Hirrius	C. Hirrius	C. Hirrus
	intra	infra	infra	infra	infra
174	perducta sit	perductas	perductam esse	perductas	perductas
	calices	calices	calyces	calices	calices
177	eodemque	[eodemque]	[eodemque]	[eodemque]	eodemque
	branchis	branchiis	branchiis	branchiis	branchiis
	indigos	indigos	indigos	indigo⟨s⟩	indigos
	fatentis	fatentes	fatentis	fatentes	fatentes
178	est in his	et in his	est in his	est in his	est in his
	mirabilis	mirabilis	mirabilibus(!)	mirabilis	mirabilis
	tamen aliqua ratio	est tamen aliqua ratio	tamen aliqua ratio	aliqua ratio	aliqua ratio
	in his locis	in iis locis	in iis locis	in his locis	in his locis
	miraturque et	miraturque et	miratusque	miraturque et	miraturque et
180	ea quae	quae	ea quae	quae	quae
	Tauri ante promunturium	ante promunturium Tauri	ante promunturium Tauri	ante promunturium	ante promunturium
	ex eo	vero	vero	ex eo	ex eo
	mittitur	mutetur	mutetur	mutetur	mutetur
	aliquando	aliquande (!)	aliquando	aliquando	aliquando
181	aliquos	aliquos	alios	aliquos	alios
182	eficamal (!)	malefica	malefica	malefica	malefica
	idem	iidem	idem	idem	iidem

§	Detlefsen	Mayhoff	Rackham	de Saint-Denis	Tusculum
183	dixerim	duxerim	duxerim	duxerim	duxerim
185	aestatis	statis	statis	statis	statis

Nicht berücksichtigt wurden kleinere Abweichungen in der Orthographie sowie einige Veränderungen in der Interpunktion (z. B. § 31, 66, 87, 107, 149) und eine Umstellung der Wortfolge (§ 37).

Vorschläge zur Textgestaltung in Buch 9 der Naturalis Historia

von *Harald Fuchs* [= *Fs*], Basel

§ 54 quod et ali*i* [alias *codd.: corr. tempt. Fs*] faciunt aliorum vim timentes...

§ 63 frequentes inveniuntur ⟨in *Fs*⟩ Italiae litore...

§ 71 in Indiae fluminibus ⟨est *Fs*⟩ certum genus piscium, ⟨quod in terram prosilit *König*⟩ ac deinde resilit. nam... plerisque ⟨una *Fs*⟩ evidens ratio est...

§ 85 ceter*um* [–ro *codd.: corr. Fs*] ... haustu quodam adhaerescunt.

§ 98 os Ponti evincere non valent [*sc.* cancri]; quamobrem ⟨r⟩egressi [egr– *codd.: corr. Fs post I. Caesarii editionem Coloniensem 1524*] circumeunt apparetque tritum iter.

§ 169 postea visum tanti in extrema Italia [-mam -liam *codd.: corr. Fs*] petere ⟨apud *Fs*⟩ Brundisium ostreas ...

§ 180 quidquid ex eo mut*a*tur [-tetur *codd.: corr. Fs*]...

§ 181 tum ille paulum ultra [digitos *del. Fs*] in esca iaculatus hamum singulos [*sc.* pisces] involat verius quam capit...

§ 184 ..lucere in ore mandentium, [lucere *del. Fs*] in manibus...

LITERATURHINWEISE

Grundlegend:

E. De Saint-Denis, Pline l'Ancien. Histoire naturelle. Livre IX. Texte établi, traduit et commenté. Paris 1955. Commentaire 97–152.

J. Cotte, Poissons et animaux aquatiques au temps de Pline. Commentaire sur le livre IX de Pline. Paris 1944.

E. De Saint-Denis, Le Vocabulaire des Animaux Marins en Latin Classique. Paris 1947.

W.H.S.Jones, Pliny Natural History with an English Translation in ten Volumes. Volume VIII. London 1963. Index of Fishes 585–596.

O.Keller, Die antike Tierwelt, 2 Bände. Leipzig 1909 und 1913.

H.Leitner, Zoologische Terminologie beim älteren Plinius. Hildesheim 1972 (dort auch weitere Literatur).

H.-W.Smolik, ro-ro-ro Tierlexikon in 5 Bänden. Taschenbuchausgabe. Reinbek bei Hamburg 1968f.

Thompson, D'Arcy Wentworth, A glossary of Greek fishes. London 1947.

ferner:

K.Sallmann, Plinius der Ältere 1938–1970 [Forschungsbericht]. Sonderdruck aus Lustrum 18, 1975, 5–352.

Die Artikel zu den einzelnen Tieren in der Realencyclopädie der klassischen Altertumswissenschaft (RE), neue Bearbeitung, hg. von *G.Wissowa – W.Kroll – M.Mittelhaus – K.Ziegler – H.Gärtner*. Stuttgart 1893ff.

Auf Einzelfragen gehen ein:

C.L.Angst, Zur Kenntnis des antiken Purpurs. Diss. ETH Zürich 1947 [133].

P.Ascherson, Zu einer Nachricht des Plinius, Nat. hist. 9, 9 [= 29] über den Fischfang mit Hilfe von Delphinen. Sitzber. d. Ges. naturforsch. Freunde zu Berlin 1892, nr. 8 [29].

H.Aubert – F.Wimmer, Aristoteles Tierkunde. 2 Bände. Leipzig 1868 passim.

S.J.Bastomsky, Petronius, Satyricon 35,4: some possible emendations. Emerita 37, 1969, 367–370 [84].

H.Blümner, Technologie und Terminologie der Gewerbe und Künste bei Griechen und Römern. 4 Bände. Leipzig 1912 (Neudruck 1969) [133. 139].

W.Clausen, Bede and the British pearl. Class. Journal 42.1947, 277–280 [116].

Ch. H. Coster, The economic position of Cyrenaica in classical times, Studies in Roman Economic and Social History in Honor of *A. Ch. Johnson*, Princeton 1951, 3–26 [149].
F. Dannemann, Die Naturwissenschaften in ihrer Entwicklung und in ihrem Zusammenhange. 4 Bände. Leipzig 1920ff. [82].
E. De Saint-Denis, Quelques bévues de Pline l'Ancien dans ses livres des poissons. Revue de Philologie 70, 1944, 153–172 [70. 166. 186].
G. Fester, Materias colorantes en obras de autores romanos. Revista de la Facultad de Qímica Industrial y Agricola 15/16, 1946/47, 80–96 [125].
R. J. Forbes, Studies in Ancient technology VIII (Metallurgy I) Leiden 1964, 167 [139].
P. Friedländer, Über den Farbstoff des antiken Purpurs aus Murex brandaris. Berichte der Deutschen Chemischen Gesellschaft 42, 1909, 765 [126].
W. Fröhner, Kritische Studien. Rhein. Museum 47, 1892, 291–311 [66].
G. Habermehl, Gift-Tiere und ihre Waffen. Berlin 1976 [155].
T. F. Higham, Nature Note: Dolphin Riders, Greece and Rome, ser. 2 vol. 7, 1960, 82–86 [24].
W. Jäger, Studia Pliniana et Ambrosiana ad Xenocratem Ephesium emendatum. Mélanges de Philologie, de littérature et d'Histoire Anciennes, offerts à *J. Marouzeau*, Paris 1948, 297–302 [115].
H. Koller, Orbis Pictus Latinus. Zürich 1976 [13].
E. Liénard, Obscurités d'Hygin. L'Ant. Class. 9, 1940, 47–51 [23].
D. McAlindon, Dolphin stories. Orpheus 3, 1956, 166 [26].
M. Rabinovich, Der Delphin in Sage und Mythos der Griechen. Dornach-Basel 1947 [28].
Ch. S. Rayment, Fish. Class. Weekly 37, 1943/44, 32–33 [62].
H. Roosen-Runge, Farbgebung und Technik frühmittelalterlicher Buchmalerei. 2 Bände. Deutscher Kunstverlag 1967 [133].
L. Sprague de Camp, Ingenieure der Antike. Düsseldorf 1964 [168].

R. Syme, Deux proconsulats d'Afrique. Rev. des Études Anciennes 58, 1956, 236–240 [26].

E. Teichmann, Fortpflanzung und Zeugung, Stuttgart 1934 [164].

K. Tumpel, Die Muschel der Aphrodite. Philol. 51, 1882, 385–402 [33. 103].

G. Wille, Musica Romana. Die Bedeutung der Musik im Leben der Römer. Amsterdam 1967 [24].

REGISTER

Die Zahlen beziehen sich auf die betreffenden Paragraphen. Im Namenregister sind die griechischen Eigennamen in der lateinischen Form (wie im Text) aufgeführt.

Namenregister:

Geographisches Register:

Sachregister

Verzeichnis der Quellenschriftsteller

Sämtliche Fragen bezüglich der Quellen zur Zoologie des Plinius behandeln *W. Kroll* und *R. Hanslik*, RE 21, 1951, 309 ff. 315 f. Als Hauptquelle diente Aristoteles, dem Plinius vor allem in der Gliederung des Stoffes und im Aufbau folgt; vgl. dazu *E. de Saint-Denis*, Introd. 12–17. Über die lateinisch schreibenden Quellenschriftsteller (Fenestella, Trebius Niger, Licinius Mucianus, Melissus u. a.) vgl. *F. Münzer*, Beiträge zur Quellenkritik der Naturgeschichte des Plinius. Berlin 1897, über die Beziehungen zu den Halieutica des Ovid s. *Th. Birt*, De halieuticis Ovidio poetae falso adscriptis. Berlin 1878, 132–158.

L. Aelius Stilo Praeconinus, röm. Grammatiker des 2./1. Jh. v. Chr., Lehrer Ciceros und Varros. Als Herausgeber der Werke des Plautus, Ennius und Lucilius wurde er der Begründer der Philologie in Rom. In einem heute verlorenen lexikalischen Werk sammelte er antiquarische, historische und etymologische Nachrichten und Beobachtungen. Index, 123

Aemilius Macer, röm. Dichter des 1. Jh. v. Chr., Verfasser von Lehrgedichten über giftige Tiere (*Theriaka*) und Heilkräuter (*de herbis*), sowie über Verwandlungen von Menschen in Vögel (*Ornithogonia*). Index

Alexandros aus Milet (Cornelius Alexander), griech. Schriftsteller des 1. Jh. v. Chr.; kam als Kriegsgefangener nach Rom. Äußerst vielseitig (Polyhistor), behandelte er in zahlreichen, nur fragmentarisch erhaltenen Werken meist historische und geographische Themen. Index, 115

Alfius Flavus, röm. Dichter und Rhetor der augusteischen Zeit. Index, 25

L. Annaeus Seneca (d. Jüngere), etwa 4 v.–65 n. Chr., röm. Dramatiker und Philosoph, Erzieher Neros. Er verfaßte u. a. 10 Tragödien über Stoffe der griech. Heldensage, Abhandlungen in Dialogform über Fragen der Ethik (*de ira, de clementia, de vita beata* etc.) und die *naturales quaestiones* in sieben Büchern über verschiedene naturwissenschaftliche Fragen. Index, 167

Archelaos, König von Kappadokien, der 17 n. Chr. in Rom starb, schrieb ein nicht erhaltenes chorographisches Werk. Index

Aristoteles aus Stageiros, 384–322 v. Chr., Erzieher und Lehrer Alexanders des Großen. Durch zahlreiche erhaltene Schriften für den Schulgebrauch wurde er zum Begründer und Organisator der abendländischen wissenschaftlichen Arbeit bis zum Beginn der Neuzeit. Index, 16, 76, 78 f.

Cicero s. M. Tullius Cicero

C. Cilnius Maecenas, etwa 70–8 v. Chr., röm. Politiker und Schriftsteller, vertrauter Mitarbeiter des Augustus. Er sammelte einen Kreis junger Dichter (Vergil, Horaz, Properz) um sich, die er eifrig förderte, betätigte sich aber auch selbst schriftstellerisch. Index, 25

Cornelius Alexander s. Alexandros aus Milet

Cornelius Nepos, röm. Historiker und Biograph des 1. Jh. v. Chr. Neben seinem teilweise erhaltenen Hauptwerk *de viris illustribus* verfaßte er fünf Bücher *Exempla*, eine heute verlorene Materialsammlung von Merkwürdigkeiten und Wundern aus Natur und Geschichte. Index, 61, 137

Demokritos aus Abdera, griech. Philosoph des 5. Jh. v. Chr., versuchte sich auf fast allen Gebieten der Wissenschaft und übte durch seine Atomlehre auf spätere Gelehrte einen nachhaltigen Einfluß aus. Von seinen zahlreichen Schriften sind jedoch nur Fragmente erhalten. Index

Fabianus s. Papirius Fabianus

Fenestella, röm. Antiquar und Historiker um Chr. Geb., schrieb *Annales* in mindestens 22 Büchern. Das Werk, das mit der Behandlung der Frühgeschichte (?) begann, gewährte der Literatur- und Kulturgeschichte, aber auch dem rein Antiquarischen in Detailfragen breiten Raum; es ist jedoch bis auf wenige Fragmente verloren. Index, 65, 123

Hegesidemos, griech. Historiker des 3. Jh. v. Chr. (?), von dessen Werken nichts erhalten ist. Index, 27

König Juba II. von Mauretanien kompilierte z. Z. des Augustus in griech. Sprache verschiedene griech. und lat. Autoren (Aristoteles, Polybios, Dionysios aus Halikarnassos; Varro, Livius u. a.),betrieb aber auch eigene Studien zur Geschichte und Kulturgeschichte verschiedener Völker. Diese von Späteren oft benützten Werke sind, von einigen Fragmenten ab-

gesehen, ebensowenig erhalten wie verschiedene andere Schriften über Theatergeschichte, Malerei, Botanik und Pharmakologie. Index, 115

Kallimachos aus Kyrene, griech. Dichter des 3. Jh. v. Chr.; der von ihm verfaßte Katalog (*Pínakes*) der Bibliothek von Alexandreia wurde zu einer wissenschaftlichen Bestandsaufnahme der griech. Literatur; auch seine übrige Forschungstätigkeit war umfangreich. Von seinen dichterischen Werken sind außer Fragmenten sechs Hymnen und 63 Epigramme erhalten. Index

D. Laberius, 106–43 v. Chr., röm. Ritter, der in Stegreifstücken (*Mimen*) Lebensbilder aus verschiedenen Ständen und Berufen oder Charakterskizzen der einzelnen Menschentypen entwarf. Index, 61

C. Licinius Mucianus, röm. Politiker des 1. Jh. n. Chr., dreimal Konsul, Helfer und Ratgeber des Kaisers Vespasianus, führte in seinem nicht erhaltenen Reisetagebuch allerlei Merkwürdigkeiten aus allen Bereichen an. Index, 33, 68, 80, 94, 182

Maecenas s. C. Cilnius Maecenas

C. Melissus, röm. Dichter der augusteischen Zeit, Freigelassener des Maecenas (s. o.), von Kaiser Augustus mit der Leitung der Bibliothek in der porticus Octaviae betraut, stellte in 150 Büchern eine umfangreiche Witz- und Anekdotensammlung (*Ineptiae*) zusammen, von der Reste in den *Saturnalia* des Macrobius (um 400 n. Chr.) erhalten sind. Index

Messala Corvinus s. M. Valerius Messala Corvinus

Mucianus s. C. Licinius Mucianus

P. Nigidius Figulus, röm. Politiker, Naturforscher und Philosoph (Neupythagoräer) des 1. Jh. v. Chr., Freund Ciceros, verfaßte Werke über verschiedene Themen (Grammatik, Astrologie, Theologie, Okkultismus u. a.), von denen aber nur Fragmente bewahrt sind. Index, 185

Papirius Fabianus, röm. Redner und Philosoph um Chr. Geb.; seine literarische Produktion übertraf selbst die Ciceros, doch ist von seinen staatspolitischen und naturwissenschaftlichen Schriften (*libri de animalibus, libri causarum naturalium*) nichts erhalten. Index, 25

Pompeius Trogus, röm. Historiker der augusteischen Zeit, verfaßte neben heute verlorenen Schriften über Botanik und Zoologie eine Universalgeschichte (*Historiae Philippicae*) in 44 Büchern, die uns durch den Auszug des Iustinus aus dem 3. Jh. n. Chr. teilweise erhalten ist. Index

Sebosus s. Statius Sebosus
Seneca s. L. Annaeus Seneca
Statius Sebosus, röm. Naturwissenschaftler der augusteischen (?) Zeit, machte weite Reisen und beschrieb allerlei Merkwürdigkeiten; von seinen Schriften hat sich aber nichts erhalten. Index, 46
Sudines, chaldäischer Astronom des 3. Jh. v. Chr., der auch ein Buch über Schmucksteine verfaßte. Index, 115

M. Terentius Varro, 116–27 v. Chr., röm. Gelehrter und Schriftsteller, nahm durch seine vielseitige Begabung und Tätigkeit eine zentrale Stellung im geistigen Leben seiner Zeit ein. Seine Bedeutung liegt aber vor allem in der erfolgreichen Übertragung der Methoden und Erkenntnisse der griechischen Wissenschaft auf den römischen Bereich. Seine naturwissenschaftlichen Schriften sind jedoch bis auf wenige Fragmente verloren. Index, 174
Theophrastos aus Erasos auf Lesbos, griech. Philosoph des 4./3. Jh. v. Chr., Schüler und Freund des Aristoteles. Sein Gesamtwerk, das rund 200 Titel aus vielen Wissensgebieten umfaßte, ist nur zum geringen Teil erhalten: vollständig überliefert sind nur eine Pflanzenkunde (*perì phytikōn historías*) in neun Büchern, die das gesamte botanische System behandelte, eine Schrift über die Physiologie und Aitiologie der Pflanzen (*perì phytikōn aitiōn*) in vier Büchern und eine Charakterkunde (*Ēthikoí charaktéres*), eine Sammlung von 30 scharf und fein differenzierten Menschentypen. Index, 28, 175
Thrasyllos aus Mendes in Ägypten, griech. Astronom und Philosoph des 1. Jh. n. Chr., auf Rhodos Lehrer des Tiberius und später in Rom dessen Hofastrolog. Eine Inhaltsübersicht aus einem astrologischen Handbuch ist erhalten. Index
Trebius Niger, röm. Schriftsteller der frühen Kaiserzeit, von dessen Werken sich nur ganz spärliche Fragmente erhalten haben. Index, 80, 89, 93

AUFBAU UND INHALT DES 9. BUCHES

Im Anschluß an das 8. Buch, das den Landtieren gewidmet war, behandelt Plinius im vorliegenden 9. Buch die Wassertiere. Der Autor breitet auch hier wieder ein großes Material aus, abermals mit zahlreichen »mirabilia« durchsetzt. Wichtigster Quellenschriftsteller ist auch in diesem Buch Aristoteles (Historia animalium, Generatio animalium), wobei vielleicht Pompeius Trogus als Vermittler gedient hat. Plinius verdankt ferner wichtige Einzelheiten Juba, Varro und Trebius Niger. Über die von Plinius im Autorenverzeichnis genannten Schriftsteller gilt das bereits im Buch 8 Gesagte.

Auch bei den Wassertieren beginnt Plinius mit dem größten Tier, dem Walfisch (§ 12–15). Über den Delphin (§ 20–33) wird umfangreiches, zum Teil auch anekdotisches Material gebracht. Eine Einteilung der Wassertiere nach ihrem Äußeren (Haut, Schale, Kruste) wird zwar gegeben (§ 40), gilt aber für die weitere Darstellung nicht als Ordnungsprinzip. Es kommen vielmehr einzelne Fischarten zur Besprechung, vor allem der Thunfisch (§ 41 ff.), der für die Ernährung eine wichtige Rolle spielte. Unversehens springt Plinius auf Besonderheiten der Fische über (§ 56–59), um dann nochmals schmackhafte Fische zu erwähnen (§ 60–68). Nach einem kurzen Exkurs über Kiemen und Schuppen (§ 69) und ans Land gehende Fische

(§ 70 f.), kommt Plinius auf die Gestalt der Wassertiere zu sprechen (§ 72 f.). Es folgen längere Abschnitte über den Aal, die Muräne, die Plattfische (§ 74–78) und den sogenannten Schiffshalter (§ 79–82). Zu den Wassertieren gehören auch die Tiere »ohne Blut«: Weichtiere, Krebstiere, Schnecken und Muscheln (§ 83–142). Von kulturgeschichtlichem Interesse sind die Mitteilungen über die Perlen (§ 106 ff.), sowie über die Purpurschnecke (§ 125 ff.) mit näheren Angaben über das Verfahren der Purpurfärberei (§ 133ff.). Zu den Lebewesen, die »weder Tiere noch Pflanzen« sind, zählen Quallen und Schwämme (§ 146–150). Die Bedrohung der Schwammtaucher durch die Haifische weiß Plinius sehr lebendig zu schildern (§ 151–153). Im Schlußteil des Buches werden noch einzelne Fragen, wie Krankheiten, Fortpflanzung und Zucht der Fische behandelt (§ 156–174), sowie einige seltsame Arten von Wassertieren und ihr gegenseitiges Verhalten erwähnt.

Die Anordnung des Stoffes läßt keine bestimmte Systematik erkennen. Die physiologischen Daten der genannten Wassertiere sind meist richtig wiedergegeben. Aus dem reichhaltigen zur Verfügung stehenden Material bemüht sich Plinius möglichst viele Einzelheiten zu bringen: Wissenschaftliches und Anekdotenhaftes in bunter Reihenfolge. Dies ist ein Kennzeichen seiner Darstellung und erklärt nicht zuletzt die Beliebtheit seiner »Naturalis Historia« in früheren Zeiten. Die Erläuterungen sollen wieder, so weit wie möglich, die Sachbestände klären und in Beziehung zu unserer Gegenwart setzen.

Nachwort siehe Band 8, Seite 311.

www.ingramcontent.com/pod-product-compliance
Lightning Source LLC
Chambersburg PA
CBHW070330100426
42812CB00005B/1310
9783050055572